走进加拿大的经济世界

胡其柱　著

山东大学出版社

目　录

第一章　英法争霸与加拿大的初创

在西方七国集团中，加拿大可能是最低调的一个国家。在多数中国人眼中，加拿大与美国都是大英帝国的“复制品”，模样差不多。事实上，情况并非如此。相对来说，美国精神确实脱胎于英国，而加拿大则是法国与英国精神的融合体。最先大规模开发加拿大的，不是英国人，而是法国人，而且法国人依托魁北克，沿着密西西比河谷，创建了一个庞大的毛皮贸易帝国。直到 18 世纪下半叶，英国人才击溃新法兰西，将北美大陆变为自己的殖民地。所以，加拿大人的血液里，一直保留着英、法两个帝国的基因。

第一节　马可·波罗、东方黄金与加拿大

1275 年，一位威尼斯青年跟随父亲来到元大都，周游各地并任职宫廷，他就是马可·波罗。20 年后，马可·波罗返回家乡，参加了对热那亚的战争，不幸成为俘虏。他在监狱中认识了作家鲁斯蒂谦，两人以马可·波罗在中国见闻为基础，合作撰写了一部东方游记。游记提到，遥远的东方有一个岛国，盛产黄金，连王宫屋宇都是用金板建造的。①

---

①　自 19 世纪初以来，国际学界对《马可·波罗游记》始终存在疑问。1996 年，英国大英图书馆中文部主任吴芳思（Frances Wood）出版《马可·波罗到过中国吗?》，认为马可·波罗足迹未离开黑海沿岸，根本没有到过遥远的中国。但是，诸多欧洲中古史家和蒙古学家则坚持传统观点，认为马可·波罗确实到过中国，只是限于公务、语言等因素，未能深入了解中国社会。

一般来说，这样的见闻录，多为人们茶余饭后的谈资，并不会被当真，更不会有人按图索骥。可是，马可·波罗恐怕没有想到，他的东方黄金见闻，竟然激起了一场改变世界的探险风潮。

《马可·波罗游记》出版近 200 年后，渴望黄金的葡萄牙、西班牙王室，决定派人到东方去，寻找传说中的黄金国度。他们的目标，大体上有三个：一是取得黄金，开发新的贸易航道；二是宣扬基督教，归化更多的异教徒；三是联合东方国家，共同对抗近东的奥斯曼帝国。其中，寻找传说中的黄金国度，是最大的动力。

当时，葡萄牙和西班牙为什么如此渴望黄金？为什么不惜冒险，一定到东方寻找黄金？说来话长。

自从人类拥有了剩余物品，需要进行商品交易，用什么作为交换媒介，就成了一个难题。黄金作为一种稀有金属，不仅化学性质稳定，不易磨损，容易携带，没有毒性，而且当阳光照在金元素单质上时，其原子会吸收光谱中蓝光附近的光纤，使黄金看起来金灿灿的。黄金的这些特性使其自然地成为了很多地区认可的稀缺货币。

罗马帝国崛起后，从周边掠夺了大量黄金，作为交换媒介。但是，罗马帝国没落后，欧洲各地无力保持黄金开采量，同时又需要购买东方的丝绸、瓷器，很快便将手中的金币花光了，不得不以银币作为替代。这些银币种类繁多，成色不断下降，变得越来越“不值钱”。13 世纪，即使含银量最高的货币，也只能达到应有含量的 1/5。

13 世纪末，为解决大宗商品交易的难题，佛罗伦萨城邦铸造了一种足金货币，名为“弗罗林”（florin），威尼斯紧随其后，也铸造了一种足金货币，名为“杜卡特”（ducat）。此后，100 多年间，随着地中海周边贸易的扩展，弗罗林和杜卡特金币流入西欧、北欧，广受各国欢迎。黄金成了财富的象征，拥有黄金就等于拥有了财富。

有人曾说，当时葡萄牙和西班牙到处找黄金，是因为他们的黄金，都被东方商人赚走了，不得已而为之。其实不尽然。葡萄牙和西班牙急于寻找黄金，更深层次的背景是，中欧、西欧进入了金币时代，黄金成了财富的代名词，他们需要大量黄金来铸造金币。

当葡萄牙、西班牙王室听说东方遍地是黄金时，自然会不惜一切代价，派人冒险一试。

葡萄牙王室捷足先登。他们资助的探险家，已经向南走到了非洲南部的好望角。但是，传说中的黄金国度，似乎仍然遥不可及。

当时的人，已经知道地球是圆的。热那亚探险家哥伦布认为，既然地球是圆的，向东可以到达东方，向西应该也能到达东方。他计划向西寻找传说中的东方航道。这个探险计划没有得到葡萄牙的青睐，却获得了西班牙王室的资助，前提是探险所获得的收益，十分之九归西班牙王室所有。

1492 年 8 月，哥伦布迎着太平洋向西进发了。他当时只是想到东方寻找黄金，但是他没想到，自己这趟海上之旅，竟然彻底改变了人类世界的面貌。

两个月后，哥伦布率船抵达了巴哈马群岛。他以为这就是传说中的印度，遂将当地人称为“Indian”。15 年后，有人发现这块大陆根本不是东方，遂借用意大利航海家亚美利哥·韦斯普奇（Amerigo Vespucci）的名字，将其称为“Amerigo”。晚清的中国人，将其译为“亚美利加”，也就是现在的“美洲”。

哥伦布发现“印度”的消息传来，缺钱的英国国王亨利七世坐不住了。东方遍地黄金的神话，已经传遍欧洲，所以，谁也不愿意在这场“淘宝”运动中被落下。1497 年，亨利七世也雇用意大利人约翰·卡波特（John Cabot），去寻找通向东方的航道。为了避开葡萄牙和西班牙，卡波特从布里斯托尔出发，选择了向西直行。

当时，西班牙和葡萄牙已成海上帝国，瓜分了非洲以西的海域。双方先是以佛得角群岛以西为界，将东边划归葡萄牙，西边划归西班牙。1494 年，双方又签订条约，将分界线向西推进了 1000 多公里。他们声称，凡是未经许可驶入这片海洋的船只，都要被没收，船员则被处死或卖为奴隶。这时，英国国力孱弱，还不敢挑战西、葡两国，只能绕着走。

1497 年 6 月，卡波特一路向西，登上了现在的纽芬兰海岸。他在这片未知的土地上，插上了英国和意大利两面旗帜。目前来看，卡波特可能是登上加拿大土地的第一位欧洲人。当然，卡波特当时并不这样认为，他以为自己登上了中国的某个省份。

卡波特登陆加拿大

图片来源：The Granger Collection

继卡波特之后，其他欧洲探险者陆续登陆加拿大，他们问土著，这个地方叫什么，土著回答说叫“Kanata”。探险者回到欧洲后，将这个名字告诉了地图学家。于是，世界地图上便有了“Canada”，它的本义是村庄。

就这样，西班牙王室支持哥伦布寻找黄金，半路发现了中美洲；英国王室支持卡波特寻找黄金，半路发现了加拿大以及后来的美国。

西班牙王室比较幸运，他们占领的阿兹特克和印加帝国，拥有数不清的白银和黄金。他们放弃了寻找东方，而是就地抢夺金银财宝。在接下来的一个世纪里，西班牙王室将金银、香料、烟草等，一船一船地运回国内，由此成为了世界上最富有的国家之一。

相对来说，发现了加拿大的英国王室，没有那么幸运。他们的船队既没有发现通向亚洲的航道，也没有发现金子。卡波特运回去的黑矿石，表面看起来泛着点点金光，结果却被证明是“假”的。

其实，卡波特当时不知道，北美大陆是有金子的。只不过，北美金矿都集中在太平洋沿岸，南边的旧金山、北边的英属哥伦比亚，后来都发现了金矿，并引发了华人的淘金热潮。

第二节　新法兰西殖民者的毛皮贸易帝国

英国王室在卡波特等人的开拓下，发现了广阔的北美大陆。但是，他们没有在新大陆发现黄金，也没有找到通向东方的西北航道，很快便失去了经营新大陆的兴趣。他们觉得，与其在荒无人烟的新大陆冒险，还不如去抢劫西班牙的运宝船。

当时，只有日渐崛起的法国，对北美大陆最感兴趣。在欧洲大陆，法国的西南、东面皆为西班牙帝国殖民地，南面是地中海，北面与英格兰隔海相望，没有开拓空间。只有大西洋对面的北美大陆，是一个有待开发的处女地，似乎可以成就帝国之梦。

早在 16 世纪中期，法国政府就曾追随英国，雇用探险家雅克·卡蒂埃（Jacques Cartier），迎着大西洋寻找亚洲通道，结果一无所获。1608 年，法国人尚普兰（Samuel de Champlain）再度踏上北美大陆。他们发现，北美大陆虽然没有黄金，也没有传说中的印度群岛，但是却有很多毛皮动物。如果与印第安人合作，向欧洲大陆贩卖动物毛皮，同样可以一本万利。

于是，法国殖民者不再寻找黄金宝藏和亚洲通道，而是决定留下来贩运海狸毛皮。

北美大陆漫山遍野的古老森林，孕育了丰富多样的毛皮兽类资源，如海狸、麝鼠、浣熊、狼、狐狸、猞猁等。其中，以海狸（Beaver）数量最多，皮毛质量最好。海狸皮分量极轻，柔软细密，舒适保暖，出水即干，是装饰帽子或大衣的理想材料。因而，在11～12世纪，海狸皮毛是欧洲贵妇与社会名流的最爱。

经过几百年捕杀，欧洲的海狸已近绝迹。将北美海狸毛皮运回欧洲，马上就能换成金灿灿的货币，比挖宝、捕鱼都要合算。尚普兰率领的法国人，嗅到了其中商机。

尚普兰选中的贸易据点，位于圣劳伦斯河沿岸，西面是肥沃的三角洲，北面是山区和高地，东面是加斯佩半岛（Gaspe Peninsula）。这一区域既与五大湖区相通，又可以轻松航行至圣劳伦斯湾，进入大西洋，是从事水上贸易的绝佳区域。他们依据有利地势，建立了多个城堡据点，这些据点后来发展成为魁北克城、蒙特利尔城等。

法国人与印第安人的毛皮贸易，最初非常顺利。印第安人部落尚处于原始时代，根本没有见过现代手工制品。他们看到法国人携带的斧子、小刀、镜子、针线等，欣喜若狂，愿意以毛皮交换。

尚普兰

图片来源：世界数字图书馆

尚普兰等人以低廉的价格收购海狸皮，运回欧洲经过简单加工，就能卖出天价。根据付成双先生等人的研究，一张海狸皮至少可以增值1000%，有时甚至可以获得200倍以上的利润。在17～18世纪，一张上等的海狸皮，在欧洲市场可以卖到90先令，相当于现在的400英镑。

1612年，尚普兰受命担任新法兰西副总督，并代行总督职权，这意味着他正式获得了法国王室的认可。1627年，利润丰厚的皮毛贸易，引起了红衣主教黎塞留的兴趣。他仿效英国与荷兰，组织官员、富商和银行家，成立了新法兰西公司（Compagnie de la Nouvelle France），注册资金30万里弗尔（Livre），共计100股，故又称“百人公司”，专营北美佛罗里达以北的毛皮贸易。

百人公司实际上是一个国有企业。它不仅经营毛皮贸易，还担负着为法兰西开拓领土的重任。根据公司最初设计，领主和农民仅负责耕地生产，不得涉足毛皮贸易。可是，毛皮生意利润丰厚，远远比枯燥的农耕更有吸引力。踏上北美的很多法国农民，偷偷离开庄园，进入密林收购海狸皮。这些人后来被称作“森林游荡者”（Coureur de bois）。

法国路易十四亲政以后，雄心勃勃地想建立一个庞大帝国，而且是一个由君主绝对掌控的大帝国。他解散了百人公司，选派总督到新法兰西，代表自己直接管理。在某种意义上，新法兰西变成了法国的一个海外行省。

法国殖民者在北美大陆辟地开荒，苦心经营。他们开设了旅店、商店，兴建了工厂、船坞，甚至还创建了一个啤酒厂。不过，由于市场狭小，多数行业都没有发展起来，只有毛皮贸易一枝独秀，成为新法兰西的主要财源。

至1680年，大约有800名森林游荡者穿梭于落基山区。其中，法国人占据绝对主导地位。1695年，他们共计从北美运回价值20万里弗尔的海狸皮，其他国家获得的海狸皮，只有法国的1/5。1743年，法国仅从拉罗谢尔港口，就进口了 12.7 万张海狸皮、3 万张貂皮、1.2 万张海獭皮、11 万张浣熊皮和 1.6 万张熊皮。①

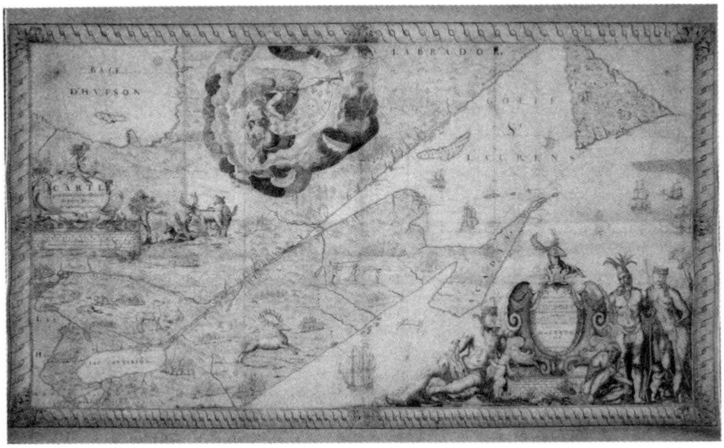

1678 年法国在北美的殖民地

作者：[法] 让·巴蒂斯特·弗朗克兰，图片来源：世界数字图书馆

18 世纪 50 年代，新法兰西的毛皮贸易产值接近 400 万里弗尔，几乎占其对外输出货物的 3/4。就此而言，没有毛皮，就没有新法兰西；不了解毛皮贸易，就不能理解新法兰西。毛皮贸易里，隐藏着法裔加拿大人曾经的辉煌，铭刻着他们的艰辛记忆。

法国人从毛皮贸易里收获的，不仅仅是金钱，还有疆域。毛皮商人在收购毛皮过程中，以圣劳伦斯河为中心，一步步走向森林深处，建立了一张庞大的贸易网。东到纽芬兰，西至苏必利尔湖，南到路易斯安那，北至哈得孙湾，法国殖民者几乎控制了北美大陆的整个心脏地带。来自英国的清教徒，只能在东部狭长的沿海地带谋求生路，根本不足以与新法兰西抗衡。

然而，三十年河东，三十年河西。沉醉于毛皮贸易的法国人，很快

① 参见付成双：《毛皮贸易与北美殖民地的发展》，《南开学报》2015 年第 2 期。

便受到了东部沿海英国人的挑战。英国人不仅北上哈得孙湾，抢夺他们的毛皮生意，而且还向西突破阿尔巴契亚山脉，蚕食密西西比河谷地，最终接管了法国殖民者缔造的毛皮帝国。

第三节 新法兰西与新英格兰的体制竞争

众所周知，北美大陆“现身”以后，英国、法国、西班牙、荷兰等国都曾派人深入其中，建立殖民据点，争抢可以赚钱的资源。其中，西班牙和荷兰昙花一现，很快就“过气”了，只有英、法两国势均力敌，围绕着北美大陆展开了100多年的争斗。

最初，法国殖民者在北美拥有明显优势。他们以魁北克、蒙特利尔等地为中心，借助圣劳伦斯河与五大湖区水道，持续不断地深入大陆腹地，建立毛皮贸易据点，构建广袤的毛皮贸易帝国。同时，法国天主教士凭借远远超过英国新教徒的热忱，深入蛮荒，不畏艰险，向印第安人传教布道。来自法国的毛皮商人和传教士，共同缔造了一个庞大的新法兰西。

新法兰西东临大西洋，西抵落基山脉，北起哈得孙湾，南通墨西哥湾，占据着北美大陆的心脏地带。与英国人占据的东部狭长沿海相比，新法兰西不仅面积广袤、交通便利，而且资源丰富、兽类众多，是从事毛皮交易的黄金之地。旁边的新英格兰，几乎不能与之相提并论。在地图上，新英格兰就是新法兰西的一个点缀。

然而，仅仅100多年后，法国人的新法兰西就土崩瓦解，消失在了英国殖民地的汪洋大海中。他们苦心经营的魁北克、蒙特利尔，都被英国人占领，插上了英国米字旗。南部的路易斯安那，也在不久之后，割让给了西班牙，继而又落入美国之手。曾经辉煌一时的新法兰西，就此灰飞烟灭。

为什么庞大的新法兰西，竟然不敌一个狭小的新英格兰？为什么法国政府的苦心经营，竞争不过英国政府的放任自流？有人说，法国人的不幸，在于法国殖民者胆子太大，深入北美内陆，占据广阔疆域，却又没能力统辖，才导致了新帝国崩溃。

这种说法固然有它的道理，但是还没有点到关键处。新法兰西为什么没有能力管理广袤的疆域？新英格兰的人为什么拥有强大执行力？只有解释清楚了这些问题，才能明白新法兰西为何会落入英国人之手。

追根溯源，这些问题都与法、英两国的政治结构有关。

对法国近代政治体察最深的，无疑是阿历克西·德·托克维尔。他在《旧制度与大革命》一书中指出，17～18 世纪的法国，已经摆脱封建割据状态，蜕变为一个君主高度集权的国家。国王借助新兴的资本阶层，横扫财大气粗的贵族和僧侣，将行政、军事、司法等权力，全部集中在了一己之手。国王是唯一的立法者，贵族和僧侣沦为了王权的“寄生虫”。如何统治本土及殖民地，完全取决于国王及其代理人的意志。

缺乏政治制衡的路易十四，强力介入社会经济和国际贸易，企图以政治取代社会，依靠国家推动经济发展。他们废除了新法兰西的百人公司，改由中央政府直接任命总督，全权管理。这样建立起来的新法兰西，注定是旧法兰西的一个缩影。

在新法兰西，国王任命的总督是最高统治者，作为王权代理人，掌握着行政、财务和军事权力。由总督、主教等人组成的最高委员会，是新法兰西的上诉法院，也基本上掌握在总督手中。1663 年后，王权控制更上一层楼，直接选派法官取代了原来的司法系统。领地法院只能审理小型案件。

总督主导着新法兰西，国王又主导着总督，完全是一种中央集权的政治管理体制。

在托克维尔看来，新法兰西的集权较本土更为突出。法兰西本土毕竟还有贵族和教会特权传统，新法兰西则近乎不存在贵族阶层，即使存在，也缺乏深厚根基。在政府掌控下出现的教会和司法系统，完全没有超然地位，城市和省的自治制度在加拿大根本不存在，被授予的集体权力以及个人立法创议权也都不复存在。新法兰西就是总督一个人的天下，他置身巴黎，就能对 1800 法里[①]外的属地指手画脚。

绝对权力导致绝对腐败，这是自古颠扑不破的真理。

新法兰西易主前夕，1748 年担任总督的弗朗索瓦·比戈，在魁北克过着穷奢极欲的日子，以权谋私，贪污受贿，包养情妇，一样没落下。尽管他后来遭到关押，被迫流亡，但是新法兰西已然成了牺牲品。

由于政治控制严厉，再加上天寒地冻，法国人迁居北美的热情始终有限。国王想尽办法，甚至拿出自己的钱挑选贫穷人家的女孩，作为“公主”送到新法兰西成亲生子，还随带赠送嫁妆，但是结果仍不尽如人意。信仰新教的胡格诺派教徒，倒是具有冒险精神，不远万里跑到新法兰西传教。可是，在天主教和政府排挤下，他们根本没办法立足，只好逃往新英格兰，融入敌人的天地里寻找栖身之所。

法国将贫穷人家女孩送往新法兰西

作者：［法］皮埃尔·杜班，图片来源：世界数字图书馆

① 法里，法国旧时的长度单位。1 法里约合 4 千米。

与之相对，新英格兰走了一条完全不同的道路。由于王权和贵族都比较孱弱，没有谁能独霸一方、说一不二，英格兰形成了政治制衡和民主监督传统。在17～18世纪，英格兰君主权力受到了有效制约，议会作为人民的代表，逐渐成为政治主导。以首相为首的内阁掌握行政权，向议会而不是君主负责。而且，政府也不是事事都管。相反，它赋予地方和个人较大的自治权，只要在法律规定范围之内，人人都可以自主行事。法律而非行政意志，成为维系社会运转的主要力量。

北美大陆的英国殖民地，有的由清教徒直接建立，有的由英王授权建立，还有的是英王封赏的领地。但是，无论哪一种，都不能由总督个人说了算。经过长期政治博弈，议会而非总督，成为了各个殖民地最高权力机构。而且，由于没有旧式贵族和教会的羁绊，新英格兰还孕育出了鲜明的自由传统。自由结社、出版、集会、表达和信仰等，作为人人生而具有的权利，在这片土地上得到了前所未有的张扬。

新法兰西和新英格兰都被视为新世界，但是它们的"新"，实在是两种完全不同的"新"。用托克维尔的话说，在新法兰西，平等混合着专制；而在新英格兰，平等则混合着自由。人世间，没有哪一种体制绝对好或绝对坏，但是对于当时的欧洲移民来说，这个问题无需思量。他们冒险奔赴新大陆，就是为了寻找自由的天地，而非从一个政治牢笼转入另一个政治牢笼。

由此，对于奔赴北美大陆的欧洲人来说，新法兰西和新英格兰便具有了不同的意义。

1641 年，新法兰西仅吸引了 300 人；1663 年，上升到 2550 人，到 1754 年才增长到 8.5 万人。而反观新英格兰，1630 年为 2000 人，1650 年为 2.3 万人，1700 年为 9.2 万人，1780 年膨胀至 71 万人，这还没算上新英格兰以南的其他英国殖民地。

几万法国人散布在广袤的森林中，怎么可能拥有强大竞争力呢？习惯于依赖政府的新法兰西，一旦被政府抛弃，怎么可能自主呢？上百万新英格兰人，栖身于狭窄的东部沿海地带，又怎么可能不极力向外扩张呢？仅就此而言，新法兰西已经处于下风。

新法兰西与新英格兰的竞争，可以部分说明一个道理，即政府管得多不如管得少。当然，结合后来各国的发展，还得加一句，政府管得少不如管得好。至于什么为“好”，就端赖政治家自己去揣摩了。

第四节　新英格兰独占北美的“金融之谜”

解释历史变迁的时候，如果将所有事情都追溯到金钱，似乎显得有点俗；但是如果谈不到这个份上，恐怕又会有点浅。很多事情，尤其是战争，表面竞争的是士兵数量、战斗力，背后起决定性作用的，往往是经费。手头没钱，士兵再多再能打，战略战术再正确，也是枉然。

要想真正说清英格兰为何击败法兰西，还得挖掘背后的“生意经”。

在近代中国史上，“英格兰”是一个如雷贯耳的名字。它曾经进逼中国东南沿海，打败几十万清军；曾经冲入北京城，伙同法国烧毁了圆明园。道光、咸丰及同治等皇帝，一听“英格兰”的名字，即使不心惊胆战，也会眉头紧锁。他们拿这个英格兰，一点辙儿也没有！

可是，如果穿越时光隧道，回到16、17世纪，这个后来让中华帝国苦不堪言的英格兰，其实根本不值一提。它不但无法影响亚洲，即使在欧洲，也只是三流国家。

英伦三岛面积狭小，人口稀少，在很长时间里，仅是欧洲大陆的点缀。1500年，大约有440万人，1600年大约有680万人，1700年也不过930万人。相对而言，法国则强大得多，面积和人口皆为英伦三岛的2倍左右。而且，1700年法国国内生产总值约为1.2万英镑，英国仅为

0.64 万英镑。[①] 就此而言，英国与法国根本不是一个量级。

18 世纪以前，英国国王为了维持高昂的战争费用，想尽办法向商人勒索钱财。当时，亨利七世的大主教兼大法官约翰·莫顿“发明”了一套巧取豪夺之道，据说成效颇为显著。他访问商人时，如果发现其住房宽敞、娱乐奢侈、衣着昂贵、仆佣众多，就会说你这么富有，必定有钱借给国王；如果发现其生活节俭、衣着朴素、自食其力，就会说你这么会过日子，必定省下了很多钱，可以借给国王。总之，商人富得借，穷也得借。

英国贵族为了反抗国王巧取豪夺，掀起轰轰烈烈的夺权运动，一度迫使王室流亡海外。但是，克伦威尔去世后，王室又很快得以复辟。查理二世、詹姆斯二世两位国王，出于权力私心，联合宿敌法国，欺负同盟荷兰，弄得国内财政窘困，民众怨声载道。议会忍无可忍，废黜了詹姆斯二世，迎接荷兰执政奥兰治亲王威廉入主英国，一举改变了国内外格局。

奥兰治亲王登基后，即为威廉三世。他一方面需要筹集资金，领导英国对法作战；另一方面，原有的征税体制已经枯竭，难以筹到资金。无奈之下，威廉三世想到了老家荷兰的“发财之道”——发行债券。早在 17 世纪初，荷兰就通过发行债券、股票，摸索出一套信贷筹资体系。作为荷兰执政的威廉三世，当然洞悉其中的秘密。他想把这套体系引入英国，以解决财政危机。

金融家嗅到商机，乘势而上，建议设立英格兰银行，为政府筹集经费。1694 年，经过谈判之后，议会与金融家达成协议，授权成立私人英格兰银行，经营存款、贴现票据以及发行国债业务。银行成立后，迅速筹集到 120 万英镑贷款，永久性地借给政府；政府以未来税收为抵押，

---

① 参见计秋枫：《近代前期英国崛起的历史逻辑》，《中国社会科学》2013 年第 9 期。

每年返回 8%的利润，并承担每年 4000 英镑的管理费。

在此之前，商人担心肉包子打狗有去无回，不愿意借钱给政府；现在，有了银行出面担保，那些看好英国发展的商人，纷纷把余钱换成债券，成为了政府的债主。反过来，对政府来说，这笔买卖更合算，只要每年花 10 万英镑，就能借到 120 万的现金！

英国有钱人乃至欧洲大商人，纷纷加入到英国债主行列中来。他们之所以热衷购买英国债券，除了看好英国崛起之外，更为重要的是，英国开始走向代议民主，议会逐渐取代王权，成为国家立法的主导。相对于刚愎自用的君主，议会明显守规矩、讲信用，很少赖账不还。因此，尽管英国国债利率偏低，有钱人照样愿意购买。

英国政府凭借良好的信用，不断兑换和重组国债，将国内乃至欧洲大陆的余钱，源源不断地"吸入"国库，为接下来的英法争霸提供了充足军费。

其实，对于这种债券筹款模式，欧洲各国并不陌生。法国王室也尝试过这种圈钱的套路。他们同样以未来税收作为抵押，由私人银行发行债券。但是，由于权力不受限制，政府花钱充满随意性，根本不考虑未来的偿还问题。一场仗打下来，如果碰到荒年歉收，政府税收不足，债券基本上就变成了废纸。政府不讲信用，有时甚至还不了钱。1709 年，法国债券买主曾经惨遭厄运，投进去的钱打了水漂。

1716 年，财政窘迫的法国王室，受一位金融活动家"忽悠"，再度试水债券筹款。国王授权其组建通用银行，发行纸币。通用银行最初经营不错，帮助法国政府解决了不少财政难题，因而又相继获得了北美路易斯安那贸易特许权、加拿大皮货贸易垄断权以及烟草专卖权等。三年后，该公司几乎垄断了法国所有的海外贸易。法国政府也不傻，它慢慢将通用银行变成了国有，改称"皇家银行"。

1719 年，法国政府一面增发纸币，一面通过印度公司发行股票，企图“空手套白狼”，偿还 15 亿里弗尔国债。由于利息高，这些债券很快便被推向股票市场，成为投机家热炒的对象。结果，其股票价格一涨再涨，最终失去控制、引发崩盘，让无数投资者倾家荡产。

这次股市灾难重创了法国政府信用，使得银行家、商人再也不敢随意购买它的债券。法国政府本身，也被这次股市崩盘吓破了胆，对纸币、股票、债券等金融产品失去信心，又恢复了以硬币为基础的货币体系，依靠征收赋税解决财政难题。

直到法国大革命前夕，法国国库依旧入不敷出；国王依然袭用旧方，想尽办法逼人缴税。

反观英国，则完全相反。他们开发出各种各样的金融产品，让不同程度的有钱人，都加入到债主行列中来。钱多的人忙着买债券，钱少的人想着买基金，欧洲大陆的外国人，则抢着购买英国股票。总之，几乎所有握有余钱的欧洲人，都相信英国政府，自愿充当它的债权人。

为什么法国没有搞好金融，而英国能成功呢？

从浅层次上来看，是因为英国的金融产品更为丰富，金融操作更为得当。债券卖出去以后，政府再发行减债基金、股票和年金券，兑换买主手中的债券，将偿债压力平均到更远的未来。这些金融产品有的风险大、利润高，有的风险小、利润小，还有的属于中间性质。各个阶层的人，只要有余钱，都可以买到适合自己的金融品种。

从根本上来说，英国金融之所以获得成功，则主要得益于政府信用和实业崛起。

法国王室权力不受限制，花钱没有监督，发行纸币、股票没有计划，导致了股市崩盘，金融破产。英国实行议会政治，凡事都不能由一人说了算，扯皮的事常有，但是反过来说，则意味着相互制约、相互监督，任何重大决策，只有达成共识，才能付诸实践。这种政治决定了它不可能像法国君主制那样，对债券买主赖账动武。

归根结底，英国政府的信用，是建立在税收基础之上的。无论他们将金融产品细化到什么程度，还债压力平摊得多么长远，都需要偿还本金和利息。换句话说，英国政府借来的债是迟早要偿还的，它要保持信用，就必须确保拥有充裕的税收，而要确保拥有充裕的税收，又必须先让老百姓富起来，有能力交税，愿意交税。英国也是幸运，18 世纪下半叶出现的工业革命，推动了经济升级，为国家赋税提供了良好保障。反观法国国王路易十四，只想着国富而不管民穷，最终激起民愤，自绝了后路。

英国早期也出现过金融泡沫，让投资者损失惨重，但是伦敦金融市场在政府合理监管下，始终保持了较为平稳的发展态势。1750 年，它已经超越阿姆斯特丹，成为欧洲的金融中心。这意味着，英国将大多数欧洲金融投资者，都绑到了自己的战车上，双方一荣俱荣、一损俱损。投资者只有不停支援英国，才能确保投资收益。

1700 年，英国政府从金融市场获得 1420 万英镑的借款。1763 年，英法决战结束时，这个数字增加了将近 10 倍，达到 1.326 亿英镑。如果没有这些借款，偏居一隅的英格兰，怎么可能击溃不可一世的法兰西?

就此而言，18 世纪下半叶，法兰西败于英格兰、丢掉新法兰西，很大程度上是输在了金融制度上，输在了圈钱能力上。

第二章　全球领先的“小国大矿”

对于很多中国人来说，加拿大是一个陌生的国度。即使有所熟悉的，有心到此生活的人，恐怕也不知道加拿大经济的核心产业是什么。大家可能会想当然地认为，加拿大既然是七国集团之一，既然是欧美发达国家，自然应该以高精尖产业为主要支撑。事实上，情况并非如此。加拿大矿产、油气、林业资源丰富，是一个典型的资源经济国家，高科技并非其所长。其中，加拿大矿业开采在全球产业链中占据举足轻重的地位。①

第一节　名副其实的矿业大国

作为文科毕业的人，笔者以前很少关注矿产。直到远赴加拿大，由于工作关系才接触一些相关信息。不查不知道，一查吓一跳。原来，在全球矿产分布图上，加拿大拥有极其显赫的地位。根据 2015 年相关统计资料，加拿大拥有 60 多种矿产资源，其中钾碱产量居世界第 1 位，铀、镍、铌产量居世界第 2 位，原铝、钴、铂族金属、钻石产量居世界第 3

① 2018 年 2 月 20 日，加拿大灰熊研究院联合加拿大乐活传媒、不列颠哥伦比亚大学 UHUBOR 信息平台召开了“加拿大矿业沙龙”，笔者负责将沙龙发言整理成系列文章，发布于界面新闻和加拿大乐活网。本章即根据发布的系列文章编写而成。文中大部分知识和观点来自于演讲嘉宾。

位，钨、盐、硫居世界第 4 位，共计 14 种矿产品在全球居于前 5 名。

其实，世界上很多国家，都拥有丰富的矿产资源，加拿大并不是唯一。它的真正令人刮目相看之处，是矿业公司数量极其庞大。全球上市矿业公司集中于北美，北美的上市矿业公司则集中于温哥华。

根据加拿大斯图矿业董事长郭英廷先生介绍，目前全球上市矿业公司中，有 805 家总部在温哥华，300 家在多伦多，56 家在卡尔加里，30 家在蒙特利尔，263 家在珀斯（澳大利亚），96 家在悉尼，92 家在伦敦。可见，加拿大是全球矿企的圣地，而温哥华则又是圣地中的圣地。

加拿大东部的多伦多，虽然不像温哥华拥有众多矿企总部，但是它在全球矿业融资市场上，拥有举足轻重的地位。2014 年，多伦多证券交易所（TSX）股本占全球采矿业股本的 62%，融资近 90 亿加元。多伦多证券交易所及多伦多证券交易所创业板（TSXV）汇聚了世界上 57%的上市矿业公司，2015 年总共有 1480 亿多加元股本入场交易。按发行人市值排名，多伦多交易所是世界第七大证券交易所，其中矿业、石油及天然气上市公司数量均居世界第一。

加拿大不仅是一个矿业大国，也是一个矿业强国，采矿技术领先全球。它的很多金刚石矿，位于北极圈内，周围都是水或冰，环境十分恶劣，如果放在一般国家，只能“望矿兴叹”。但是，加拿大矿业公司依靠先进技术，却可以进行露天或者井下开采。同时，加拿大矿业公司经过长期积累，具备了深井开采的技术和设备，深井数量在全球范围内首屈一指。

根据相关统计，目前加拿大 1000 米以上的深井数量，在世界各国中位居第 1 位。具体言之，加拿大拥有 28 座，南非有 27 座，中国有 16 座，澳大利亚有 11 座，美国有 7 座。加拿大和南非构成为全球深井开采的双子星座。郭英廷先生介绍说，加拿大安大略省北部的基德矿井（Kidd Mine）是世界上最深的铜及锌矿井，深达 10000 多尺、3100 米，是位居全球前10位的金属矿山深井。

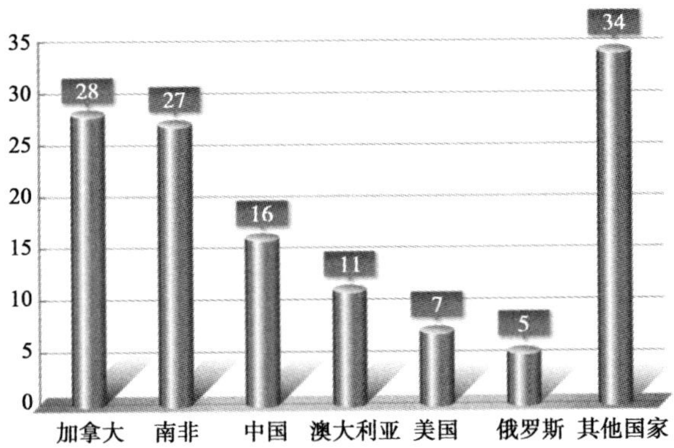

世界1000米以上矿山深井国别分布数量图

图片来源：中国黄金网

第二节　矿产主要出口对象国

现代矿山开采依靠的是大型挖掘机、重型卡车等，生产效率惊人。生产效率高了，有利于提高利润，但也会伴生一个致命问题，那就是怎样才能将产品卖出去。在传统社会，困扰人类的最大难题是产品稀缺、供不应求，催生了种种战争。到了工业社会，多数国家所面临的问题，则变成了产品积压严重，难以及时出售。如果产品不能及时销售，生产得越多问题越大。现代经济危机就是这样产生的。

加拿大是一个人口小国，大约相当于福建人口总数，仅为广东省人口的1/3强，其国内对矿产资源的需求有限。加拿大几百家矿企，主要依赖国外市场，80%以上矿产资源用于出口。

从统计数据来看，美国和欧盟是加拿大最主要的矿产品出口地，近年来又增加了墨西哥。根据加拿大自然资源部数据，从2012年到2016年，加拿大向美国、墨西哥出口的矿物和金属产品总额，呈现稳步上升趋势。2012 年，加拿大向美国出口矿物和金属产品 445.65 亿美元，2016 年为 523.40 亿美元，增加 17.45%；2012 年加拿大向墨西哥出口总值为 9.76 亿美元，2016 年为 13.93 亿美元，增加 42.76%。

不过，从 2012 年到 2016 年，加拿大对其他国家的矿物和金属产品出口额要么停滞不前，要么大幅下滑，形势不容乐观。其中，欧盟、日本、中国由于需求减少，对加拿大矿物和金属产品出口的影响最大。2012 年，加拿大对欧盟出口矿物和金属产品 223.45 亿美元，2016 年降至 195.51 亿美元，减少 12.5%；2012 年加拿大向日本出口矿物和金属产品 36.54 亿美元，2016 年降至 32.32 亿美元，减少 11.55%。

2008 年金融危机后，加拿大积极开发中国市场，使得对华矿产品出口急剧上升。2012 年，加拿大向中国出口矿产品总值 49.65 亿美元，同比增加 21%，达到有史以来的最高峰。然而，此后，随着中国产能过剩，加拿大对华矿产品出口出现了急剧下跌。2013 年对华出口矿产品 46.81 亿美元，同比减少 6.1%；2014 年对华出口矿产品 29.26 亿美元，同比减少 37.5%；2015 年对华出口矿产品 16.99 亿美元，同比减少 44.3%。2016 年加拿大对华矿产品出口才开始出现回升，2017 年达到 20.95 亿美元。

从数据来看，加拿大矿产品对欧盟、日本和中国出口的减少，基本上抵消了对美国和墨西哥出口的增长，使得加拿大矿业对外贸易顺差不断下滑。2013 年加拿大矿业对外贸易顺差一度升至 166 亿美元，但是 2014 年便骤然降至 135 亿美元。由于出口骤减，加拿大矿业在 2015 至 2016 年间一度陷入谷底，半数以上的上市企业沦为了“僵尸”公司。

进入 2017 年后，加拿大矿业似乎开始感受到春天的气息。根据相关统计数据，2017 年加拿大矿产品出口出现大幅回升，总额达到 929.6 亿美元，增幅高达 33.7%，成为加拿大第一大出口产业。同时，根据 2017 年 11 月底召开的中国矿业全产业链大会信息，相关行业专家预测新的矿业周期已经到来，全球矿业回暖态势渐稳。

第三节 原住民是绕不过去的一道坎

每个国家都有自己的特殊国情或敏感地带。外来投资者如果不深入了解，很容易陷入无休止的法律纷争，轻则伤筋动骨，重则血本无归。具体到加拿大，原住民问题应该最为重要和敏感。在很多外国投资者看来，原住民最难打交道，也最令人头疼。如何与原住民谈判，是加拿大矿产企业的第一等难题。

在加拿大，“原住民”（The Aboriginal People）是一个特定称谓，具有明确的内涵。1982 年，加拿大宪法将第一民族（First Nations，即印第安人）、因纽特人（Inuit，即爱斯基摩人）、梅蒂斯人（Métis，即欧洲人与印第安人的混血后裔）统称为“The Aboriginal People”，中文译为“原住民”。原住民多生活于森林中，根据最高法院判例，他们对自己领地内的资源开发拥有一票否决权。因此，在加拿大从事资源开发，一般都绕不开原住民。

在很多华人的印象中，原住民有点怪，不好打交道。赛尔温驰宏矿业公司前执行官李世林先生则认为，原住民“不会堵路、挖管道、割电线，不会任意侵占或侵犯他人财产，相对于其他国家的老百姓来说，更守规矩”，“原住民遇到问题，一般有两种解决办法：一是谈判，二是到法庭去控告”。他们这种特点其实非常符合工业管理专家的思维。工业管理专家喜欢按规则办事，最担心别人“不按套路出牌”。

李世林先生说，加拿大原住民其实是一个社区问题。中国国内企业解决与周边社区的矛盾，主要有三种方式：第一种是邀请政府介入，第二种是雇用社会力量交涉，第三种是与社区进行谈判、共同协商。外资企业进入中国后，没有政治和社会优势，只能采用第三种解决方案。加拿大社会权力结构不同，企业不能简单地照搬中国企业解决问题的方式。

加拿大企业、政府和原住民之间，是一种特殊的权力结构关系，李世林先生称之为“内平等的三者制约关系”。在这个权力结构中，政府不能逼迫企业或者原住民做什么，不做什么；原住民不能为所欲为，暴力抗议企业或政府；企业当然更不能要奸使坏，损害政府或原住民利益。有些社区和议题可能还有媒体与非政府组织介入。所以，从权力结构来说，政府、原住民和企业是相互平等的，没有任何一种力量能够成为“老大”。

如果企业遵循内平等的相互制约原则，充分了解原住民的人情和特点，完全能够实现共同开发、可持续性发展。据李世林说，加拿大原住民与西方人既一样又不一样。一样的是，他们都讲人情、讲道理，不一样的是，原住民既追求正当利益，又反对利益至上，功利色彩较为淡薄。

不过，原住民内部是一个民主选举授权体制，酋长的个人意志、认知、威信与原住民民众意见分散、多元和个别执拗之间的相互影响，是谈判时特别需要注意的。

在加拿大，无论本土企业还是外资企业，都对原住民问题感到头疼。如何与原住民部落构建良性互动关系，是加拿大企业共同面临的挑战。在李世林先生看来，相较于西方人，华人与原住民打交道更有优势。

众所周知，历史上西方人对北美原住民的殖民战争，给原住民造成了无法估量的伤害。尽管加拿大政府极力弥补，从政治、经济、文化等各个方面向原住民进行政策倾斜，但是时至今日，历史的伤口仍然不能愈合，原住民对西方人存在天然的不信任和抵触心理。同时，西方人奉行“商业利益交换”模式，缺少人情沟通，非常生硬。华人与原住民之间既无历史包袱，又信守“人情＋利益交换”文化，更容易被原住民接纳。

李世林先生代表中资企业与原住民进行协商时，遵循的就是人情加利益交换、追求共同发展的模式。对于原住民合理的经济要求，他们不仅答应，而且还往往加倍给予；对于原住民不合理的经济要求，他们则坚决拒绝。久而久之，原住民意识到，这个公司是讲人情、讲道理的，既有自己的原则和底线，又能够顾及他们的合理诉求。交往几次以后，双方就会形成良好互信，走上相互支持、相互依赖之路。

原住民大都性情直爽，一旦认可或信任他人，就不会锱铢必较。李世林先生讲了一个例子。有一次，他们公司与某原住民部落进行谈判，按照以往的行业惯例，有些谈判内容非常棘手。为了争取谈判成功，团队精心准备，设计了多套应急预案。谈判开始不久，李世林先生征得对方同意，准备到屋外抽一支烟，同时热情邀请对方尝试一下中国烟的味道。对方稍作犹豫后，接受了邀请。

令李世林先生没想到的是，有了“抽烟”这个引子，双方在屋外谈得异常投机，瞬间成为了好朋友。回到谈判桌上，原住民首领不再纠缠细节，完全接受了中方拟定的谈判方案。

第四节　矿产投资背后的酸甜苦辣

加镍矿业有限公司 CEO 朱学新认为，无论建设项目还是生产项目，决定一个矿业企业成败的核心要素是成本，只有将建设项目的建设成本和生产矿山的生产成本，控制在合理范围之内，才能确保企业正常运转。外国企业到加拿大投资，除了要考虑项目的资源可靠程度、采选技术工艺是否成熟、政府审批要求以及当地居民对项目开发的影响等因素外，还要考虑电力、劳动成本。

加拿大电力分属各省管理。由于电力资源、管理体制不同，各省电力价格差异甚大。2015 年，安大略省的市场电价为每度 0.0236 加元，相当于人民币 0.12 元左右。朱先生工作的镍矿位于马尼托巴省，2018 年上半年每度用电价格是 0.034 加元，相当于人民币 0.2 元左右。这种价格比大多数国家都低廉，能够大幅降低企业经营成本。

不过，加拿大疆域广阔，很多矿山都位于人迹罕见的北部山区，远离城镇中心，甚至连边缘都算不上。在那样的地方开个矿，只能自己发电。几年前，一个偏远矿企发电的成本都在每度 0.30～0.35 加元，相当于加拿大正常企业电价的 10 倍左右。按照这样的用电成本，企业很难获得利润。

除此之外，加拿大矿业面临的更大挑战是劳动力成本非常高。在加拿大各个行业中，矿业工资是比较高的。据 2016 年统计数据，加拿大矿业工人平均年工资 10 万加元以上，高于林业、制造业、金融和建筑等行业的平均水平。对于矿业从业者来说，这当然是好事，但对投资者来说，则是沉重的负担。2017 年以来，卑诗省和安大略省再次提高了最低工资标准，矿业工人的平均年薪恐怕也有所上涨。

鉴于加拿大人力昂贵，与地下开采相比，露天矿山更为稳妥。露天开采可以使用大型采矿设备，不但可以提高生产率，还可以节省大量劳动力成本，从而间接增加生产利润。加拿大多家大型露天铜矿，平均入选铜品位只有 0.3%，却能长年满负荷运营，还能保证利润，靠的就是便宜的电费和规模化生产所形成的效益。

相对来说，井下矿山生产工艺复杂，生产环节较多，如果外来人对生产成本没有十足的把握，不能轻易开工。举一个简单例子，在中国，一个规模为 70～80 人、采选能力为 100 吨的地下黄金矿山，入选品位达到 3 克以上，就能产生可观利润，但是在加拿大则不然。外资企业进入加拿大后，如果雇用 30～50 个工人，开采一个几十吨的小矿，恐怕赔的要比赚的多。

因此，朱学新先生提醒说，中国投资者照搬国内标准，到加拿大来开采露天矿，问题可能还不是太大，但是要开发井下矿，则须三思而后行。如果不做充分调研，匆忙上马开采项目，启动容易撤出难。

但是，在过去十几年间，中资企业进入加拿大后，很难能够静下心来，做充分的前期调研。笔者曾采访金钥匙集团吴景伟先生，他说中资企业来到加拿大以后，往往最关心三个问题：第一，项目什么时候能够启动，什么时候能够开始生产？第二，可不可以从中国雇用劳工？第三，怎么与原住民打交道？事实上，任何事情都是欲速则不达，做不好前期功课，只想快速见效，最后换来的，多数是一地鸡毛。

吴景伟先生提醒说，加拿大与中国国情差异很大。它拥有非常复杂的决策和评估程序，严苛的劳工和原住民保护法律，几乎每一个环节，都涉及方方面面的利益。只有把这些问题都摸清楚，才不会犯原则性和方向性的错误。如果自己摸不清，最好向专业人士咨询。

第三章　没有黄金储备的“黄金霸主”

当初的英法探险家，很大程度上是冲着黄金到北美大陆来的。他们听说西班牙在新大陆发现了金矿，也想从中分一杯羹。西班牙不允许别人染指墨西哥和中美洲，他们便只能到大陆北部碰运气。可惜，这些探险家在北部沿岸折腾了好长时间都没有发现金矿，迫不得已做起了毛皮生意。而实际上，北美大陆不但有黄金，而且储量非常丰富。19 世纪中叶以来，加拿大西部地区逐步发现黄金宝藏，并组建了世界上数一数二的黄金矿业公司，在全球黄金行业中拥有举足轻重的影响力。

第一节　加拿大的黄金储量和分布

近年来，各个大国都在不断增持黄金储备。根据相关统计，2016 年美国的黄金储备为 8133.5 吨，德国为 3384.2 吨，中国为 1658 吨，居于意大利、法国之后排第 5 位。可是，在这个“囤金”的时代，加拿大政府却弃之如敝履，不断抛售黄金储备。截至 2016 年 2 月 29 日，加拿大黄金储备只剩下 77 盎司，可以说已经基本卖空。

有经济学家解释说，加拿大没有帝国的历史，缺少帝国雄心，因而自认为没有必要储备黄金。其言外之意，只有那些有想法或要面子的世界大国，才会囤积黄金。这种说法对不对？对，也不对。作为曾经的英国殖民地，加拿大获得完全自治权，不过大半个世纪的时间。或许是受庇护惯了，抑或自知实力不济，加拿大确实八方结交，与人为善，没有任何争夺霸权的心态。所以，说加拿大没有帝国历史、缺少帝国雄心是有道理的。

但是加拿大政府抛售黄金储备，是否就是缺少帝国雄心的一种结果呢？至少在笔者看来，此说难以成立，因为加拿大并非始终不把黄金当回事儿。20 世纪 50～60 年代，它就曾一度持有大量黄金储备，最高时达到 1000 多吨。这说明从未称霸的加拿大，同样会囤积黄金作为储备。从帝国心态角度解释其抛售黄金储备，似乎讲不通。

从 20 世纪 70 年代开始，加拿大黄金储备就一直下滑，从几百吨降为不足百吨，再从不足百吨降为几吨，直到 2016 年初仅剩下 77 盎司。几十年来，这种陆续减持黄金的金融政策是前后一贯的，并非心血来潮之举。至于为什么，他们已经说得很明白，即自从 1971 年与美元脱钩以后，黄金就变成了一种贵金属，一种投资品，增持黄金远远不如增持美元或欧元更为安全。

其实，放弃传统的黄金货币心理，更多从投资角度看待黄金，已经是欧美各国的普遍金融战略。2016 年美国 8000 多吨的黄金储备，与 1952 年的 20000 多吨相比，几乎减少了 60%。即使这样，还有人质疑，认为美国实际持有的黄金储备，恐怕更少。最极端的观点认为，美国可能已将黄金抛空。

总而言之，当前欧美各国保有黄金储备，不再是为了避险、保值，而更多是为了照顾长久以来货币持有人的“拜金”心理。实际上，那些金融政治家在内心里，早已看透了黄金的贵金属实质。加拿大抛售黄金，不过是捅破了这层窗户纸而已。

几十年来，即使全球金价疯狂上涨，加拿大央行仍然陆续减持黄金，直至 2016 年几乎抛售一空。这说明，加拿大政府更看好其他投资产品，基本上放弃了黄金保值之路。从这个角度来说，除非风云突变，加拿大央行不会一般也很难影响全球金价的走向。

但是，需要注意的是，即使卖空了黄金储备，加拿大仍然是黄金大国，仍然是黄金投资必须关注的对象：一是因为加拿大黄金储量和产量皆居全球前 10 位，不可小觑；二是因为作为全球十大黄金生产商的聚集地，加拿大影响着全球黄金市场的“供给侧”。

500 年前，欧洲各国王室相继资助探险，企图开辟通向东方的航道，寻找传说中的黄金国度。英国探险者为避开西班牙、葡萄牙，选择向西北航行，结果登陆了加拿大。他们在北美转了几个月，发现仅有鳕鱼和毛皮可以赚钱，至于传说中的黄金，连个影子都没有。

现在看来，只能怪英国探险者们运气不佳。事实上，包括加拿大和美国在内的北美大陆，不仅有黄金，而且储量极大。根据相关调查，在全球范围内，非洲黄金储量最高，占全球总量 28%；其次是北美，占 24%；接下来是澳洲、亚洲、南美和欧洲，分别占 19%、18%、9%和 2%。欧洲各国争相寻找的东方国度，实际上远远不如北美“多金”。

具体到加拿大，黄金储量是多少呢？2010 年，美国地质调查局公布的一组数据表明，已经探查的全球黄金资源储量，大约为 10 万吨，其中加拿大黄金储量为 4200 吨，居世界第 7 位。而且，随着其他国家过度开采，加拿大黄金储量在全球范围内的排名，将越来越靠前。

加拿大的每个省份，几乎都蕴藏着黄金。根据 1972 年的一份勘查报告，加拿大储金带主要集中于安大略省、魁北克省、卑诗省、纽芬兰以及西北的育空地区，其中安大略占 46.7%，魁北克占 25%，育空地区占 13%。这些储金多为脉金矿，砂金矿较少。所谓砂金矿，即经风化作用而形成的岩屑或金粒，在外力搬运或分选作用下沉积于山坡、河溪、海滨等而形成的金矿；脉金矿则是受火山、岩浆、变质等内力地质作用而形成的金矿。此外，加拿大还拥有一定数量的伴生金矿。

遥想当年，进入北美的英、法探险家，实际上就站在一片“金山”上。

欧洲各国移民登陆后，二三百年间，都没有能够发现脚下的黄金宝藏。直到 19 世纪中期，加利福尼亚金矿被挖完以后，淘金工人一路向北，进入英属哥伦比亚境内，才在弗雷泽河谷发现了金矿。这是加拿大大规模开采金矿的开端，也是维多利亚、温哥华等城市出现的催化剂。

从 19 世纪中期到一战结束，加拿大陆续发现金矿，但是其黄金生产量一直有限，平均每年 4～23 吨。一战结束后，随着挖掘机械的更新换代，加拿大黄金生产量骤然上升，年平均达 50.4 吨；从 20 世纪 30 年代至 60 年代，加拿大黄金年产量更是居高不下，始终保持在 100 吨以上，仅次于南非和苏联。此后 20 余年，加拿大黄金年产量在 50～80 吨之间徘徊，基本保持世界第 3 位。20 世纪 90 年代以来，加拿大黄金年产量才从第 3 位逐渐滑落，目前位居全球第 5～7 位。

由于环保意识深入人心，未来若干年内，加拿大的黄金开采恐怕都不会重回巅峰。但是，切不要以为加拿大就此沦为了黄金市场的二等角色。事实上，加拿大国内黄金产量虽然有所下降，其各大生产商的黄金开采项目，却在全球范围内遍地开花。

目前，加拿大各大黄金公司，已经将开采重心转移到了国外。放眼南美、亚洲、非洲甚至欧洲，都可以发现加拿大黄金生产商的影子。而且，这些加拿大黄金生产商在全球同行业中的业绩，堪称优异。2015 年，在全球十大黄金生产商中，第 1、第 4、第 5 和第 9 名皆来自加拿大，它们的黄金年产量加起来，几乎占全球上市非国有公司产量的半壁江山。

第二节　“金色”的安大略和魁北克

加拿大黄金储量分布极不平衡，大部分位于东部的安大略和魁北克，这两个省份的产量占加拿大总产量90%以上。其次是西海岸的卑诗省，再次是西部的育空特区、马尼托巴、萨斯喀彻温，最后是东海岸的纽芬兰和拉布拉多。阿尔伯塔盛产油气，但黄金产量微乎其微，爱德华王子岛、新布伦瑞克、新斯科舍则更是不见踪影。

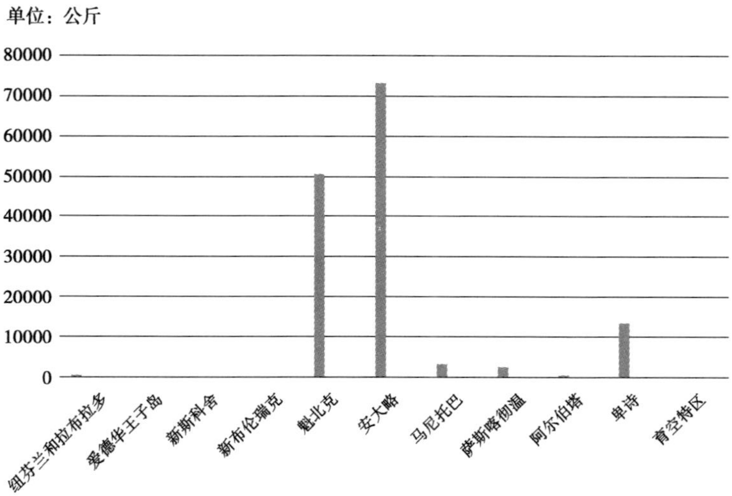

2016年加拿大各地黄金产量

数据来源：The Statistics Portal

卑诗省黄金发现于19世纪60～70年代。温哥华早期华人居民，就是那时为淘金而来的。在此后几十年里，黄金开采一直是卑诗省的支柱产业。不过，时至今日，卑诗省经济早已转型，重点打造林业贸易、旅游和教育服务，黄金产业辉煌不再。2016年，卑诗省黄金产量为13175千克，仅占安大略省黄金产量的17.98%。下图第64、67、69、71、75、76、77、78、79号位置，集中于卑诗省西北部，皆为金、银和铂族金属产区。

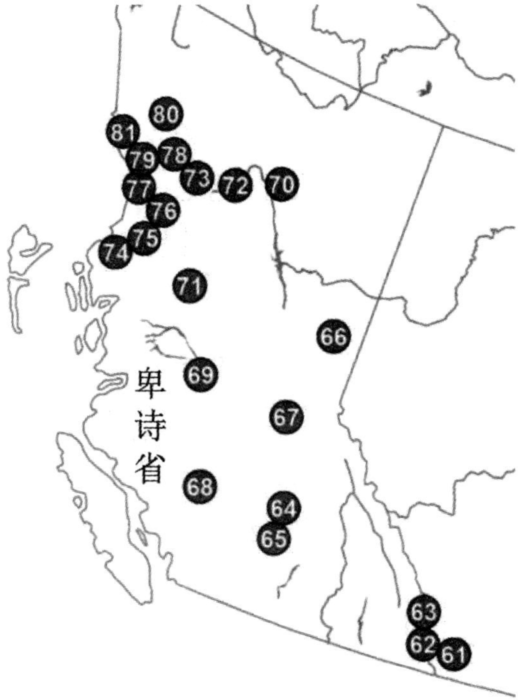

卑诗省矿产资源分布图

图片来源：Natural Resources Canada

魁北克是加拿大法裔居住区，也是加拿大面积最大的一个省，境内90％以上居民说法语。2016 年，魁北克生产黄金 50636 千克，仅次于安大略，位居第 2 位。下图 10～17、20～21 号皆为魁北克金、银和铂族金属产区，可知其多集中于魁北克西南部。魁北克 10 个黄金矿产区中，8 个位于西南部的阿比迪比—蒂米斯坎明格地区。

安大略作为加拿大工业中心，是加拿大经济最发达的省份。早期到加拿大的华人，多定居西海岸温哥华，近年移居加拿大的技术移民，则更多选择去安大略的多伦多。目前，多伦多华人人口已经远远超过温哥华。2016 年，安大略共计生产黄金 73263 千克，位居加拿大第 1 位。

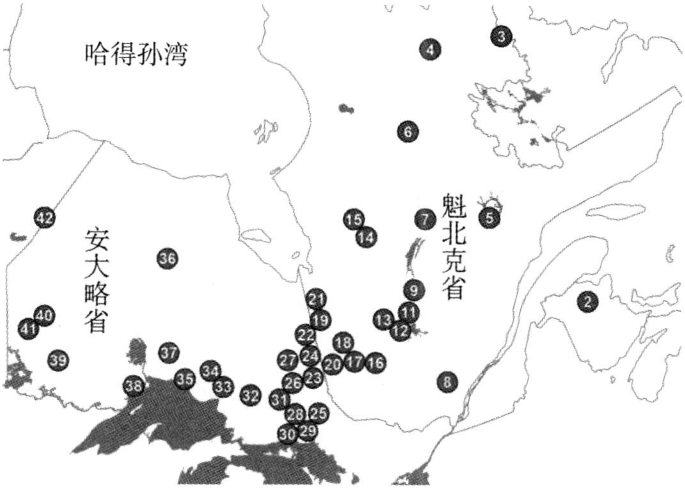

魁北克和安大略省矿产资源分布图

图片来源：Natural Resources Canada

上图中 22～24、26～27、30～35、37～41 皆为安大略省金、银、铂族金属产区。这些黄金产区大都集中在南部的苏必利尔湖和休伦湖沿岸地区，少数分布在西部。

第三节　黄金巨头巴里克公司的成功之道

说实话，虽然加拿大位居世界七大工业国家之一，但是它在世界范围内，能够叫得响的品牌少之又少。行业内公认的领跑者，又被各国百姓所熟知的，用手指头就能数得过来。

在屈指可数的加拿大明星企业榜单上，巴里克黄金公司（Barrick Gold Corporation）算是一个。最起码，在全球黄金生产领域，巴里克是一个响当当的品牌。近 10 年来，它始终稳居全球十大非国有黄金生产商之首，在行业内拥有举足轻重的影响力。2015 年，巴里克公司生产 612 万盎司黄金，领先第二名纽蒙特黄金公司 108 万盎司；2017 年，巴里克公司生产532万盎司黄金，较纽蒙特黄金公司多5万盎司。

巴里克黄金公司总部位于多伦多，在北美、南美、非洲和澳洲皆设有业务部门，是一个名副其实的黄金帝国。其名下的二三十个矿山，拥有黄金储量9000多万盎司、银储量10亿盎司、铜储量60亿镑，富可敌国。将来，如果经济效益下滑，即使靠着卖矿山，公司也能撑若干年。

这样一个庞大的黄金帝国是怎样形成的呢？

巴里克黄金公司的创始人是彼得·蒙克（Perter Munk）。蒙克出生于匈牙利一个金融家庭，青年时期随家庭移民加拿大，1952年获得多伦多大学电气工程专业学士学位。大学毕业后，卖过音响，开过旅馆，经营过房地产，涉猎过慈善基金，还创办了石油公司。可惜，由于时运不济，这些尝试都没有获得成功。直到1983年，蒙克果断转向金矿开发，才挖到了“第一桶金”。

当时，国际市场金价大跌，黄金生意其实也不好做。蒙克却认准黄金开发有前途，投资了两座小矿山，正式成立巴里克黄金投资公司。这两座小矿山让蒙克初战告捷，次年便兼并了魁北克坎弗洛（Camflo）矿业公司。对于巴里克公司来说，这次兼并坎弗洛的真正意义，不在于有了更多金矿，而在于获得了一支世界级的勘探团队，为公司长远发展奠定了技术基础。

过硬的技术团队，不仅令巴里克黄金公司能够预判风险，以最高性价比买下矿山，还有助于其提高开发效率、降低开采成本。巴里克黄金公司在这方面的成功案例数不胜数，其中最突出的，就是戈尔斯特里克（Goldstrike）项目和皮耶里纳（Pierina）项目。

戈尔斯特里克矿山位于美国内华达州，原是一个很不起眼的黄金产地。原矿主仅看重地表的氧化矿，估算其有60万盎司的黄金储量，所以没把这个矿山当回事，以6200万美元的价格卖给了巴里克公司。巴里克公司组织技术人员勘探后，认为地表的氧化矿，很可能是深层大型矿床的渗滤物，换句话说，戈尔斯特里克矿山深部可能隐藏着大型金矿。事实证明，巴里克公司的技术判断是正确的，这个项目为其带来了八九百万盎司的黄金储量，直到今天都是巴里克公司的主要“金主”。

皮耶里纳矿山位于秘鲁境内。1995 年，美国地质勘探专家戴维·洛威尔（J. David Lowell）在此发现了金矿。次年，矿主想将金矿转手卖掉。可是，由于矿主仅公布了 9 个钻探孔的勘查情况，很多黄金公司不掌握真实数据，迟迟不敢动手。巴里克公司派人进行先期勘探后，得到了皮耶里纳的地质资料，认为当地黄金储量巨大，果断地采取了收购行动。结果，皮耶里纳被证明为南美最大金矿之一，为巴里克公司带来了巨大利润。

作为一个资源型企业，巴里克深知资源是公司的命脉，如何在全球范围之内布点布局，最大限度地抢占矿产资源，是关系公司发展的头等大事。现在回过头看，巴里克公司显然对此心知肚明，在其他同行懵懵懂懂之时，就展开了大规模全球企业兼并。

对于巴里克公司来说，企业兼并只是一种手段，最大限度地抢占矿产资源才是实质。矿产资源都是不可再生的，谁控制了矿产，谁就占据了行业发展的制高点。

巴里克公司在各国遴选专家，设立了国际咨询委员会，以深入了解世界各国经济、政治和文化，进行风险投资评估。它力求使每一笔投资，都安全可靠，甚至恰到好处。而且，一旦确定目标，巴里克公司就会竭尽全力去完成。2006 年收购普雷色多姆黄金公司时，它不惜提高 9.8% 的报价，硬是将竞争者纽蒙特公司顶了回去。当时，纽蒙特公司黄金产量位居世界首位，比巴里克公司更具竞争力。

自从那次收购成功后，巴里克公司控制了澳大利亚 30% 的黄金产量，同时也超越纽蒙特公司，问鼎全球最大的私有黄金生产商。至 2015 年 12 月 31 日，巴里克公司已探明的黄金储量为 9190 万盎司。2017 年，其黄金产量高达532万盎司，蝉联冠军。

很多人认为，巴里克公司从一个默默无闻的小矿企，成长为全球范围内的黄金大鳄，主要得益于全球企业兼并之路。因此，走出国门，控制更多的同类企业，乃是企业发展壮大的一条捷径。

粗略来看，此话不假。但需要注意的是，巴里克公司的兼并之路，具有很多辅助条件，比如赶上了各国开放资源的最佳时机，风险评估比较到位，自身勘探和选金技术过硬，生产和管理效率优良，注意与东道主国家配合，尊重项目所在地利益、法律和人情等。换句话说，巴里克公司的兼并之路是有独特性的，不是随随便便兼并就能成功。

即使如此，随着环境恶化、经济下行，巴里克公司在各国的开发项目，也变得越来越艰难。最近几年，公司连续遭到智利、多米尼加等国政府重罚，损失惨重。其在赞比亚的铜矿项目，也由于矿区使用费激增而一度筹划暂停。如果说几十年前，黄金企业的最大风险是地址勘探，那么现在最大的风险则是各国投资环境。

为了渡过经营难关，巴里克公司努力向综合性矿产公司转型，其业务已经拓展至银、铜、铂、镍等贵金属业务。具体到黄金生产领域，巴里克公司的基本原则是缩减产量、降低成本。2018年，预计生产黄金460万～510万盎司，成本降至每盎司725～775美元。到2020年，巴里克计划生产黄金450万盎司，生产成本降至700美元以下。

第四节　Goldcorp将“点子”变成了金子

Goldcorp，常常被业界翻译为“加拿大黄金公司”，同样是一个来自加拿大的世界知名黄金生产商。它的总部设在温哥华，雇有10000多名员工，黄金年产量达 300 万盎司以上，在全球十大黄金生产商排行榜中位居第 4 位，2017 年滑落至第 5 位。它与巴里克公司相加，两者大约年产黄金 1000 万盎司以上，占十大黄金生产商总产量的 1/3 左右。

关于加拿大黄金公司创建的时间，有的记为 1954 年，有的记为 1986 年。不过，无论 1954 年还是 1986 年，都无关紧要。因为，进入 21 世纪之前，加拿大黄金公司只是一个默默无闻的小矿企，很少引起业界注意。它的崛起，是从 2000 年发起“黄金公司挑战赛”开始的。

当时，加拿大黄金公司的 CEO 是罗布·麦克尤恩（Rob McEwen）。麦克尤恩原来从事证券工作，几乎没有任何黄金行业经验。他上任以后，公司黄金储量已经开采殆尽，生产经营陷入困境，如何探明新的黄金矿藏，成为当务之急。

麦克尤恩咨询了公司地质学家、工程师、技术人员，都一无所获。他付给地质学家大量经费，派他们深入矿区，确定具体的金矿位置，最终也没能够解决问题。更令他沮丧的是，专家们一致认为，公司所拥有的安大略红湖矿区已经没有黄金，必须另谋出路。

前前后后折腾了几年，加拿大黄金公司始终没有找到新的黄金矿藏。1999 年，麦克尤恩暂时放下公司事务，参加了麻省理工学院总裁研讨班。研讨班结束时，他听到了李纳斯·托瓦尔兹（Linus Torvalds）的故事：托瓦尔兹在互联网上向全世界公开软件代码，邀请数以万计匿名程序员参与，最终开发出了 Linux 电脑操作系统。

听完托瓦尔兹的故事，麦克尤恩突发奇想，为什么自己的公司不能像托瓦尔兹那样，公布红湖地区的地质数据，邀请全世界达人一起寻宝呢？他向公司地质学家们提出了这个建议，却没有得到附和。

也不能怪这些地质学家。在采矿行业，如果把矿产比喻为宝藏，那么地质数据就是寻宝图。保住地质数据，不让别人捷足先登，乃是一个矿产公司的头等机密。更何况，连专业地质学家都找不到，业余爱好者怎么可能？

麦克尤恩很清楚，他触犯了行业底线：“我们挑战的，是矿业领域中的一个最基本的观念——专有数据是不能被散发出去的。”① 但是，他仍然力排众议，坚持己见。2000 年 3 月，加拿大黄金公司宣布，将在公司网站公布红湖矿区的地质数据，凡对此有兴趣者，都可以依据数据，向公司提供寻找金矿的方案。参赛者提交的方案一旦被采纳，将获得 57.5 万美元奖金。

重赏之下，必有勇夫。几个星期内，来自世界各地的方案，像雪花般飞向黄金公司总部。参赛者既有地质学家，也有工程师、数学家、军官、管理咨询师、学生等，可谓五花八门。他们提供的很多“寻宝”方案，都是麦克尤恩闻所未闻的。而且，事实证明，这些参赛者为公司提供的 110 个探测目标，80%后来都被探明确有黄金。

麦克尤恩向大众寻求“点子”的计划成功了。加拿大黄金公司迅速确定金矿位置，提高了黄金产量，走上了良性循环之路。短短几年，它就从一个价值 1 亿美元的小公司，成长为价值上百亿美元的黄金巨头。

有时候，“点子”就是金子，金子就是“点子”，这句话在加拿大黄金公司身上体现得尤为明显。它真正把众人的“点子”，转换成了实实在在的金子。所以，管理学界至今都把“黄金公司挑战赛”，当作企业管理创新的一个经典案例来用。

渡过经营难关后，加拿大黄金公司逐步走出加拿大，踏上了企业扩张升级之路。与巴里克公司全球布局、四处撒网不同，它始终专注于开发美洲金矿，没有介入非洲、澳洲、亚洲和欧洲业务。目前，它在加拿大有 4 个矿山，在墨西哥有 3 个矿山，在中美洲和南美洲有 4 个矿山，

① ［加］唐·泰普斯科特、［英］安东尼·D. 威廉姆斯：《维基经济学：大规模协作如何改变一切》，何帆、林季红译，中国青年出版社 2012 年版，第 20～23 页。

已经探明的黄金储量为3800万盎司左右。

从产量分布来看，加拿大黄金公司的黄金生产，主要集中于加拿大、墨西哥、阿根廷、多米尼加共和国和危地马拉等地。根据估算，2016年公司各个矿区的黄金产量比例如下：加拿大占37%，墨西哥占25%，阿根廷占20%、多米尼加共和国占14%，危地马拉占5%。加拿大和墨西哥两地矿区加起来，将为公司贡献62%的产量。

近年来，包括巴里克公司在内的黄金生产商，都下调了黄金生产计划，但是加拿大黄金公司的产量，却一直保持上升势头。2012年，它生产了240万盎司黄金，2013年生产了267万盎司，2014年生产了287万盎司，2015年生产了346万盎司，年年都有所增长。不过，最近两年，加拿大黄金公司产量有所下调，2016年为287万盎司，2017年为257万盎司。

与巴里克公司不同的是，加拿大黄金公司减少了产量，生产成本却并没有降低。2015年，其黄金生产成本为每盎司894美元，2016年为850～925美元，稳中还略有升高。2017年第3季度，其黄金生产成本降至每盎司827美元，与巴里克公司相比仍有差距。未来几年，巴里克公司计划将生产成本维持在每盎司700美元左右。如果巴里克公司真的实现了计划，加拿大黄金公司就必须奋起直追了。

2016年，在加拿大黄金公司的生产成本中，占据比例最高的是人工和耗材费用，分别为25%和17%；其次是合同与维修费用，分别为16%和9%；再次是燃料与电力费用，各占7%；其他的占19%。就此来看，人工与合同费用应是公司生产成本居高不下的主要因素。尤其是在加拿大境内矿区，人工费用更是远远高于其他矿区，占总成本的40%。众所周知，加拿大地广人稀，年轻劳动力少，人工费用高。因此，只要公司主产区仍然位于加拿大，它的黄金生产成本就很难大幅度下降。

虽然加拿大黄金公司生产成本偏高，但是在过去十年间，它的年均复合增长率表现良好。在全球主要黄金生产商中，阿格尼科鹰（Agnico Eagle）的年均复合增长率为 9.4%，黄金价格公司为 8.5%，加拿大黄金公司为 6.9%。至于其他生产商，年均复合增长率多为负值，其中金罗斯（Kinross）公司甚至为 -7.3%。

第四章　寄“美”篱下的加拿大石油

一说起石油，人们肯定会想到中东，其次是俄罗斯、委内瑞拉以及非洲的国家，估计没有多少人听说过加拿大生产石油。事实上，加拿大不但生产石油，而且产量位居前列，是不折不扣的石油生产大国。其石油产量最高时占据全球第 2 位，现在略有下降，仍排在第 3 位。既然如此，外人为什么很少知道加拿大石油呢？这是因为，加拿大石油除了自用，主要供应一个国家——美国，与其他国家几乎没有什么关系。接下来，我们就从石油形成入手，看看加拿大石油产业的“苦乐年华”。

第一节　地下油气是怎样形成的

美国石油专家迈克·伊科诺米迪斯曾讲过一个故事。1999 年新年，他在多伦多一家赌场消遣了一把，走出赌场时，碰到一位金发美女过来搭讪。金发美女恭维他说：“看来您是做大买卖的。”伊科诺米迪斯回答：“我是搞石油的。”金发美女惊叹道：“石油是一个大买卖，但是它黑乎乎、脏兮兮的，我们那里根本用不着。”伊科诺米迪斯问：“你住哪里？”金发美女回答：“温哥华，是个大城市，我们那儿只用电，不用石油。”

伊科诺米迪斯听后，惊讶了半天：加拿大是一个产油大国，有的人竟然不知道车用汽油是从石油里提炼出来的，日常用电是用天然气转化的，而石油和天然气本质上则是一回事。他受这个刺激，写出一本《石油的颜色》，向世人普及石油知识。

其实，伊科诺米迪斯太“高看”了大众，直到今天，包括笔者在内，如果不是查阅资料，对石油、加拿大石油、加拿大石油贸易，仍然一头雾水。现在石油就像水、粮食一样，已经成为人类日常生活的必需品，可是对很多人来说，它的生成和应用，仍然是一个谜。

据说，“petroleum”（石油）来源于希腊文的“petra”和“oleum”，分别表示石头和油。这个说法倒颇符合石油的历史，它本身确实是从岩石中渗透出来的。这种从岩石中渗透出来的油，构成元素十分简单，就是碳和氢。碳与碳原子之间结合的方式多种多样，可形成不同性质的化合物。所以，准确地说，石油是由数以百计的碳氢化合物构成的。其中的小分子，比如最小的甲烷（CH_4），会在一定的气压和温度下呈现为气体，即天然气。所以，石油和天然气实际上是“一家人”。

地下的油气是怎样形成的呢？

在这个问题上，俄国和苏联科学家贡献甚多。1763 年，一位叫罗蒙诺索夫的俄国科学家，认为石油来源于植物。他指出，油页岩、碳、沥青、石油、琥珀等物质，都是由远古烂草和烂叶堆积的黑土，在高温、高压作用之下转化而来的。这种观点被称为“有机生油说”。1876 年，另一位俄国科学家门捷列夫提出了完全不同的看法，他认为石油是碳化铁遇热水生成的碳氢化合物，与有机物没有关系。这种观点被称为“无机生油说”。

最近大半个世纪以来，有机生油说得到了更为系统和深入的发挥，成为教科书普遍采用的观点。根据其解释，远古时期，分散在沉积岩中的海洋生物，在长期高压缺氧的环境中，经过高温分解，产生了一种高分子聚合物，名曰干酪根（Kerogen）。干酪根在摄氏 60 度以下能转化为石油，超过 120 度生成天然气，介于两者之间则是油气伴生。那种孕育了石油或天然气的岩石，被称为烃源岩或生油岩。

烃源岩不是"铁板一块"，它有很多孔隙。蕴藏在烃源岩中的球状石油分子，由于密度比水小，会通过层层孔隙向上流动，实现石油与水的分离。但是，石油在向上流动过程中，会碰到一种没有孔隙的岩石，无法继续向地表渗漏。被阻挡在地表下面的油气，遇到地壳运动时，会向地势低的地方流动，从而出现不均匀分布。它们在岩层发生褶皱的地方集中，最终形成油气富集区，即我们所说的油田、气田。

由此可见，根据有机生油说，石油的生成需要四个条件：丰富的原始有机物质、多孔岩层、恰到好处的地壳运动、阻止油气向地表渗漏的覆盖层。这些条件可以解释远古时到处都有生物沉积，却没有都转化为石油，形成储油构造。

在全世界范围内，有机生油说已经成为共识。几乎95%的油气勘探，都是按照这个思路来贯彻的。但是，无机生油说并没有完全偃旗息鼓。苏联和美国的个别学者都曾反驳说，石油是岩浆中碳和氢进行化学反应的结果，与有机物没有关系。最近10多年，无机生油说更是"行情见长"，受到越来越多专家的重视。

2012年，美国经济学家、《石油大棋局》作者威廉·恩道尔，做客中国中央电视台《对话》栏目时，就坚持石油并非源于生物沉积，而是由地球深处的无机物转化而来。

在中国，杜乐天先生长期致力于无机生油研究，形成了非常系统的无机生油理论。

杜乐天先生对主流观点提出了诸多疑问。他认为通常将"油"放在"气"前面，说成"油气"，其实是不对的，"气"不是从"油"而来，恰恰相反，"油"乃是由"气"而生，因为油气层最多位于地表下的6000千米处，气层却可以深入地核内的2900千米处；地球上含有生物的地层，最多位于地下20千米处，再向下不可能存在生物层，自然也不可能出现生物转化为油的现象；在石油大分子中，氢比碳的含量高得多（约为 1.8∶1），对石油生成的作用应该更大，仅关注碳而忽视氢是不对的，况且地壳碳的熔点和沸点极高，仅靠其自身，不具备迁移性能。

在此基础上，杜乐天提出了“幔汁辐射说”。所谓“幔汁”，即产生于地核内部、以超临界状态存在的混合物流体，其主要成分包括 H（氢元素、卤族元素、热）、A（碱族元素）、C（碳）、O（氧）、N（氮）以及 S（硫），可以统称为“HACONS”。从地核中流出的幔汁，主要是氢和碳，称之为“氢型幔汁”；氢型幔汁进入地幔后，吸收了碱族元素，变成碱型幔汁；碱型幔汁进入地壳后，与氧结合，又转化为氧型幔汁。从地核到地幔再到地壳，形成了四个幔汁聚集带，一个聚集带就是一个“气圈”。如果加上地球外部大气圈，我们所生存的这个世界，就存在五个大气圈。

在杜乐天先生看来，多数地质现象或地下能源，都是幔汁作用的结果。在某种意义上，可以说幔汁创造了岩浆、陆地、海洋、高山、盆地、岩石、矿床。石油也是幔汁的杰作：幔汁中的氢、热量与有机质产生化学反应，形成了石油，此即有机生油；幔汁中的氢与岩石释放出的一氧化碳或二氧化碳发生费托反应，同样可以生成石油，此即无机生油。根据这一理论，是氢而不是碳生成了石油，相反，碳只有经过氢化后，才能参与生成石油。

总之，杜乐天先生认为石油、天然气都是幔汁造成的，而且是先有“气”后生“油”。即使美国的页岩气、页岩油，生成原理也不例外，它们实际上是地球深部强大的氢流上喷，对分散在地层中的碳物质加氢后形成的碳氢化合物。就此而言，页岩气、页岩油不过是油气田被采空之后的“回光返照”，没有什么神秘之处。

杜乐天先生的幔汁辐射说，强调无机与有机的结合，并没有绝对排斥有机生油说。他只是把形成石油的主导要素，由碳变成了氢，而且认为即使没有有机生物，仅依靠岩石中的碳元素，加氢之后也能生成石油。但是，对于有机生油说来说，这种看法则绝对不能接受。有机生油说认为石油生成的前提，就是海洋生物的沉积，现在无机生油说把生物沉积看作是可有可无的，等于瓦解了它的根基或起点。

目前，有机生油说和无机生油说针锋相对，谁也说服不了谁。从这个角度来说，我们所讲述的“石油形成史”，仍然是模糊不清、灰色朦胧的。未来，科学家们需要不断地去澄清，去验证。

有的人可能会说，反正石油已经存在于地下了，管它是怎么形成的呢，直接打井开采就是！如果已经确定了油气储藏的位置，再讨论油气的生成，当然没有意义，但是别忘了，地下还有大量的油气矿藏有待探测，有待确定具体位置。在这种情况下，了解石油生成原理就异常重要。只有掌握了石油生成原理，才能找到打开油田和气田的钥匙。

第二节　加拿大与中东石油差别为何这么大

众所周知，中东是全世界的石油“聚宝盆”，其储油量占世界总储量的 66%，远远领先于其他地区。南美、非洲、北美、东欧及苏联地区、亚太、西欧，仅分别占全球石油储藏总量的 9%、7%、5%、5%、4%、2%，与中东储量比起来，不可同日而语。

但是，如果从国家储量角度来看，全球石油版图就会出现很大变化。2014 年，在已探明石油储量的国家中，委内瑞拉拥有 2983 亿桶，位居首位；沙特阿拉伯以 2670 亿桶排第 2 位，加拿大以 1729 亿桶排第 3 位，伊朗以 1578 亿桶排第 4 位，伊拉克以 1500 亿桶排第 5 位。2016 年，委内瑞拉仍位居首位；沙特阿拉伯居第 2 位，加拿大、伊朗、伊拉克、俄罗斯、科威特、阿联酋、利比亚和美国，分居第 3～10 位（亦有资料认为美国石油储量全球最多)。

在国家石油储量排名中，沙特、伊朗、伊拉克排在前五位，完全属于意料之中的事。委内瑞拉和加拿大进入前三，则恐怕让很多中国人想不到。

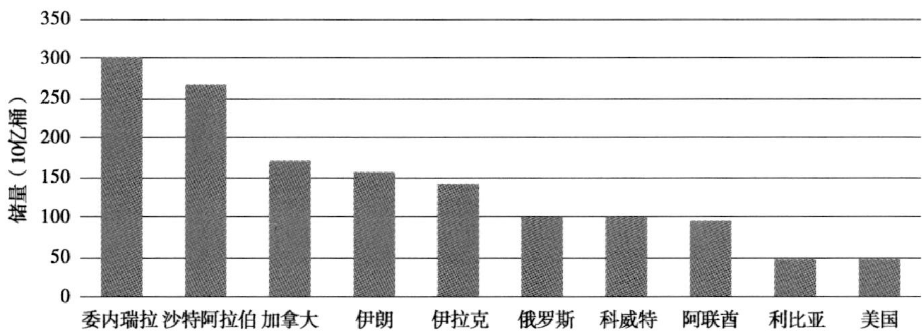

2016年全球石油储量排名前十位　资料来源：蓝藻能源

加拿大石油储量居世界第3位，一度还占据第2位，可是它为什么长期在全球石油市场默默无闻，以至于很多中国人都不知道：加拿大经济主要是靠石油支撑着呢！加拿大与中东的石油到底有什么差别呢？

促使中东石油声名显赫、加拿大石油默默无闻的因素有很多，石油质量是其中之一。质量不同，开采成本不同；开采成本不同，在全球石油市场上的竞争力就不同。

中东地区位于欧、亚、非三大洲连接地带，北部为阿尔卑斯褶皱山系，西南部为阿拉伯地盾，中间为波斯湾盆地。远古时期，地中海丰富多样的海洋生物，经过沉积之后，转化为有机碳含量丰富的烃源岩。中东的烃源岩是世界上最好的生油岩。不仅如此，中东地下碳酸盐岩的孔隙和裂缝较多，提供了储集性能良好的储存环境；柔韧性强、无断裂、厚度大的石膏层和泥岩层，又为油气提供了最好的盖层。优良的油气“生储盖组合”，最终催生了厚度大、埋藏浅、杂质少、藏量可观、勘探开发相对容易的中东油气层。

加拿大地下石油的形成，也离不开优质烃源岩和良好储盖组合。但是，加拿大石油的不同之处在于，最初形成于大陆板块西部的油气，受太平洋板块俯冲压力影响，通过不整合面、渗透性砂岩体向东转移，进入了阿尔伯塔境内。这些油气所在的白垩系砂岩体上升，遭到氧化、水洗和生物降解作用，最终形成了高黏度、高杂质的油砂。在加拿大境内，97%以上的石油皆以油砂形式存在。

石油密度（API）是衡量原油优劣的标准之一。API 数值越高，其胶质和沥青质含量越少，从中提炼出的油类产品越多。一般来说，API 大于 34 的为轻质油，小于 10 的为重质油，介于两者之间的为中质油。中东石油 API 绝大多数在 30 以上，最低也在 24.7 以上，这意味着中东石油多数为质量上乘的轻质油，少数为中质油。加拿大呢，阿尔伯塔两大油砂矿阿萨巴萨卡（Athabasca）和冷湖（Cold Lake）的 API 分别为 8～9、10～12，基本上都属于重质油，需要经过反复提炼，才能转化为能源材料。

含硫量和含氮量也是衡量原油优劣的重要标准。原油中的硫化物会使催化剂中毒，腐蚀金属设备，燃烧时还会生成 SO_2，造成环境污染，因此，原油中的含硫量越高，麻烦越多。业界通常将含硫量高于 2.0%的石油称为“高硫石油”，低于 0.5%的称为“低硫石油”，介于两者之间的称为“含硫石油”。中东地区原油含硫量多数低于 2.0%，少数低于 3.0%，只有伊拉克的巴士拉原油含硫量达到 3.5%。加拿大阿尔伯塔两大油砂矿阿萨巴萨卡和冷湖的含硫量，则分别为 4.5%～5.0%、4%～5%，远远超过标准含量。

原油中的氮含量如果过高，会使催化加工的催化剂中毒，降低油类产品的储存稳定性。通常来说，原油中的氮含量通常在 0.05%～0.5%。中东石油的氮含量多数为 0.01%～0.1%，少数为 0.12%～0.2%。阿尔伯塔两大油砂矿阿萨巴萨卡和冷湖的氮含量分别为 0.4%～0.5%、4%，同样超过中东石油很多倍。

总而言之，加拿大的油砂密度大、黏度高、含硫高、含氮高、残碳高、含金属量高，开采和加工都相对困难。这就是加拿大石油较晚才得到开发的主要原因。直到全球常规原油供应紧张，油价一路飙升后，加拿大油砂才受到业界重视。

目前，加拿大油砂开发主要有两种途径：一种是露天开采（open-pit mining），即对埋藏小于 75 米的油砂资源，用铲车、卡车直接从地表浅层挖掘；另一种是原位开采（in situ ming），即对埋藏于 75～1000 米的油砂资源进行钻井开采。根据相关统计，只有 18%的加拿大油砂便于露天开采，绝大多数油砂资源都需要钻井开采。

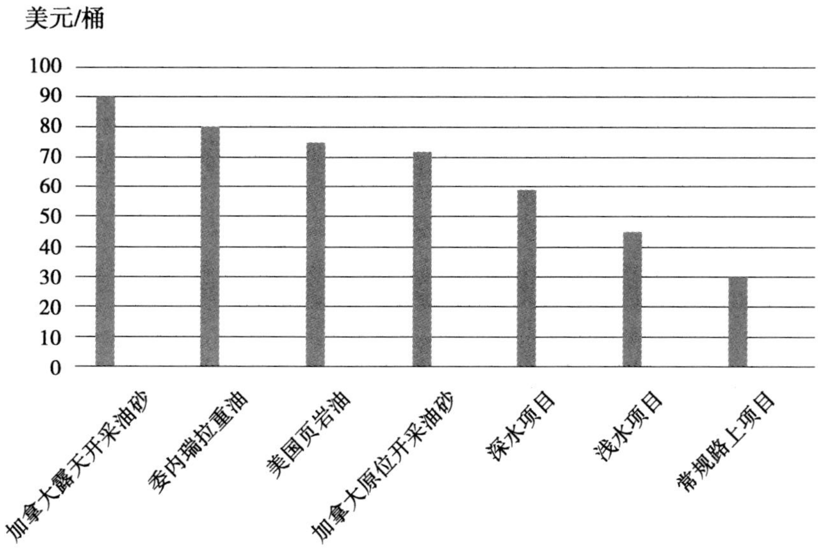

世界各类液态烃平均全周期保本成本对比

数据来源：PFC Energy

更为重要的是，由于密度高、含硫高、含氮高、含金属量高，这些油砂被开采出来后，很难直接运输和销售，必须改质为合成原油。而要将油砂改质为合成原油，就必须对其进行脱碳和加氢。脱碳技术包括延迟焦化、流化焦化，加氢技术包括加氢裂化和加氢处理。无论采用什么技术，最终的结果是耗费人力、财力和物力，开发成本升高。根据美国PFC能源咨询公司2013年统计资料，加拿大这两种油砂开采方式的全周期保本成本，分别为每桶90美元、72美元，明显高于其他国家成本。这意味着，如果全球原油价格低于70美元，加拿大石油生产商就得赔本生产。

当然，除成色不良外，加拿大石油在全球市场上缺乏竞争力，还与环境保护标准较高、销售渠道单一有关。根据加拿大法律，石油生产商露天开采油砂以后，必须将原有土层和油砂分离后的沙子回填，尽量恢复原来地貌，降低环境污染。在销售方面，加拿大石油长期依赖美国市场，而且管道输送能力有限，没有多少讨价还价的资本。现在，随着美国出现页岩气革命、全球油价低落，加拿大石油的竞争力更加脆弱。

最近十几年来，投资商考虑到石油不可再生、全球油价持续走高，纷纷进驻加拿大或委内瑞拉开发油砂，并将其视为常规石油的未来替代品。加拿大政府也顺势而上，将石油产业当作经济发展的引擎。现在看来，这种观点显然过于乐观了。石油固然难以再生，新能源的开发却并非痴人说梦。仅仅一个美国页岩气革命，已经将石油价格拉下马了。

第三节　加拿大的石油储量和产业分布

几年前，加拿大联邦文化遗产部曾公布一份民意调查，显示出中国人对加拿大的了解相当有限。多数中国人只知加拿大冰天雪地、枫树遍野、山清水秀、南邻美国，几乎没有人提到它的石油资源。实际上，加拿大不仅石油丰富，而且储量位居前列。

在 2013 年以前，加拿大已探明石油储量排在全球第 2 位；之后，仅次于沙特和委内瑞拉，排在第 3 位。2014 年，加拿大常规原油剩余探明储量计有 65.3467 亿立方米，加上轻质碳氢化合物戊烷（Pentanes），两者合计为 73.0135 亿立方米；在露天开采项目中，非常规石油剩余探明储量为 516.6 亿立方米，在原位开采项目中，非常规石油剩余探明储量为 2126.5 亿立方米，两者合计 2643.1 亿立方米。常规石油与非常规石油加起来，总储量为 2716 亿立方米。

这些储量在全球石油总储量中所占的份额，不过百分之 11%～12%，并不是很扎眼。但是，具体到一个国家，就不是小数目了。

对于华人来说，最熟悉的加拿大省份，莫过于西海岸的卑诗省和东部的安大略省、魁北克省。可是，如果你到这些地方旅行，是很少见到油矿、油井的。加拿大的石油资源究竟“藏”在哪儿？它的产业分布到底如何？为了说明这个问题，有必要先了解一下加拿大的行政区划。

当年，英、法殖民者登陆加拿大后，主要开发五大湖区和东部诸岛，陆续建立了魁北克省、安大略省、纽芬兰与拉布拉多省、爱德华王子岛、新不伦瑞克省和新斯科舍省。1870 年，哈得孙湾公司将手中土地转让给联邦后，又陆续成立了马尼托巴省、萨斯喀彻温省、阿尔伯塔省和努纳武特地区。后来，西海岸两块区域也加入联邦，分别成为不列颠哥伦比亚省和育空地区。目前加拿大共有 10 个省和 3 个特别行政区，其中西北地区、育空地区和努纳武特地区，合称“大陆地区”（Mainland Territories）。

在旅游界，阿尔伯塔省的班芙国家公园（Banff National Park）鼎鼎有名，去过的人都说，这是世界上少有的仙境。其实，美景只是阿尔伯塔的表面财富，其数之不尽而又实实在在的资源，是蕴藏于地下的石油。2010 年，加拿大能源保护委员会（ERCB）表示，阿尔伯塔未经开发地区的石油沥青储量，高达 4000 多亿桶，将来很有可能会超越沙特，成为全球石油储量最多的地区之一。

阿尔伯塔省土地面积66万平方千米，尚不及中国青海省大，如此大储量的石油，确实幸运。不过，上天造物的时候，似乎故意留下一些缺憾。阿尔伯塔的石油资源虽然丰富，但是多为高密度、高杂质、高开采成本的油砂，很难顺利开采，在产量上远远不能望沙特之项背。最近十几年，随着全球油价高涨，投资者才纷纷进驻，掀起了一波开发热。

阿尔伯塔油砂主要集中在三个地区，阿萨巴萨卡矿区储量最大，其次是冷湖矿区，最后是和平河矿区（Peace River）。阿萨巴萨卡矿区面积7.5万平方千米，油砂储量1887亿立方，油层平均厚度26米，密度1.000～1.30g/cm^3，2016年5月发生森林大火的石油重镇麦克默里堡，就属于这个矿区；冷湖矿区面积9000平方公里，油砂储量319亿立方，埋藏深度300～600米，密度0.985～1.000g/cm^3；和平河矿区面积6200平方千米，油砂储量205.18亿方，密度0.916～1.014g/cm^3。目前已经探明的世界油砂储量，85%都集中在阿尔伯塔。

俗话说靠山吃山、靠海吃海，阿尔伯塔守着一个“油盆”，自然高度依赖石油。过去十年中，油气产业为阿省政府贡献了105亿加元税收，喂得省府财库饱饱，居民连消费税都不用缴。2015年，阿省平均每天生产常规石油53万桶、油砂237万桶，占全国石油产量的70%。不过，2015～2017年的油价狂跌，让阿尔伯塔经济一蹶不振，至今没有恢复。

相对于阿尔伯塔，加拿大其他省份的石油少得有点可怜。濒临太平洋的卑诗省，地下天然气储量丰富，接近3000兆立方英尺，足够开发150年，具体到石油储量，则非常有限。截至2014年，其已探明的剩余储量只有1.81亿立方米左右。2015年，卑诗省平均每天生产原油2.09万桶，对其经济影响有限。

阿尔伯塔省北边是三个行政特区。西北地区已探明的石油储量为12亿桶左右，育空地区为8亿桶左右，努纳武特地区储量尚不明朗。目前，这三大地区由于地势偏远、天气寒冷、人烟稀少，油田开发非常有限，2015 年平均日产原油 1 万桶。2016 年，有消息说西北地区发现了高达 2000 亿桶的页岩油储藏，与美国巴肯油田（Bakken）相当，其中至少 70 亿桶具有经济价值。如果此事为真，应该是当地人的一个福音。

阿尔伯塔的东边，依次是萨斯喀彻温省和马尼托巴省。萨斯喀彻温是加拿大第二大石油生产省份。截至 2014 年底，其已经探明的剩余石油储量为 10 亿桶。在过去几年中，它的石油产量始终保持增长，其中 2014 年轻质石油产量为每天 24.8 万桶，重质石油产量为每天 26.7 万桶。2015 年每日常规石油产量略有下降，为 48.6 万桶，占加拿大总产量的 13%。萨斯喀彻温的远景产量预计为每天 51.4 万桶。

马尼托巴境内以森林、草原和苔原为主，也是农业大省。2014 年平均日产常规石油 4.7 万桶，2015 年下降为 4.55 万桶，在加拿大各省石油生产中排在第 4 位。长期来看，马尼托巴石油产量将日渐缩减，2030 年降至每天 2.7 万桶。

从马尼托巴继续向东走，依次是安大略和魁北克。安大略东南部为五大湖—圣劳伦斯河谷地，交通便利，工业发达，是加拿大的经济中心。从前，华人技术移民到了加拿大，多选择西海岸的温哥华。现在则多赶赴安大略省的多伦多，那里工业多、工作机会多。多伦多大学排名加拿大第 1 位，位于安省东端的渥太华又是首都，人气自然最旺。不过，提到石油，安大略不得不气馁，因为其探明的储量十分有限，主要依赖美国原油进口。2015 年，其石油精炼量为每天 39.5 万桶，占全国原油精炼能力的 20%左右。

魁北克是法裔集中地，至今都呈现着浓郁的法兰西风情。它的情况与安大略省相似，都是交通便利，工业发达，但是没有石油生产能力，基本上依赖从美国进口。目前，其境内拥有 191 家石油公司，每天精炼石油 40.2 万桶，比安大略省略高。

从魁北克再向东走是东海岸各省。纽芬兰和拉布拉多省的附近海域盛产鳕鱼，养育了一代又一代欧洲移民。20 世纪 90 年代初，由于鳕鱼濒临灭绝，当地政府不得不颁布禁捕令，传统捕鱼经济一落千丈。好在，最近几年，其近海发现了总储量达 60 亿桶的石油资源。目前，它已经开发出三块海底油田，即哈波尼亚（Hibernia)、泰勒诺瓦（Terra Nova）和白玫瑰（White Rose)，平均日产原油 20 万桶。在 2014～2015 财政年度，石油产业为纽省提供了 27％的财政收入，成为当地支柱性行业。

纽省南边是爱德华王子岛，其面积为 5660 平方公里，人口 14 万，是加拿大最小的一个省份。该岛土地肥沃、风景秀丽、历史悠久，近年来，有不少华人移民至此。早在二战期间，这里就开发了加拿大第一座海上油井。但是，今天的爱德华王子岛，已经放弃石油致富之路。位于其南边的新不伦瑞克省主要生产天然气，石油项目也几乎为零。新斯科舍省倒是拥有一定石油储量，并于 1992 年开发了加拿大第一个海上石油项目。根据调查，新斯科舍近海拥有 80 亿桶的石油储量，但基本上都处于未开发状态。

总起来说，加拿大石油储量有三个鲜明特点：一是分布集中，绝大多数位于西部沉积盆地，尤其是阿尔伯塔；二是常规石油少，油砂占总储量 95％以上；三是开采和运输成本较高，对环境的影响较大。这几个特点决定了加拿大在全球石油产业中难以获得话语权。全球石油价格突破七八十美元时，加拿大石油开发的余地比较大；全球油价低于七八十美元时，加拿大石油产业就必须“谨慎行事”了。

第四节　加拿大原油生产成本

近十几年来，随着制造业以及高新技术竞争力下降，加拿大对能源产业的依赖越来越严重。根据相关资料，未来 20 年内，石油开采将为加拿大创造 40577.54 亿加元 GDP；直接或间接提供的就业岗位，将会由每年 50 万个上升至 120 多万个。在某种程度上，石油已经成为加拿大经济的绝对支柱，石油价格上涨，加拿大经济则兴；石油价格下跌，加拿大经济则衰。

从理论上来说，石油生产就是将石油从地下采出，制作成密度介于 0.8～0.98 的脱气黏稠液体。这些流动或半流动的液体，从淡黄色到黑色不等，即为原油（Crude Oil）。产油国通常以桶（bbl）为单位计算原油的生产成本，不同密度的原油，重量差异很大。根据各地原油密度，目前一桶原油的重量，为 128～142 千克。

从地下抽取石油，说起来容易做起来难。首先，石油资源埋藏于地下，浅则几米，深则上千米，不是轻易就能发现的。为了确定油田位置，开发商往往要投入大量勘探费用。其次，常规石油蕴藏在岩石缝隙之间，油砂则是沥青、沙、黏土和水的固态混合物，两者都不会像地下河流那样，可以供人们使用机器随意抽取。开发商需要借助各种技术，才能将深藏于地下的石油“吸”上来，转化为可以提炼油品和化工产品的原油。最后，现在世界上除了南极、北极，几乎所有油气储藏地带都“名花有主”，开发商必须缴纳一定的特许使用费和税费，才能从事油田开采。

所以，总起来说，石油生产成本大体上包含四块：第一块是取得开发资格的费用和税费；第二块是勘探费用，第三块是开发建设费用，第四块是日常开采生产费用。一般来说，在目前各国石油生产成本中，第二块成本占 10%～20%，第三块成本占 40%～60%，第四块成本占 20%～50%。在加拿大，第一块成本通常占 10%左右。

核算生产成本时，又有几种不同的计算方法。一种叫纯生产成本或边际成本，即在纯粹生产过程中产生的费用，不考虑特许使用费、勘探费和税费等。在这个过程中投入的现金，即为现金成本。另一种叫全生产成本，是将特许使用费、勘探费、开发费用、开采费用、税费及管理费用等，统统计入成本的一种计算方法。还有一种，即加拿大能源研究院使用的供应成本（Supply Cost），包括操作费用、基建费用、税收、特许使用费用、收益率等，不包括运输和原油调和费用，也不包括其他社会成本。

各种图表对同一国家石油生产成本的统计，有时候差异甚大，原因就在于使用的计算方法不同。

明白了石油生产成本的基本构成和计算方法，我们先来看看不同类型原油的生产成本。

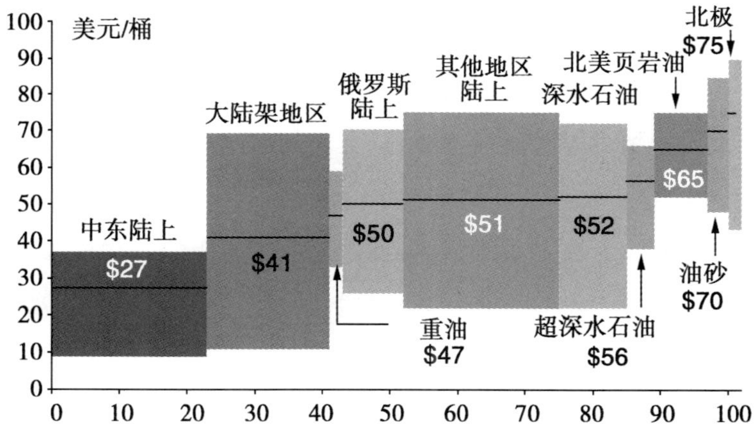

2015 年全球不同地区原油生产成本示意图

数据来源：Rystad Energy

根据上图可知，中东在岸石油的生产成本最低，每桶仅需要 27 美元；近海大陆架地区生产成本为每桶 41 美元，重油 47 美元；俄罗斯和世界其他陆上石油生产成本差不多，每桶多在 50～51 美元；深水区和超深水区成本略高，大约每桶 52～56 美元。页岩油、油砂和北极石油的生产成本最高，其中页岩油每桶 65 美元，油砂每桶 70 美元，北极石油每桶 75 美元。

在以上各种石油成本中，油砂生产成本仅次于北极石油，位居第二高位，比页岩油还多出 5 美元。很不幸，加拿大 95%以上的石油储量，恰恰都属于这种高生产成本的油砂。加拿大生产的 60%原油，都来自油砂开发，其原油生产成本可见一斑。

根据加拿大能源研究院（CERI）年度报告，从 2014 年 7 月到 2015 年 7 月，加拿大油砂钻井项目（SAGD）的供应成本，不包括原油运输与调和费用，为每桶 58.65 美元，比上年增加 10.3%；露天开采项目的供应成本，同样不包括运输与原油调和费用，为每桶 70.18 加元，比上年下降 6.5%。如果算上运输与调和费用，钻井项目的供应成本为每桶 80.06 美元，露天开采项目的供应成本为每桶 89.71 美元。这意味着，油价至少达到每桶 80.06 美元以上，加拿大油砂钻井项目才能保住基本收益；油价达到每桶 89.71 美元以上，加拿大露天开采项目才能有点收益。

上文提到的 SAGD 钻井，是加拿大普遍采用的一种油砂开发技术。油砂是非流动的固态混合物，要想将其从地下挖掘出来，并清除其中的杂质，不是一件容易的事。经过多年探索，加拿大油矿开发出了蒸汽辅助重力泄油技术（Steam Assisted Gravity Draining），具体做法是先向地下油砂注入高温蒸汽，使其向上扩散，在沥青油藏中形成蒸汽腔；蒸汽腔向上及侧面扩展，与油藏中的沥青发生热交换，促使其黏度降低，然后与黏土、沙子分离后流入采油井。

沥青被收集到地面后，在常温状态下形成半流动的物体，仍然难以运输和交易，必须加入低粘黏度的流体，混合稀释后才能出售。目前，常用的稀释剂（Diluent）主要有天然气凝析油、合成原油等，它们被加入沥青中，调和成可以交易的重质原油。各国从美国原油期货市场买到的加拿大石油，多数都是经过调和的原油。这些复杂的石油开采、加工程序，决定了加拿大石油生产成本不能与中东石油相提并论。中东的很多油田，至今保持着井喷状态，差不多直接加工即可，成本非常低。

在当前技术下，加拿大80%的油砂都需要进行钻井开采，其他20%可以露天开采的油砂，成本是不是便宜一些？恰恰相反，多数情况下，露天开采比钻井开采成本更高。露天开采固然节省天然气，但是耗水量多一倍，同时还增加了若干油砂运输费用。更为重要的是，根据加拿大法律，开发商必须将开采后的地面，恢复为原来地貌，环保成本很高；为了化解当地居民的怨气，开发商还要投入巨资改善周边生活设施。这样算下来，露天开采油砂的成本，反而常常高于钻井开采。

除了开采油砂以外，加拿大还生产40%左右的常规原油，平均每天80万桶左右。这些原油的生产成本相对较低，与油砂生产成本平均后，降低了整体生产成本，大约为每桶41美元，居于英国、巴西之后，排在全球第3位。比加拿大生产成本低的，是美国、挪威、安哥拉、哥伦比亚等国家。科威特、沙特和伊拉克，分别以每桶8.50、9.90和10.70美元，排在最后3位。这意味着，即使算上常规原油成本，加拿大的石油生产成本仍然偏高，较成本最低的中东国家高了3～4倍。

根据雷斯塔能源公司2016年第一季度数据，加拿大石油平均开采成本为每桶26.64美元，其中税费2.48美元，资本支出9.69美元，生产成本11.56美元，管理和运输成本2.92美元。显然，它统计的应该是非常狭义的生产成本，没有将勘探费用、税费、折旧折耗等因素计算在内。在这份统计排名中，加拿大石油生产成本下降了两位，被尼日利亚和委内瑞拉超过，排在第5位。不过，这并不意味着加拿大石油总体成本陡然下降。其生产成本仍然占到总成本的43.4%，远远高于其他国家的相应比例。而且，尼日利亚与委内瑞拉石油生产成本上升，与其政治动荡有关，不能反映其正常状态。

总起来说，由于加拿大实行最低工资制，人力成本不可能下降；开采技术短期内难有新的突破，操作成本也不可能下降；随着油价下跌，运输成本和特许使用费倒会略有减少，但是又会被日益增加的环境保护成本抵消。所以，加拿大从油砂中提炼原油的生产成本，应该会维持在每桶 80 美元左右，不会出现太大变化。

第五节　石油与环保之间的两难取舍

加拿大石油大多数是以油砂形式存在的。作为沥青、沙和泥水的混合物，油砂基本上是半固体状。一般来说，对于埋藏深度小于 75 米的油砂，开发商会直接用铲车，将整个油砂掘起运走。这样一来，石油是有了，可是地表却被完全破坏了。原有植被消失不必说，还会留下一个个的“天坑”。阿尔伯塔省政府为了保护环境，要求开发商必须将开发后的地表复原。经过 10 多年养护，很多矿场基本上能够回归自然，但是就像人动手术一样，凡是被深层挖掘过的地表，总会留下疤痕，与原始地貌不同。

油砂被挖掘出来后，需要运送到处理中心，装入混合罐中，加入 90℃的碱水，搅拌成沥青矿浆，然后再一步一步分离出沥青油。在这个过程中，水和天然气是必需的。十几年前，提炼一桶石油需要耗费十几倍的自然水，现在提炼技术进步了，水能够循环利用，提炼一桶石油平均耗费 1.5 桶左右，但是仍然明显高于世界平均水平。提炼一桶石油需要耗费的天然气，目前通常来说在 20 立方米左右。

这样看来，加拿大从油砂中提炼出的原油，其实是用大量清水和天然气换来的。无怪乎环保人士说，阿尔伯塔油砂矿投入的是干干净净的水和天然气，换来的却是脏兮兮的沥青油，简直是作孽。

对于埋藏深度在 75 米以上的油砂，开发商一般采用原位钻井开采。

这种开采方式不必将油砂挖上来，也不必加入热碱水分离，所以不会对地表造成严重破坏，耗费的水资源也相对少一些。但是，由于必需注入水蒸汽，以便降低沥青的黏度，耗费的天然气明显偏高。通常来说，露天开采一桶原油，需要耗费 0.3～0.5 吨水和 20 立方米天然气；通过蒸汽注入法钻井开采一桶原油，则需要耗费 0.15～0.2 吨水和 45 立方米天然气。钻井开采所消耗的天然气，比露天开采多出了一倍多。

开采石油除了会破坏地表，耗费水和天然气资源外，还会排放大量的温室气体。所谓温室气体，就是指大气层中容易吸收和发射红外辐射的气体。1997 年由 84 国签署的《京都议定书》，列举了 6 种温室气体：二氧化碳（CO_2）、甲烷（CH_4）、氧化亚氮（N_2O）、氢氟碳化物（HFC_S）、全氟化碳（PFC_S）和六氟化硫（SF_6）。加拿大石油生产过程所排放的，主要是二氧化碳和甲烷。

目前，研究机构还不能确定石油生产所产生的温室气体排放量。斯坦福大学的调查报告认为，从油砂中提炼一桶石油所排放的温室气体，较常规原油高出 22%；雅各布咨询公司（Jacobs Consulting）公司的研究则认为，如果仅仅计算石油生产过程，不算石油燃烧，那么从油砂中提炼一桶石油所排放的温室气体，仅比常规原油生产过程高出 5%～15%。

抛开这种争论不谈，可以确定的是，20 余年来，加拿大温室气体排放确实出现了大幅度提高。根据加拿大环境署统计，2012 年，石油和天然气行业排放二氧化碳 1.73 亿吨，占全国排放总量 1/4；2013 年加拿大排放温室气体 7.26 亿吨，较 1990 年提高 18.43%，其中能源部门占总排放量的 81%。

以目前的技术，虽然很难认定纯粹的石油生产环节“贡献”了多少温室气体，但是多数人恐怕都同意，没有大规模的石油开采，加拿大肯定不会有这么高的温室气体排放。换言之，石油生产应该是加拿大温室气体排放增加的“罪魁祸首”之一。

由于以上问题的存在，加拿大人对石油生产“爱恨交加”：一方面，石油开采可以带来巨额税收，提供就业岗位；另一方面，开采石油会破坏地表、污染环境、增加温室气体排放。

此前几十年，加拿大经济要爬坡，要维持进出口贸易平衡，只能对环保睁一只眼闭一只眼。2011 年，为缓解温室气体排放压力、照顾能源行业发展，哈珀政府甚至宣布退出《京都议定书》，放弃了原定的减排目标。2015 年上台的小特鲁多总理，曾与环保主义者相谈甚欢，现在也不得不承认，石油卖不出去，低碳环保只能是纸上谈兵。2016 年，萨斯喀彻温省长甚至表示，如果萨省通过了碳排放税征收法令，自己就申请辞职。

不过，需要注意的是，随着环境污染越来越严重，加拿大各级政府对能源行业的要求，已经变得越来越“苛刻”。早在 10 年前，卑诗省就出台了碳排放税征收法令。2016 年，加拿大环境署公布一份数据，承诺在未来 15 年内，将温室气体排放量减少 30%。2017 年春天，阿尔伯塔省紧随其后，宣布从 2017 年开始征收碳排放税，而且会逐年提高；同时，它还要求能源企业必须将甲烷排放量控制在 45%以下。

碳排放税的征收，对石油生产企业来说当然不是好事。低廉的油价，本来已经让他们焦头烂额，再缴纳碳排放税，还要降低甲烷排放量，等于将成本又提高了一大块。加拿大石油生产商协会首席执行官表示，阿尔伯塔省削减甲烷排放的法令，将使能源行业付出“数亿美元”的额外成本。为了达到法令要求，阿尔伯塔能源行业必须投入资金，实现清洁能源开发。

第六节　原油输出管道建设的坎坷之路

加拿大位于北美北部，下临美国，上接北极，左为太平洋，右为大西洋，皆是天然屏障。自立国以来，除与美国一度开衅，从来没有一个国家，能把战火烧到加拿大领土上。所以，加拿大人民尽可优哉游哉地生活。

不过，任何事情都是福祸相依，优势反过来就意味着缺陷。大洋相隔让加拿大远离战争，享有满满的安全感，但是也让它远离欧亚大陆，缺少了广阔的交易市场。中东石油行销全球，除了成本低、质量好外，最为关键的一条，就是其所处地理位置便利，很容易被运到全球各地。反观加拿大呢，石油生产集中于内陆的阿尔伯塔，不必说运到全球各地，即使运到东、西海岸，都需要耗费大量物力财力。加拿大东部宁可从南邻美国进口石油，都不愿意从阿尔伯塔调运，就是因为成本太高、代价太大。

多年来，加拿大西部石油主要供应美国市场。输油管道主要有四条，其中安桥输油主管道（Enbridge Mainline）和金德摩根跨山输油管道（Kinder Morgan Trans Mountain）的起点为阿尔伯塔的埃德蒙顿（Edmonton），光谱快速输油管道（Spectra Express）和横加基石输油管道（TransCanada Keystone）的起点为阿尔伯塔的哈迪斯蒂（Hardisty）。它们每天将阿尔伯塔及其周边 380 多万桶的原油，输送到美国或输送至西海岸再运往美国。

现在，加拿大每日生产 385 万桶左右的石油，去除公路和铁路运输，按理说应在四条输油管道的承受范围之内。2016 年，由于麦克默里堡山火，部分油井被迫停产，加拿大石油产量略有下滑，对外输送应该更不成问题。但是，如果放眼将来，仅仅依靠这个管道系统，似乎就不行了。

据加拿大石油生产商协会 2017 年预测，至 2030 年，加拿大原油产量将会增至日产 512 万桶，其中西部 493 万桶，东部 19 万桶。如果此事成真，那意味着，在未来十几年内，加拿大石油产量将增加 33%左右，仅靠当前的输油管道自然满足不了需求。因此，加拿大石油生产商“未雨绸缪”，一直在探求提高运输能力的可行性方案。

几年前，横加公司（TransCanada）提出一个基石（Keystone）XL 输油管道计划，准备修建一条从阿尔伯塔直通墨西哥湾的管道。墨西哥湾炼油厂星罗棋布，原油需求量比较大，能够消化阿尔伯塔生产的重质油。这一方案有利于刺激石油生产，提升加拿大经济，因而得到加拿大政府的全力支持。他们动之以情晓之以理，希望美国政府同样能够批准。

横加公司（TransCanada）基石 XL 输油管道计划

图片来源：人民网

由于贯穿美国南北，奥巴马政府非常谨慎。尽管该线路南段的修建，有利于将墨西哥湾的原油输往美国西部市场，但是经过反复论证之后，奥巴马政府还是做出了否决声明，理由是该计划不符合美国利益、污染环境严重。所谓不符合美国利益，恐怕就是指过度依赖加拿大石油能源，会冲击美国国内的石油行业发展。加拿大政府和生产商得知结果后，都感到非常失望，并且表示不会放弃，仍然会积极争取。特朗普总统上台后，一反奥巴马时期的立场，最终批准了基石 XL 输油管道计划。随后，美国沿线各州相继通过环评，为该计划扫除了法理障碍。不过到目前为止，尚未见基石 XL 输油管道计划破土动工。

实际上，随着页岩气革命的开展，美国已经表现出能源独立的倾向。即使基石 XL 输油管道计划落地，加拿大石油将来能否依赖美国市场，也是一个疑问。因而，开拓新的市场，寻找新的客户，乃是加拿大油气产业当务之急。

加拿大石油生产商也很清楚，美国国内利益多元，各有各的想法，各有各的打算，要想一一说服他们，难度高于上青天。因此，当横加公司操作基石 XL 输油管道计划之时，其他石油生产商则将目光转向了亚洲市场。他们觉得，既然美国犹豫不决、审批无望，还不如花点力气去开拓亚洲市场。亚洲的中国、日本、韩国和印度原油需求市场庞大，如果能从中分一杯羹，远比仅靠美国一个客户强。于是，由安桥公司（Enbridge）领衔，提出了一个“北方门户（Northern Gateway）计划”，准备修建一条从阿尔伯塔到西海岸的管道，将原油输送至港口，再装船运到东亚和东南亚市场。

根据设计方案，“北方门户计划”管道的起点在阿尔伯塔的布鲁德海姆（Bruderheim），终点是卑诗省的基蒂马特（Kitimat），全长 1177 千米，计划总投资 79 亿加元，输油能力为每日 52.5 万桶。如果该计划能实现，阿尔伯塔生产的原油，就能漂洋过海进入东亚和东南亚，卖个更高一点的价格；东亚和东南亚各国也能在全球原油市场上，增加一种采购选择，对双方来说，不失为互利共赢之计。

“北方门户计划”线路皆在加拿大境内，按理说应该比基石 XL 计划更具可操作性。但是，由于线路涉及环保和原住民问题，“北方门户计划”同样命运多舛。该计划线路拟穿越多处山脉、湖区、河流，难免会破坏周围的环境和水质，所以遭到环保组织激烈抗议；卑诗省的原住民，担心家园被毁，又感觉补偿不够，也是坚决反对；卑诗省政府担心分享的利益有限，承担的环境风险却极高，疑虑多于支持。

2014 年 6 月，加拿大联邦政府有条件批准“北方门户计划”，让石油生产商似乎看到了一点曙光。但是，原住民和环保组织拒不同意，一纸诉状将开发商告到了联邦最高法院，并取得了胜诉。2016 年 6 月，最高法院认为联邦政府敷衍了事，没有认真征求原住民意见，输油管道的可能性影响“没有被公开，没有被讨论，没有被考虑”，因而判决联邦政府此前的批准无效。就这样，最高法院一纸判决，将“北方门户计划”打回了原点。

“北方门户计划”遭否决为投资商提供了一个很好的教训。在加拿大，凡涉及环境、利益的工程项目，投资商如果只想着做好政府工作，而不愿意与利益相关者诚心谈判，争取多数支持，或者赚钱心太重，不愿与相关者分享收益，是不可能获得许可、顺利开工的。

“北方门户计划”线路完全在加拿大境内，审批都如此起起落落、阻力重重，美国的情况更复杂，利益更多元化，基石 XL 计划遭到奥巴马政府否决，自然也在情理之中。

第七节　争议不断的跨山输油管道扩建项目

2018 年上半年，卑诗省与阿尔伯塔两省吵得不可开交，甚至不惜打起贸易战。双方争执的焦点，是要不要扩建跨山输油管道（Trans-

Mountain pipeline)，将更多的石油，从阿尔伯塔省运往卑诗省温哥华码头，以便增加对外出口。这个项目是由美国石油巨头金德摩根公司提出的，得到加拿大联邦和阿尔伯塔省政府的极力支持。阿尔伯塔省依赖能源产业为生，希望多卖点石油换汇；联邦政府为了提升经济、争取民意支持，也愿意增加出口。

可是，卑诗省原住民、环保组织和省政府却并不这么想。他们认为，扩建跨山输油管、增加阿尔伯塔油气过路，会给卑诗省带来环境污染的隐患。2017 年上台的新民党，是在绿党支持下组阁的，必须回应他们的环保要求。因此，卑诗省与阿尔伯塔省针尖对麦芒，互不相让。阿尔伯塔省省长表示，如果卑诗省不同意，就上法庭打官司。

2018 年 5 月份，总理特鲁多眼见情况不妙，专程飞到西部会晤两省政府领导人，提出了解决冲突的三个方案：第一，由联邦政府出资补贴跨山输油管扩建项目；第二，由联邦政府出资，加强对卑诗省沿岸海洋水域保护，避免油气管道污染；第三，要求议会赋予联邦政府权力，排除阻碍跨山输油管道扩建项目的地方法规。

显然，联邦政府一手拿着胡萝卜，一手拿着大棒，试图逼迫卑诗省政府同意跨山项目。可是，卑诗省新民党并未就此认输。5 月 23 日，卑诗省新民党国会议员关慧贞在国会两度向总理提出质询，要求其解释为什么拿出巨款补贴金德摩根公司。

关慧贞提出，加拿大已经与其他 G7 国家签署协议，拟在 2025 年完全取消对石油业的政府补贴，但是现在自由党政府不但无意兑现，反而要给金德摩根公司开出没有明确数额的补贴，究竟是为什么？加拿大人并不愿意政府向美国石油公司输送利益，与其补贴金德摩根公司，为什么不把钱投资于可持续的能源发展？

特鲁多没有正面回答，仅强调联邦支持扩展输油管线，是为了提高阿尔伯塔省原油售价，维护国家利益。关慧贞则继续跟进，认为总理解释不符合事实。她说 2017 年阿尔伯塔省输往卑诗省的原油，99%卖给美国，只有 0.005%卖给中国，而卖到美国去的石油，经过提炼以后，又被高价卖回给了加拿大。因此，增加阿尔伯塔对美国石油出口，不是维护国家利益，而是损害国家利益。

就在联邦与卑诗省角力时，金德摩根公司发出通牒，称如果 5 月 31 日加拿大联邦解决不了问题，就撤资放弃扩建项目。特鲁多政府一看，如果再继续与卑诗省“商讨”下去，必定“鸡飞蛋打”，遂使出了“大招”。5 月 28 日，加联邦财政部长莫奈（Bill Morneau）宣布，加拿大联邦政府计划以 45 亿加元，收购跨山输油管项目。

联邦政府没有说明将如何具体操作，只是表示会在三个方案中挑选一个：第一，出资收购整个项目，完工后出售；第二，以临时方式收购项目，然后出售给新的投资者；第三，由联邦政府为一切违反宪法的政治行动所导致的损失提供补偿。无论采用哪一种方案，联邦政府都将与金德摩根公司签订收购协议。在正式收购前，金德摩根公司仍然负责推进扩建项目。

站在居外立场来看，联邦政府收购跨山项目，确实是非常聪明的一招，甚至称得上是“一箭三雕”。

首先，特鲁多政府不必背负补贴外国公司的骂名。关慧贞在国会质疑时，就指出金德摩根是美国公司，特鲁多意欲巨资补贴其油管扩建，有胳膊肘往外拐的嫌疑。现在，联邦政府买下跨山油管扩建项目，就不必再提补贴的事，也不必担负“胳膊肘往美国拐”的骂名。

其次，横亘在油管扩建项目前面的阻碍迎刃而解。横山油管扩建项目迟迟无法通过，主要在于卑诗省不同意。执政的卑诗省新民党，以原住民、环保组织和左派选民为后盾，坚决反对扩建输油管线。而如果联邦接手，就可以借助联邦权限，取消卑诗省的阻拦。

最后，能略微挽回特鲁多上任以来的政治颓废。刚刚上台时，小特鲁多颇受各界期待。但是，三年多下来，特鲁多交给加拿大人的答卷，并不尽如人意。对华关系走入歧途，自贸谈判迟迟不见启动；对美关系越来越被动，庞巴迪 C 系列差点被废；制造业停滞不前，房价飙升不止。如果再任由油气产业自生自灭，特鲁多要想争取 2019 年连任基本没有希望。

但是，谁知道仅仅过了几个月，事情就发生了意想不到的变化。加拿大上诉法院竟然将特鲁多总理的如意算盘完全“打翻”了。联邦政府宣布收购跨山输油管道项目后，原住民一纸诉状将联邦政府告上了加拿大上诉法院。8 月 30 日，上诉法院判决原住民胜诉，要求联邦政府及相关方继续完善环评。

上诉法院的依据是，2016 年联邦批准跨山输油管道项目时，依据的是国家能源局评估报告，而国家能源局评估报告不全面，没有涵盖增加油轮对海洋生态的影啊。而且，联邦政在批准报告之前没有充分征求原住民意见，没有认真考原住民的感受。

在加拿大政治体系中，政府必须尊重法院判决。上诉法院宣判后，跨山输油管道扩建项目又陷了搁置，不知何时才能重启。

跨山输油管道扩建项目被搁置，不会对加拿大原油运输造成直接影响，但是它为加拿大原油发展前景蒙上了一层阴影，对原油投资者是巨大打击。再加上美国炼油厂进入维修阶段，进口量缩减，阿尔伯塔省的原油积压，2018 年 10 月份一度降到每桶 10 多美元，只有全球原油价格的 20％左右。

第八节　加拿大原油都去哪儿了

加拿大原油主要产自西部的阿尔伯塔、萨斯喀彻温和马尼托巴等省。

2015 年，加拿大西部省份平均日产原油 398 万桶，占加拿大原油平均日产总量的 95%以上。以加拿大西部有限的人口，根本消费不了这些原油。他们必须将原油卖出去，才能维持石油行业的持续发展。这将近 400 万桶的原油，都被卖到哪里去了呢？

加拿大石油生产商协会（CAPP）2015 年年度报告，可以说明加拿大原油的具体去向。

加拿大西部和安大略省的精炼厂，完全使用加拿大西部原油，魁北克与大西洋沿岸的精炼厂，主要依赖进口美国、中南美的原油；由于页岩油开发提高了原油产量，美国精炼厂使用的原油半数来自国内，其余分别来自加拿大、沙特阿拉伯、委内瑞拉等国。

加拿大原油主要产自西部，所以接下来，我们主要结合各区域精炼厂的原油来源，分析加拿大西部原油的具体去向。

先来看加拿大国内精炼厂的原油需求。

加拿大精炼厂集中在三个区域：一个是阿尔伯塔和萨斯喀彻温，一个是安大略，一个是魁北克与大西洋沿岸。加拿大西部以农业、旅游和能源开发为主，对原油的需求有限，现有的 8 个精炼厂每天可加工原油 68.1 万桶。东部是加拿大工业中心，安大略、魁北克与大西洋沿岸的 8 个精炼厂，每天可加工原油 120 万桶。全国 16 个精炼厂加起来，日加工原油能力为 188.1 万桶。

2015 年，加拿大精炼厂实际日加工原油 170 万桶。其中，西部和安大略精炼厂所用原油皆来自国内，魁北克与大西洋沿岸精炼厂，由于缺乏长距离输油管道，仅购买了少部分国内石油，其他 75%的原油来自美国，还有一部分来自中南美。

加拿大精炼厂每天加工的 170 万桶原油中，有 110 万桶来自西部，约占西部原油产量的 27%。加拿大西部生产的其他原油，大约每天 290 万桶，都被卖到哪儿去了呢？答案是美国各地的精炼厂。

接下来，我们就看看加拿大西部原油在美国市场的具体份额。

2004 年以前，美国主要依靠中东石油。为了确保原油供应，它深度介入中东政治，试图按照美国意识形态，重塑中东政治格局。不成想，几十年努力换来的，却是中东政局动荡、恐怖势力泛滥。2004 年以后，美国开始减少对中东原油的采购，重点转向进口加拿大、墨西哥、委内瑞拉原油，同时开发页岩油和页岩气技术。

过去五年，美国从国外进口原油的总量持续减少，加拿大原油进入美国市场的数量，却一直保持增长。根据 EIA 数据，2015 年美国平均每日进口原油 740 万桶，其中 43％来自加拿大，14％来自沙特阿拉伯，11％来自委内瑞拉，9％来自墨西哥，23％来自其他国家。显然，沙特石油对美国的重要性，已经远远不如加拿大。

再回到北美精炼厂原油来源示意图，看看加拿大石油在美国的具体去向：

二战期间，美国联邦政府为了便于分配原油燃料，将 50 个州划分为 5 个行政区。自战后至今，美国能源部一直借用这套石油防御管理区划体系（Petroleum Administration for Defense Districts，简称 PADD），描述国内原油市场的动态，其中 PADD I 代表东海岸，PADD II 代表中西部，PADD III 代表墨西哥湾，PADD IV 代表落基山区，PADD V 代表西海岸。

PADD I 代表的东海岸有 9 个精炼厂，每天可加工原油 130 万桶。2015 年，这些精炼厂加工原油 110 万桶，近 2/3 来自国外。不过，加拿大原油在这里没有优势，只占 23.36％的份额，其中一半来自加拿大西部，一半来自加拿大大西洋近海。

PADD II 代表的中西部是北美石油交易中心，其境内的库欣（Cushing）作为美国最大的原油期货交割地，主导着北美原油的定价权。加拿大西部原油，就是先运到这里，再与各地石油商人进行交易。由于地处内陆、库存较多，这里的石油价格（西德克萨斯中质原油，简称“WTI”）比北海布伦特（Brent）原油价格略低。

美国中西部的精炼厂每天可加工原油400万桶。由于距离加拿大较近、运输设施完善，这些精炼厂进口加拿大西部原油数量较大。2015年，它们平均每天加工原油356万桶，其中从加拿大西部进口210万桶，占总量的近59%。另据CAPP年度报告预测，随着输油管道扩建，从2015年到2020年，加拿大西部原油进口美国中西部的数量，还会出现缓慢增长。

PADD III代表的墨西哥湾有50个精炼厂，多数位于路易斯安那州和德克萨斯州。这些精炼厂每天可加工混合原油930万桶，其中包括220万桶以上的重质油。对于加拿大西部石油来说，墨西哥湾无疑是最理想的客户市场。可是，由于输油设施不足，加拿大仅能向这里每天供应39.05万桶，远远不如委内瑞拉、沙特和墨西哥。2015年，委内瑞拉、沙特和墨西哥每天运送至此的原油，皆在60万桶以上。

PADD IV代表的落基山区有14个精炼厂，每天可加工原油65.98万桶。这是美国加工能力最低的一个石油行政区。2015年，落基山区精炼厂每天加工的原油中，有32.4万桶来自国内，27.8万桶来自加拿大西部，占其加工总量的46%左右。根据CAPP预测，未来四年内，加拿大对此地的原油供应量不会出现太大变化。

PADDV代表的西海岸精炼厂，主要分布在阿拉斯加、加利福尼亚、夏威夷和华盛顿州，每天可加工原油290万桶。这些精炼厂使用的原油，主要来自美国国内和墨西哥等国，只有不到8%来自加拿大西部。根据CAPP预测，从2015年到2020年，随着输油系统改善，加拿大西部供应华盛顿和加利福尼亚的原油数量，将增加60%以上。

从以上统计来看，加拿大西部原油在美国市场已经趋于饱和。尤其是在中西部和落基山区，能够开拓的空间非常狭小。相对来说，墨西哥湾、加利福尼亚和华盛顿州，似乎还有拓展的可能性。这也是加拿大石油生产商执着于修建“基石管道”的理由。不过，要想将加拿大西部原油运往墨西哥湾，并不是一件简单的事。铁路和公路运输成本太高，建设输油管道又困难重重，目前只能通过海运“曲线”运输。

第九节　加拿大石油入华的重重关卡

从理论上来说，加拿大与中国能源高度互补，存在巨大的石油贸易开拓空间。

只要看看中国街头密密麻麻的汽车，印度洋上穿梭不停的中国油轮，就能想象到中国多么需要石油！根据相关数据，自 2013 年以来，中国每年消耗石油 5 亿吨以上，其中 60%左右需要进口。最近几年，虽然经济下行，中国石油需求增幅减缓，但是需求量增加的趋势，短期内不会改变。中石油经济技术研究院预测，到 2030 年左右，中国石油需求才会达到峰值。由于国内油田逐渐老化，大规模增产的可能性不大，这意味着，在未来 15 年内，中国高度依赖国外石油的格局，同样不会改变。

反观加拿大呢，恰恰相反。加拿大的油砂资源开采成本高，本来没有多少发展空间。但是，十几年来，全球油价一度像吹了气般高涨不下，让加拿大油砂变得有利可图。美国、欧洲乃至中国资本蜂拥而至，最终催生了一个新石油生产大国的诞生。2015 年，加拿大年产石油 18240 万吨，排名全球第 6 位，比国人熟知的阿联酋、伊朗、科威特等石油大户都高得多！最近两年，加拿大石油产量更是进入前 5 位。

更为关键的是，加拿大只有 3600 万人，能源消费市场有限，国内根本享用不完，必须将石油卖出去。好在美国减少了中东、委内瑞拉和墨西哥石油进口数量，将 40%左右的进口份额，转让给加拿大石油生产商，着实帮了加拿大一个大忙。但是，放眼将来，美国对外能源依赖度越来越低，不可能再大量增加石油进口，未来加拿大增产的石油何去何从，依旧是困扰加拿大石油行业发展的一大难题。

从这个角度来说，中国与加拿大，一个高度依赖石油进口，一个石油产量严重过剩，两国完全可以互通有无、合作共赢。

但是，这只是理论上的假设。在现实中，就像两个天然互补的人，有时就是走不到一起，中加石油贸易能否落地成真，也是需要机缘的，并不是有互补就能合作。

事实上，中国油企进入加拿大，已经有十几年的光景；加拿大石油生产商倡议修建“北方门户”输油管道，以便向亚太市场供应原油，亦费数年之功，但是中加石油贸易仍迟迟不见踪影。中国油企在加拿大生产的石油，都被运往了美国市场。

这说明，中加之间必定存在诸多难以逾越的阻碍，使得加国原油无法横渡太平洋。作为一个局外人，很难言明这些阻碍具体为何物，但是从大处来说，不外乎以下几道关口：

第一，加拿大西部缺少输油管道，外运不易。加拿大石油主要产自西部的阿尔伯塔和萨斯喀彻温两省。这里远离西海岸，只有修建一条输油管道，才能将石油运往卑诗省港口，装上驶向亚太的油轮。安桥公司提出北方门户计划，就是为了实现这个梦想。但是，加拿大土地要么属于省所有，要么属于私人所有，输油管道过路必须要征得主人同意。恰恰在这个问题上，北方门户计划陷入了困境。原住民和环保组织都不同意，硬是通过联邦最高法院，否决了这一计划。输油管道建不起来，石油就运不到太平洋沿岸港口，运不到港口就送不到中国。

第二，开采成本与航道运输暂时不利于“加油入华”。加拿大 60% 以上的原油来自油砂开采。开采油砂需要浪费大量水和天然气，需要处理尾矿，需要恢复地貌，成本比中东石油高得多。如果算上运输与调和费用，每桶石油的供应成本在80～90加元。与中东石油比起来，这个成本实在有点高。而且，如果中国改善了南亚或东南亚航道，西亚、非洲石油在中国市场上的成本优势，将会更为明显。

第三，加拿大不在中国“一带一路”倡议范围之内。“一带一路”是中国未来全球经贸合作的规划图，预示着中国资本的主要流向。根据这份规划，中国未来合作的对象，主要集中在俄罗斯、中亚、西亚、地中海、北欧，以及与之相关的东南亚、南亚、南太平洋地区。如果考虑到政治因素，还会有非洲和拉丁美洲的部分国家。根据中国海关统计，最近几年位居中国石油进口来源地三甲的，分别是沙特、俄罗斯和安哥拉，其他分布在中亚、西亚和南美地区。这意味着，中国石油进口来源地分布，是与“一带一路”倡议高度吻合的，同时也表明中国并没有将加拿大石油看得太重。加拿大石油试图进入中国市场，颇有点剃头挑子一头热。

在这种情况下，撇开自身的问题，加拿大石油即使能够运到中国，能不能获得一席之地，也要打一个大大的问号。对于中国来说，购买石油不是一桩单纯的买卖，而是一种从属于对外战略的经济合作。中国与俄罗斯、安哥拉、委内瑞拉的关系，明白人都懂；中国与中东部分国家无冤无仇，又有潜在的政治对手，拥有良好的合作基础。相对而言，近年来加拿大与中国的关系，就只能说“不冷不热”了。这样一个国家，想在中国石油市场取得一定份额，要比俄罗斯、中东和拉非国家困难得多。

这样说来，是不是加拿大石油根本没机会为中国“加油”呢？也不是。短期来看，破解这些关口的难度非常大；长期来看，这些关口则不是没有自动破解的可能。当代世界经济瞬息万变，谁也不知道下一个十年会怎么样。几年前，美国还苦于油气不足，现在有了页岩气革命，不是都可以实现能源出口了嘛！这样的大变局，恐怕是很多业内人士都没料到的。

笔者所谓关口的自动破解，主要指欧亚地缘政治稳定性和“一带一路”倡议的实施效果。如果欧亚地缘政治稳定，“一带一路”倡议实施顺利，中国就没必要放弃俄罗斯和中东石油，另起炉灶；如果欧亚发生地缘冲突，“一带一路”倡议遭遇政治风险，俄罗斯和中东拒绝或不能提供石油，中国就必须重找油源。委内瑞拉和非洲国家政治动荡，决定了它们只能作为中国石油的辅助来源，完全依靠它们，恐怕是靠不住的。

第五章　好山好水好“气”象

石油和天然气的成分是相近的，属于“一家人”，因此两者常常伴生，有石油的地方一般也有天然气。加拿大就是这样，既富有石油，又储有天然气，其天然气产量曾一度排世界第 3 位，是加拿大非常重要的能源产业。不过，与石油产业一样，加拿大天然气产业受制于地理条件，只能向美国销售，受美国市场的钳制非常明显。目前，美国页岩气产量不断增加，已经开始走向自足，对加拿大天然气产业更是形成莫大的压力。加拿大试图开拓亚洲市场，但是现在看来困难重重。

第一节　加拿大天然气资源掠影

加拿大不但好山好水，而且多油多气。这里的“油”指石油，这里的“气”指天然气。

石油和天然气，看起来完全不是一回事，前者是深色的液体，后者为无色的气体。然而，从化学成分来说，它们皆属同一个家族，都是碳氢化合物，只不过石油的构成元素复杂些，分子量大些，而天然气的成分简单得多，分子量也小得多。

由于形成条件类似，一般来说，石油和天然气相互伴生。有石油的地方有天然气，有天然气的地方，也会有石油。油藏里的天然气叫作

“伴生气”，气田里的石油叫作“凝析油”。

也有人说，此言差矣，油气储集需要的条件不同，有天然气的地方不一定有石油，有石油的地方则多有天然气。这样专业的问题，暂且不讨论，可以确定的是，加拿大石油与天然气分布是高度重合的。尤其加拿大西部的沉积盆地，地下既是一片油海，也是一片气田。

北美天然气主要集中在三个区域：一是美国东南部，从德克萨斯州和墨西哥湾向东北，一直延伸到新英格兰和五大湖区；二是加拿大西部、西北部，从阿尔伯塔省南部，向西北沿着卑诗省，直达西北特区和育空特区；三是大西洋北部沿岸，环绕着纽芬兰、新斯科舍和新布伦瑞克，呈半圆状。在这三大天然气储藏带中，加拿大占据了两个。

加拿大所占据的两大天然气分布带，储藏着各种形式的天然气。

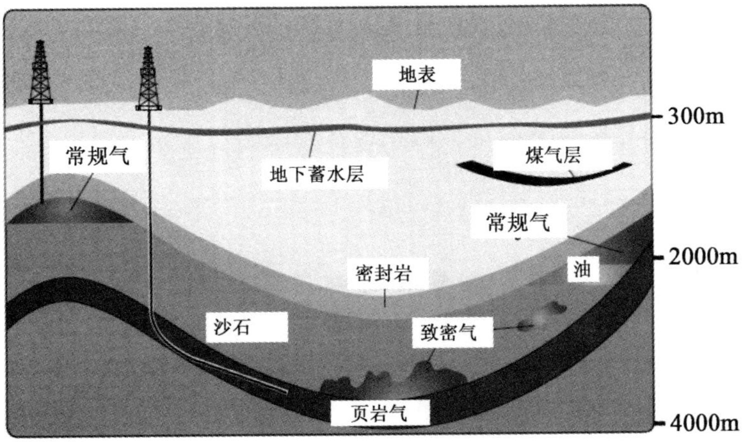

油气藏分布示意图

图片来源：EIA

天然气包括常规天然气和非常规天然气，前者指储藏在常规油气藏中的天然气，后者则指储藏于泥页岩、煤层等非常规储气层中的天然气，如页岩气、致密气、煤层气等。就化学和物理特性来说，页岩气与致密气没什么区别，两者都储集于岩层中，以吸附或游离状态存在。如果说区别，主要是所处岩层的渗透率不同，致密气储集层的渗透率在 0.1 毫达西以下，页岩气储集层的渗透率则在 1 微达西以下（1 毫达西等于 1000 微达西）。从油气藏分布示意图来看，页岩气层往往比致密气层更深一些。至于煤层气，储存于煤层及其附近岩层之中，即人们通常所说的“瓦斯”。

截至 2015 年，在已经探明的加拿大天然气储量中，常规天然气共计 2.35 万亿立方米，其中西部沉积盆地占 2.1 万亿立方米，其他地方占 0.25 万亿立方米；致密气 15 万亿立方米，煤层气（Coalbed Methane）0.99 万亿立方米，页岩气 6.29 万亿立方米，北极边境（Frontier）天然气 6.31 万亿立方米。

不同机构给出的储量评估，往往存在一定差异。在 2015 年《石油与天然气》杂志所做的统计中，加拿大天然气以 1.99 万亿立方米，排在世界第 15 位左右。这里统计的显然是常规天然气储量。在这份储量统计表中，俄罗斯天然气储量为 47.77685 万亿立方米，伊朗天然气储量为 33.99911 万亿立方米，美国天然气储量为 10.43432 万亿立方米，委内瑞拉天然气储量为 5.61356 万亿立方米，尼日利亚天然气储量为 5.10787 万亿立方米，阿尔及利亚天然气储量为 4.50123 万亿立方米。与它们相比，加拿大天然气储量可谓“小巫见大巫”。

不过，如果论非常规天然气，尤其页岩气，加拿大的排名就比较靠前了。根据美国能源信息署评估，加拿大可能拥有 68.33 万亿立方米页岩气储量，其中 16.23 万亿立方米可进行技术可采。这个储量在世界各国中排名第 5 位。

加拿大常规天然气主要集中于西部沉积盆地，其中仅阿尔伯塔省占全国总量的 38.56％；其次是卑诗、萨斯喀彻温等省。卑诗省很少生产石油，所以对阿尔伯塔省倡议的输油管道建议，态度不积极，但是对于天然气开发的热情，则不输于阿尔伯塔。2016 年 3 月，加拿大广播公司报道，在卑诗省、育空特区和西北特区交汇处的莱德尔盆地，又发现了储量高达 6.20 万亿立方米天然气田，并有望成为世界第九大天然气田，能满足加拿大 70 年的天然气消费。东部沿海各省，如新斯科舍、新布伦瑞克等，也有少部分的常规天然气储量。

加拿大的非常规天然气，同样集中于西部沉积盆地。阿尔伯塔省、阿尔伯塔省与卑诗省交界处、西北特区北部的地下，几乎就是一片连绵不断的“非常规天然气海”。在卑诗省和西北特区的霍恩河（Horn River）、科尔多瓦（Cordova）、利亚德（Liard）等地，储藏着 35.05 万亿立方米页岩气；在阿尔伯塔的深部盆地，储藏着 28 万亿立方米页岩气；在萨斯喀彻温和马尼托巴，储藏着 0.45 万亿立方米页岩气。这三个地方的页岩气储量加起来，占加拿大页岩气总储量的 92.86%。相比之下，东部魁北克和新斯科舍地下的页岩气储量，就不值一提了。

如果放在十几年前，加拿大天然气开发是没有前途的。其常规天然气不过 2.35 万亿立方米，每年的开采量却在 0.17 万亿立方米以上，满打满算，也只能维持十几年。至于页岩气、致密气，虽然储量十分诱人，但是皆被深深埋藏于地下，根本没有办法提取，大家只能“望气兴叹”。然而，最近十多年，随着“页岩气革命”的到来，页岩气一下子变得触手可及，为加拿大天然气行业注入了新的活力。

根据美国能源信息署数据，加拿大干天然气（dry gas）产量，始终仅次于美国和俄罗斯，居世界第 3 位。2015 年，如果按天然气总生产量，加拿大以 1635.3 亿立方米，排在世界第 5 位；2016 年，以 1520 亿立方米，继续位居第 5 位，占全球产量的 4.28%。加拿大天然气行业发展到这个份儿上，主要就是拜“页岩气革命”所赐。

不过，世界上的事，往往“成也萧何，败也萧何”。页岩气革命为加拿大增加了天然气产量，让它看到了扩大能源出口的希望，但是，恐怕很少有人能够料到，页岩气革命却也可能让加拿大天然气失去美国市场，甚至失去国内东部地区的市场。曾经依赖能源进口的美国，自从实现页岩气革命后，不但逐渐向能源自足的方向前进，而且还能反过来出口加拿大、亚太、欧洲。加拿大天然气在美国的市场份额正在缩减。

如何应对美国天然气生产商的激烈竞争，将是加拿大天然气行业未来必须直面的难题。

第二节　页岩气革命与加国天然气生产走向

在天然气生产领域，“页岩气革命”已成最受关注的话题之一。从北美到中国，讨论页岩气革命的文章层出不穷，开发页岩气的热情也持续高涨。很多人觉得，页岩气以及与其属于同一家族的页岩油，就是未来上百年人类能源的希望所在。

页岩气到底为何物，为何如此引人注目？其实，页岩气与天然气本质上并没有根本性差异，皆为以甲烷为主的化石燃料。它们的区别，主要体现于储集方式不同，由此导致的开采方式亦大相径庭。多数天然气像石油一样，密封在储层圈闭中，依靠自然压力即可开采；页岩气则主要以吸附的形式，储集于页岩内有机质和黏土颗粒的表面上，少数以游离的形式，储集于页岩基质空隙或裂缝中。说得直白点，页岩气就像水一样，是分散渗透在岩石里的。

渗透在岩石里的页岩气，提取起来当然有难度。美国酝酿了几十年，终于找到水平井压裂技术，实现了大规模开发页岩气的梦想。在油气开发行业，这是人类完成的又一次技术革命。

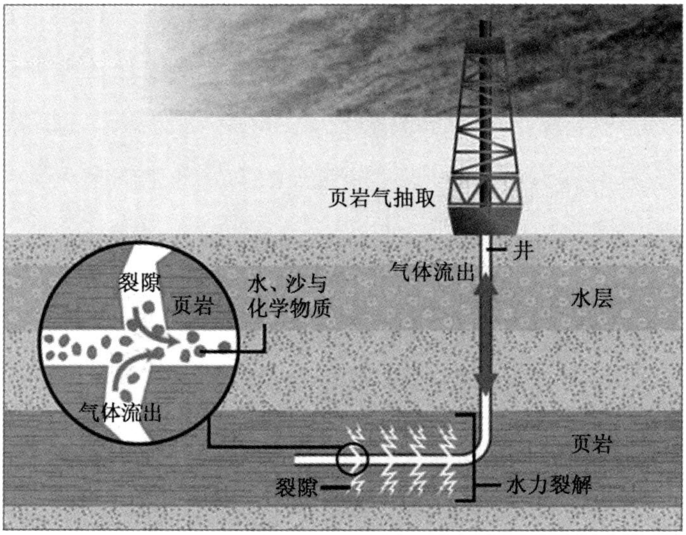

页岩气开采示意图

图片来源：中国煤炭新闻网

页岩气革命的意义远不止于此。在实现大规模开发页岩气以前，美国高度依赖中东、南美的油气能源，为了保住自己在中东的能源战略地位，甚至不惜几次大动干戈；而现在，随着页岩油气产量迅速增加，美国能源进口额度大幅下降。国际能源署预测，美国将在未来几年内成为最大的石油和天然气生产国，并在 10 年后实现能源独立。

如果美国实现能源独立，会对地缘政治和全球贸易格局产生怎样的影响？想必也是一场革命。只不过，对于其他国家来说，比如加拿大，这场革命所带来的恐怕更多是苦涩与无奈。

2005 年，加拿大平均每日向美国净出口 2.55 亿立方米左右天然气，2007 年以后，随着美国页岩气产量增加，加拿大对美天然气净出口量锐减，2008 年降至每日 2.41 亿立方米，2012 年降至每日 1.53 亿立方米，最近几年更是降至每日 1.42 亿立方米以下。短短 10 年时间，加拿大向美国出口的天然气数量，竟然减少了近 50%！据美国能源信息署预测，未来10年间，加拿大对美天然气净出口量还会继续减少。

由于天然气运输不易，加拿大天然气主要供应美国市场。现在，美国国内天然气生产量越来越充足，加拿大天然气卖不出去，只好通过关闭天然气井渡过难关。从2008年到2013年，加拿大天然气产量减少了15%。更为重要的是，据加拿大国家能源委员会预测，未来20多年内，这一趋势仍将不可逆转。不过，具体到不同性质的天然气和加拿大不同的省份，页岩气革命所带来的冲击，差异比较大。

2014年，加拿大平均日产天然气4.16万亿立方米，其中溶解气(solution) 0.54亿立方米，非伴生气1.16亿立方米，致密气1.98亿立方米，页岩气0.17亿立方米，煤层气0.20亿立方米。据加拿大能源委员会预测，未来20多年内，加拿大溶解气、非伴生气和煤层气产量都将逐渐减少，溶解气产量2040年降至每日0.45亿立方米，非伴生气产量降至每日0.37亿立方米，煤层气产量降至每日0.03亿立方米。只有致密气和页岩气产量，都会可能出现2.6%的增长，分别提高至每日3.85亿和0.31亿立方米。

在过去几十年中，加拿大天然气生产主要集中于阿尔伯塔、卑诗、萨斯喀彻温、新斯科舍四省以及西北特区。其中，阿尔伯塔省占据70%左右的天然气产量比例，卑诗省和萨斯喀彻温省分居第2位、第3位。新斯科舍省仅生产天然气凝析液（NGL），2014年为1.61亿立方米，而且预计将来会逐年减少，2040年降至0.36亿立方米。西北特区以及努纳武特特区的天然气钻井，在未来20多年内将会陆续关闭。因此，考察加拿大天然气生产走向，主要是看阿尔伯塔、卑诗和萨斯喀彻温三个省。

2014年，阿尔伯塔省天然气产量平均每日2.80亿立方米。据相关预测，未来20多年内，受制于运输能力以及美国天然气生产过剩，阿尔伯塔省天然气产量，将进入一个轻微下滑期。2040年，其天然气日产量将维持在2.69亿立方米左右。其中，溶解气、非伴生气和煤层气产量，下滑幅度会较为明显：溶解气日产量将由 2014 年的 0.48 亿立方米，下降至 2040 年的 0.40 亿立方米；非伴生气日产量将由 2014 年的 0.88 亿立方米，下降至 2040 年的 0.31 亿立方米；煤层气日产量下降最为剧烈，将由 2014 年的 0.20 亿下降至 2040 年的 0.028 亿。不过，阿尔伯塔的致密气和页岩气日产量，可能会出现大幅度提高，从而弥补其他天然气产量的减少：前者将由 2014 年的 1.22 亿立方米，增加到 2040 年的 1.81 亿立方米；后者将由 2014 年的 0.028 亿立方米，增加到 2040 年的 0.113 亿立方米。

2016 年，卑诗省天然气产量尚不及阿尔伯塔产量的一半，完全不能与之相提并论。但是，根据相关预测，卑诗省拥有海港、面向亚太，因而其天然气行业可能更具发展潜力。2014 年，卑诗省天然气日产量为 1.13 亿立方米，2020 年估计会达到 1.64 立方米，以后将继续稳步增长，2040 年有望达到 2.32 亿立方米。到时候，卑诗与阿尔伯塔的天然气产量将平分秋色，形成旗鼓相当之势。

卑诗省没有溶解气和煤层气，非伴生气的未来产量也会大幅下降，从 2014 年的 0.25 亿立方米降至 2040 年的 0.06 亿立方米。其天然气产量的大幅增长，将主要来自致密气和页岩气。据预测，2040 年卑诗省致密气和页岩气日产量，将分别由 2014 年的 0.71 亿和 0.14 亿立方米，增加到 2.04 亿和 0.20 亿立方米。就此而言，将来的卑诗天然气行业，将是致密气和页岩气的天下！

萨斯喀彻温省临近阿尔伯塔，也属于比较重要的能源产地。不过，与阿尔伯塔和卑诗两省相比，其当前的产量无足轻重，未来 20 多年内，似乎也难有根本性改变。2014 年，萨斯喀彻温天然气日产量为 0.113 亿立方米。在油气价格持续走低的情况下，这种小规模的天然气生产恐怕更难维持，所以减产的可能性非常大。据专家预测，该省天然气产量将逐步下降，到 2040 年降至日产 0.06 亿立方米左右。其中，现有的日产

0.06亿立方米致密气和0.03亿立方米非伴生气，都将陆续减少至零。换言之，未来20多年内，萨斯喀彻温省的小规模致密气井和非伴生气井，可能会陆续关闭。到时候，保存下来的，只有每日0.06亿立方米产量的溶解气。

总起来说，页岩气革命确实增加了加拿大天然气产量。据美国能源信息署预测，在未来20多年内，加拿大的伴生气产量将基本保持稳定，不会减少也难有增加；煤层气产量日渐衰退，所占比例越来越小；非致密气产量则会出现大幅度下滑；只有致密气和页岩气产量，将会继续获得提升，撑起加拿大天然气生产的半壁江山。但是，致密气和页岩气产量的增加，对加拿大天然气行业来说，却并不一定意味着福音。因为，这场页岩气革命，很有可能会吞噬掉加拿大在美国的天然气市场，甚至包括加拿大东部天然气市场，最终将加拿大天然气生产商逼上绝境。

将来，加拿大天然气行业要想走出绝境，只有两条路可走：一条路是直面美国同行激烈竞争，保住传统的天然气市场；另一条路是转向亚太，拓展新的天然气客户。

第三节　加拿大与美国的天然气贸易

单纯就天然气产量来说，加拿大与美国无法相提并论，十几年前，后者就是前者的3倍多。但是，加拿大人少、经济体量小，天然气用不了，美国人多、经济体量大，自产天然气不够用，所以每年从加拿大进口天然气。2005年，加拿大管道天然气占据了美国17%的市场份额。在某种程度上，美国经济离了加拿大的天然气，还真有点“喘不过气”来。

然而，现代世界变化得越来越快，不必说三十年，十年之后，河东已经变成了河西。曾经高度依赖加拿大天然气的美国，凭借着页岩气革命技术，大大提高了天然气产量。2015 年，其平均日产天然气 22.54 亿立方米，已经与消费量基本持平。受此影响，美国从加拿大进口的天然气数量，很自然地出现了断崖式下跌。

2007 年，加拿大平均每日向美国净出口天然气 3 亿立方米，之后便一路下滑。2011～2015 年，它向美国出口的天然气，分别为每日 2.46 亿、2.38 亿、2.21 亿、2.10 亿、2.10 亿立方米，逐步减少。扣除进口外，其净出口量每日为 1.42 亿～1.70 亿立方米。与 10 年前相比，减少了一半。

根据能源机构预测，由于页岩气产量增加，美国对加拿大天然气的依赖性将越来越小，到 2025 年，加拿大对美国的天然气出口量，可能滑落至每日 0.71 亿立方米。10 余年前，每日对美出口 90 多亿立方英尺；10 余年后，每日仅对美出口 0.71 亿立方米，这是一个多么巨大的转变！

对加拿大天然气行业来说，挑战还不止于此。“一朝得势”的美国页岩气生产商，不仅抢走了加拿大在美国东部、中西部的客户，还将触角伸向了加拿大东部。

由于美国页岩气价格偏低，加拿大东部很多城镇，已经不再购买西部沉积盆地天然气，而是从美国进口天然气。2006 年，东部从美国进口 97 亿立方米，2014 年增加到 300 亿立方米，占加拿大国内天然气总需求量的 30%。2016 年，加拿大石油生产商协会表示，安大略省南部的天然气消费，60%来自美国进口，40%来自加拿大西部。按照这个趋势，加拿大西部天然气能不能保住东部市场，很是令人怀疑。

如果失去本国东部和美国市场，加拿大天然气产业会是一种什么状况？

长远来看，由于天然气价格下跌，未来若干年内，加拿大常规天然气产量可能会继续大幅下降。但是，根据相关机构预测，这并不意味加拿大天然气总产量会减少。相反，由于采用水平井和水力压裂技术，西部沉积盆地的致密气和页岩气产量，将会出现持续性增长。其中，马特尼盆地致密气的产量，可能会从2014年的每日0.85亿立方米，增长到2040年的2.73亿立方米。到2025年，致密气产量将占加拿大天然气总产量的70%左右。由于致密气以及页岩气产量增加，加拿大2025年天然气产量可能还会略高于历史最高水平，达到每日近5.10亿立方米。

与此同时，加拿大的天然气消费市场，预计也会出现增长。根据加拿大能源委员会预测，到2025年，加拿大天然气消费量将会达到每日4.64亿立方米，2040年有望达到每日5.27亿立方米。就此而言，如果加拿大天然气产量维持在每日5.01亿～5.10亿立方米，即使失去美国市场，也能自我消化。按照现在的估计，到2040年，甚至还不能满足国内天然气需求。但是，如果失去东部市场，问题可能就比较棘手。

未来20多年间，精炼和石油开发将是加拿大最大的天然气消费部门，也是天然气消费市场增长的主要推动力。2016年，仅油砂开发一项，即消费了20%的天然气。有机构预测说，到2040年，加拿大油砂产量将会增加一倍，达到每日480万桶，每日消耗天然气0.96亿立方米。电力是未来的第二大天然气消费部门，到2040年，平均每日消耗天然气0.91亿立方米。其他消费主要来自工业、居民和商业用户。

在以上天然气消费部门和用户中，只有油砂开采主要集中于加拿大西部，其他皆以加拿大东部占优。东部是加拿大工业中心、人口中心，也是消费中心。这种“西部产气，东部用气”的经济格局，决定了加拿大天然气生产商如果丧失东部市场，将陷入极度被动的境地。

目前，加拿大天然气商正在酝酿绝地反击，重新夺回东部多伦多市场。在天然气交易完全市场化的美加地区，价格乃是决定用户选择的主导因素，加拿大天然气商要想夺回东部市场，就必须建设更多的运输管道，降低生产成本，从价格上压制美国天然气。不过，在投资、技术和市场环境略逊一筹的加拿大，这是一项至为艰巨的挑战。

面对这种挑战，加拿大天然气产业已经意识到，仅仅将目光放在北美，不能根本解决问题。只有走出北美，融入亚太，才有可能获得一线生机。根据国际能源机构（IEA）统计，2015～2030年，亚太天然气需求增量约4650亿立方米，是全球天然气需求增长最多的地区。能否在亚太市场获得一定份额，对加拿大天然气行业意义重大。因此，近年来，加拿大政府和天然气商频频跑到亚洲来寻求合作。

从加拿大到亚洲距离太远，无法全程架设天然气输送管道，只能先将天然气输送至港口，液化后再装船运送到亚洲。这就需要先建设境内管道，再建设转运港口。无论西海岸的卑诗省，还是东海岸的新斯科舍省，都把这种液化气项目当作了突破点。截至2015年底，加拿大国家能源委员会已经批准了25个项目申请，项目建成以后，每日出口液化气12.74亿立方米。另外，还有7个项目申请处于审批阶段。

加拿大政府和天然气商的焦急心情可以理解。不过，根据相关机构分析，其亚太液化天然气项目的前景如何，实在难以确定。这里面存在着太多变数。即使抛开亚太天然气需求是否一定增长不说，来自他国的市场竞争，也是加拿大难以逾越的门槛。现在，盯上亚太天然气市场的，除了加拿大外，还有美国、澳大利亚、俄罗斯、中东等。其中，美国液化天然气的价格，最具竞争力。有人根据价格公式，参考美国亨利交易中心历史价格，推测出美国向日本出口液化天然气的到岸价，可能为每立方米0.35～0.53美元。加拿大要想成功向亚太输送液化天然气，必须低于美国这个价格才行。

在北美本土，加拿大天然气就无法与美国竞争，运送到亚洲以后，恐怕也很难取得价格优势。

有鉴于此，加拿大国家能源委员会对于液化天然气的前景，给出了两种预测版本：一个版本认为，2040年以前，加拿大液化天然气的产量将保持在目前水平，即每日生产4.25亿立方米。这个版本反映了加拿大对亚太天然气出口项目的疑虑。另一个版本则认为，到 2040 年，加拿大液化天然气产量将达到每日 6.23 亿立方米，出口量会从 2023 年的每日 1.13 亿立方米，提高到 2030 年的每日 1.70 亿立方米。这个版本能否成真，主要取决于加拿大在未来的亚太天然气市场的表现，而加拿大天然气在亚太市场的表现，又很大程度上取决于其与美国同类产品的竞争。

离开了美国市场，加拿大天然气产业立马歇业；有了美国页岩气生产，加拿大天然气产业又不具备竞争优势，真是左右为难。

第六章　这个国家就是“不差电”

加拿大油多、气多、水多，发电自然比较容易。不仅如此，重视环保的加拿大人还开发出了各种各样的清洁能源，在全球清洁能源市场居于领先地位。根据相关统计，加拿大人均发电量位居全球第 7 位左右，超过中国好几倍。外国企业到加拿大投资办厂，供电充足是一个突出的有利条件。不过，最近三年，加拿大电力价格上涨迅速，令民众电费开支增加不少。如何改善电力监管结构、丰富电力资源，仍然是加拿大政府需要解决的难题之一。

第一节　高山流水化作了源源电力

30 年前，加拿大以 4706.89 亿千瓦时的年发电量，排名世界第 4 位；20 年前，加拿大以 5490 亿千瓦时，仍居世界第 4 位；10 年前，由于年发电量增幅有限，以 6158.56 亿千瓦时的年发电量，位居世界第 6 位。最近几年，根据 BP 世界能源统计，加拿大已经下滑至第 7 位。不过，由于加拿大人口只有 3600 多万，发电量平均到个人，仍然高达 17.56 兆瓦，居世界首位。

人均发电量 17.56 兆瓦是个什么概念呢？2016 年，排第 2 位的美国，人均发电量是 13.3 兆瓦；排第 5 位的日本，人均发电量为 8.14 兆瓦；排第 8 位的中国，人均发电量为 4.2 兆瓦。加拿大人均发电量超过美国 4.26 兆瓦，超过中国 13.36 兆瓦。

经济上不显山不露水的加拿大，为何电力行业如此发达？其庞大的发电量来自哪里呢？

简单地说，来自高山流水。从 19 世纪末 20 世纪初期开始，加拿大紧跟世界电力发展步伐，充分利用高山流水修建了诸多水力发电站，逐渐成就了今天的电力大国地位。

众所周知，电力行业起源于欧洲。1875 年，法国巴黎建造了世界上第一座火力发电厂；1878 年，英格兰诺森伯兰郡开发了人类第一个水力发电项目。此后，火力或水力发电技术遍地开花，越过大西洋传到了北美。1879 年的美国旧金山，1881 年的加拿大渥太华，都出现了大小不一的发电站。据说，一个英国人还从美国购买机器，在上海南京路创办了一家发电厂，可惜，由于战乱频仍，中国的电力行业迟迟未能成形。

加拿大境内瀑布众多、水流湍急，开发水力发电最为适合。东部的安大略和西部的卑诗、马尼托巴省，都有商人紧随形势发展，在瀑布旁边创办了水力发电厂。这种借助水位落差发电的方式，既节省煤炭、油气资源，又远离闹市、避免拆迁，成为加拿大开发电力的主要途径。

1911 年创办的斯蒂夫瀑布发电厂内景

第二次世界大战结束后，北美工业迅猛发展，用电需求量随之剧增。加拿大各省抓住时机，要么拦河筑坝，要么依瀑建厂，上马了更多、更大规模的电力开发项目。短短几十年间，尼亚加拉瀑布（Niagara Falls）、绍迪耶尔瀑布（Chaudiere Falls）、斯蒂夫瀑布（Stave Falls）、七姐妹瀑布（Seven Sisters Falls）旁边，圣劳伦斯河（Saint Lawrance River）、菲沙河（Fraser River）、纳尔逊河（Nelson River）水面，几乎都出现了气势宏大的水力发电站。

2014 年以前，水力发电基本上占据加拿大发电总量的 60%以上。今天，虽然加拿大开始重点发展油气发电、太阳能发电、风能发电、潮汐发电以及生物质能发电，但是水力发电仍然占总量的 55%左右，即使到了 2040 年，据说也会维持在 51%左右。

水力发电对加拿大来说实在太重要了。在某种程度上，“水力发电”（Hydro）已经成了加拿大“电力”（Electricity Power）的代名词。这种重要性，从加拿大诸多电力公司的英文名字上，即可窥见一斑。多伦多电力公司的英文名字为“Toronto Hydro”，魁北克电力公司的英文名字为“Hydro-Québec”，卑诗电力公司的英文名字为“BC Hydro”，马尼托巴电力公司的英文名字为“Manitoba Hydro”，都带有“Hydro”字样。这是水力发电时代留下的印记。

由于资本雄厚、福利完善，加拿大各省的电力公司，是很多人心仪的工作单位。2016 年年初，福布斯杂志曾发布一份评估调查，结果显示，在加拿大十大最受欢迎雇主之中，有两个是电力公司，其中卑诗省电力公司位居首位，多伦多电力公司位居第 8 位。2017 年，多伦多电力公司排名大幅度提升，与加拿大私营航管公司（Nav Canada）并列第 2 位；萨斯喀彻温电力公司又顶替卑诗省电力公司进入了前 10 名。

电力行业发展起来以后，最终受惠的还是普通民众。根据 2014 年卑诗省水电公司数据，温哥华居民用电平均价格（含税）为每千瓦时

0.1039 加元。2015 年，加拿大电视台公布过一组数据，加拿大电费最便宜的是蒙特利尔，为每千瓦时 0.0763 加元；温尼伯次之，为每千瓦时 0.0855 加元；温哥华再次之，为每千瓦时 0.0927 加元；多伦多和渥太华电费最高，为每千瓦时 0.15 加元。如果按照 1∶5 的汇率计算，当时加拿大全国居民平均电费，相当于每千瓦时 0.4～0.75 人民币。

其实，如果纯就发电成本而言，加拿大居民用电价格还应该更低一些。2015 年加拿大各地的市场电力价格，基本在每千瓦时 0.02～0.035 加元，相当于 0.1～0.175 元人民币。只是由于各省电力公司为保护环境、支持清洁能源，向居民征收“全球调节费”（Global Adjustment），再加上内部管理不善，才人为将价格抬到了每千瓦时 0.07 加元以上。

自从 2015 年以来，无论东部的卑诗省，还是西部的安大略省，电力价格都出现多次上调。2017 年 11 月，卑诗省能源、矿产和石油资源厅厅长表示，电费在过去四年中上涨了 24%，在过去 16 年间上涨了 70%。新民党上台后，为了兑现竞选诺言，强行冻结了电费涨价，才让民众稍感欣慰。安大略省的电力管理更加糟糕，快速上涨的电费价格已经严重影响到民众生活，导致选民怨声载道。2018 年，安大略自由党大选惨败、黯然下台，根源之一就是没有管理好电力公司。新上台的保守党政府已经明确表示，要全部撤换电力公司高层，力求将安大略省电费价格降下来。

第二节　未来电力行业的可再生资源图景

从中国到北美旅游的人们，一个最大的感受或本能反应，大概是觉得这里的环保做得真不错，到处可见蓝天白云、绿水青山。不过，北美当地人似乎并不满足于此，仍然觉得环保之路任重而道远。比如，如何减少温室气体排放、防止气候变暖，就是北美从上到下关注的一件头等大事。2016 年 6 月底，北美三国元首齐聚渥太华，共同承诺 2025 年甲烷排放量减少 40%～45%，并将清洁能源在能源消费中的比例提高至 50%。

为了减少煤炭燃烧造成的温室气体排放，加拿大安大略省早在十几年前，就开始陆续关闭以煤炭为燃料的发电厂。到 2015 年，其省内所有的燃煤电厂都已不见踪影，基本上实现了“无煤化发电”。魁北克省、马尼托巴省和纽芬兰省水力资源丰富，根本不需要燃煤、燃油或燃气等常规蒸汽发电方式，卑诗省、新布伦瑞克省则需要一小部分。只有阿尔伯塔省、萨斯喀彻温省、新斯科舍省，仍然保留着较高比例的常规蒸汽发电。其中，富产油气的阿尔伯塔省和萨斯喀彻温省尤其突出。

联邦政府为了推动各省能源转型，先后推出了一系列支持项目。2010 年出台的“生态能源可再生发展计划”，提出要投资 14.8 亿加元发展风能、生物质能、小型水利和潮汐能等。此外，还出资 3 亿加元开展“生态能效计划”，促进智能化能源利用和减少污染物排放；投资 2.2 亿加元，支持房屋、建筑改造和工业过程处理；投资 3500 万加元，开展“生态能源可再生供热计划”，支持工业发展环保型供热技术。

加拿大确定的减排目标是，到 2020 年二氧化硫（SO_2）排放量较 2002 年减少 54%，2030 年减少 84%；到 2020 年氧化氮（NO_X）排放量减少 50%，2030 年减少 80%。为了实现这个目标，就加拿大电力行业来说，可再生资源生产到 2020 年必须占全国发电总量的 90%以上。这意味着，加拿大必须将依靠油气、煤炭发电的比例，降至 10%以下。

在电量需求固定的情况下，要放弃传统的常规蒸汽发电，就必须开发可再生能源。一般来说，可再生能源是指在自然界中可以不断再生、对环境无害或危害极小的绿色能源，如水能、风能、太阳能、生物质能、地热能、潮汐能等（根据主流观点，核能不在可再生能源范围之内）。加拿大水力开发已经达到高峰，未来 20 多年内不会再有大的扩张，其发电量占总发电量的比例，将维持在 51%左右。因此，加拿大未来的可再生能源开发，可能主要集中在风能、太阳能、潮汐能、生物质能等领域。换言之，风能、太阳能、潮汐能和生物质能发电，将成为加拿大水力发电的重要辅助，共同构成未来加拿大电力资源的绝对主力（90%以上）。接下来，我们就分别看看未来加拿大的风能、太阳能、潮汐能和生物质能开发。

所谓风能发电，即借助风力吹动风扇运转，进而带动发电机旋转，将风能转化为电能的一种能源开发模式。在世界上，丹麦、德国、美国、西班牙等国开发风能发电较早。进入 21 世纪后，加拿大政府才开始制订补贴计划，鼓励企业尝试风能发电。经过十几年积累，风能发电已经成为加拿大规模最大的可再生能源产业。2015 年，风能发电占可再生能源总量的 73%。不过，从长远来看，其发电总量会呈下滑趋势。

在加拿大各省中，风力发电分布极不均衡。其中，东部的安大略和魁北克两省的风能发电规模最大。2014 年，安大略风能发电量高达 2241.7 兆瓦，魁北克省风能发电量为 1866.2 兆瓦，两者分居全国第 1、第 2 位。中国电力企业投资的首个海外风力发电项目——加拿大德芙琳风电项目，就位于安大略省的德芙琳县。西部的油气大省阿尔伯塔排在第 3 位，2014 年风能发电量为 1116.6 兆瓦。东西海岸的临海省份，开发风能发电成本较高，所以现有规模都比较小。

太阳能发电主要有两种途径：一种叫作“太阳能热发电”（Concentrating Solar Power，简称 CSP），是借助集热器吸收太阳辐射所产生的热能，再将热能转换为蒸汽，以驱动汽轮机发电；另一种叫作“太阳能光伏发电”（Photovoltaic Power Generation），是以太阳能电池利用光电效应，直接将太阳辐射转换为电能。无论前者还是后者，简单地说，就是利用特定装置将太阳热能转化为电能的能源开发模式。

近年来，利用太阳能发电在加拿大颇受青睐。在过去十几年中，其太阳能光伏发电能力平均每年增长24%。其中，安大略省和阿尔伯塔省的开发规模相对较大。五六年前，日本企业在安大略省投资兴建了当时全球最大的太阳能发电设施群，其年发电量可供上万个家庭消费。最近，阿特斯阳光电力集团旗下的全资子公司，又成功建成了更大的太阳能光伏发电站，据说可满足1.7万个家庭的用电消费。虽然加拿大太阳能发电行业的规模现在仍然偏小，而且东西两海岸省份光照不足，太阳能行业发展受限较为严重，不过，鉴于中部和西部省份积极支持太阳能开发，2015～2024年加拿大太阳能行业仍将保持快速发展态势，期间的平均增长率可能为10.7%。

潮汐能是指海水在涨落和流动过程中产生的能量，利用特定设施将这种动能和势能转换为电能，便是潮汐能发电。在地球万有引力的影响下，海水每天都会出现两次潮汐，因此有人认为潮汐能是“最可控”的可再生能源。不过，由于只能建在海湾处，潮汐能发电所需要的硬件条件，显然又比风能和太阳能发电“苛刻”得多。

加拿大芬迪湾拥有世界上最大和最快的潮汐，潮汐中蕴藏着巨大的水能资源。芬迪湾海洋能源研究中心（Fundy Ocean Research Centre for Energy）专家迈特·鲁姆雷（Matt Lumley）指出，每次海潮时，多达140亿吨的海水涌进芬迪湾，水流速度高达每秒5米，如果能将这些水能转换成电力，可以满足加拿大大西洋沿岸的全部电力需要。

巨利之下必有“勇夫”。开放电力（Open Hydro）和艾玛拉能源公司（Emera Energy）已经合作建设了夏普角海潮项目（Cape Sharp Tidal），尝试开发芬迪湾潮汐能中的电力资源。如果尝试成功，能够满足1000个家庭的用电需求。荷兰特卡多国际能源公司（Tocardo International Energy）、安大略省国际海洋能源公司（International Marine Energy）以及新斯科舍省米纳斯能源公司（Minas Energy）亦已经联合宣布，在芬迪湾建设大型漂浮涡轮系统，尝试潮汐能发电。

生物质能是蕴含在动植物和微生物之中的能量。通过直接或混合燃烧生物质，驱动电动机转动的发电模式，即生物质能发电。大多数生物质固体燃料低灰低硫，在燃烧时排放的氮氧化物、二氧化硫、二氧化碳以及烟尘颗粒远远低于煤炭，因此以生物质作为发电燃料，不仅能够有效地补充高峰时期的电力供应，而且节能减排、低碳环保，也被视为绿色可再生能源。近几十年来，随着煤炭和油气价格持续走高，生物质能发电一直颇受各国欢迎。

美国生物质能发电技术处于世界领先地位。据报道，美国共有 350 多座生物质发电站，装机总量达 700 兆瓦，主要分布在城郊林区，供应纸产品和林产品工厂用电。中国电力需求旺盛，又拥有丰富的生物质能，因而也进行了各种各样的开发探索。不过，最近几年，由于各种各样的原因，中国生物质能发电行业难言景气，很多生物质能发电厂亏损严重、举步维艰。

加拿大借鉴美国生物质能发电技术，已经形成了较为成熟的行业体系。2014 年，生物质能发电量占加拿大总发电量的 3%；据相关机构预测，2040 年，这个比例将提高到 5%，生物质能发电将成为仅次于核发电的电力资源。目前，加拿大大型卖场、公寓、酒店、医院以及学校等建筑设施，大多使用热燃烧氧化系统；小型机构则通常依靠燃烧木屑、木块或树皮等获取热量。

在欧美国家中，加拿大资源丰富、油气充足，在开发可再生能源方面起步较晚。不过，从 2005～2015 年，加拿大持续 10 年的可再生能源项目建设大潮，使得可再生能源产量出现了成倍增长。其中，风能、太阳能和生物质能等可再生能源产量，从 2005 年的 2360 兆瓦上升到 2015 年的 1.56 万兆瓦，增长了 6 倍以上。加拿大已经仅次于中国、美国和巴西，成为世界第四大可再生能源生产大国。

加拿大承诺到2020年减少17%的温室气体排放，计划关闭7000兆瓦燃煤电厂，为实现这一目标，联邦及安大略、萨斯喀彻温等省都出台了相关补贴政策，成为加拿大可再生能源行业持续发展的政策动力。不过，多数可再生能源生产成本相对较高，其发展前途能否符合预期，还要取决于技术突破和相关政策配套。如果通过技术突破和政策配套，能够将可再生能源发电成本降下来，在北美电力市场占据优势，加拿大可再生能源生产就能拥有一个美好的未来，否则前景难料。

第三节　各省电力市场的"公有化"管理

根据一般理解，资本主义社会应该是实行私有制的，但事实上，很多欧美国家的部分经济行业，不但没有实行私有制，反而是国有企业或公有企业占据中断地位。加拿大电力行业就是如此。

加拿大电力行业有两个非常突出的特点：一个是各省分散经营，另一个是高度公有化，公有企业占据主导地位。

加拿大是一个联邦制国家，各省拥有自治权，联邦政府主要负责省际和国际事务。具体到电力行业，联邦政府主要投资开发和支持新的电力技术，不介入各省电力市场。其电力监管机构有两个，分别是国家能源委员会（NEB）和核能安全委员会（CNSC），前者负责省与省之间或国际输电线路的建设和运营，后者负责监管核能的开发和使用。电力开发所涉及的环保问题，则由联邦和各省相关部门共同监管。

加拿大共有10个省和3个特区，3个特区地广人稀，没有形成略具规模的电力工业，其他10个省发展相对成熟，都有自己的电力市场。在这10个省的电力市场中，7个省电力市场都由公共企业占据主导地位，保留了浓厚的公共服务性质。

由于政治和地理环境不同，各省进行电力改革的力度不同，由此形成的市场结构存在很大差异。相对来说，东部的纽芬兰省、爱德华王子岛、新斯科舍省、纽芬兰省，中部的萨斯喀彻温省、马尼托巴省、新布伦瑞克省以及西部的卑诗省，进行的市场化改革力度比较有限，基本上仍然把电力当作公共事业来做。每个省的省属电力公司，作为电力公共事业单位，负责全省的发电、输电和配电业务，私人投资只能介入可再生能源生产领域。近年来，多数省份开放了电力批发市场，但是省属电力公司仍然占据着绝对优势。比如，卑诗省电力公司就为94%以上的用户提供服务。

可以说，在以上各省中，省属电力公司是绝对的“电老大”，也是很多当地人心仪的工作单位。不过，垄断归垄断，这些省属电力公司不能自行决定电费价格，而是必须接受省电力董事会或公共事业董事会的指导。董事会成员由省内阁任命，如果变更电费价格，必须向省内阁汇报。这样一来，各省电力公司实际上间接受到了选举政治的监督。2017年，卑诗省居民对电力公司涨价不满，就促使新民党政府采取了行政干预。

位于中部偏东的魁北克省，在电力市场结构上与以上各省基本相似。其省属的魁北克电力公司（Hydro-Québec），作为魁北克省内最大的电力企业，也是加拿大最大的两个电力企业之一，负责全省的发电和配电业务。魁北克能源监管委员会为其制定服务质量标准，审核输电和供电价格，审批输电设施建设计划。不过，魁北克与以上各省电力市场的不同之处在于，它向北美开放了发电和输电市场。

魁北克电力资源90%以上来自水力发电。这些水力发电站大都位于偏远地区，投资成本比较大。1997年，魁北克电力公司根据相关法令，决定向北美电力市场开放发电和输电市场，允许美国电力资源进入魁北克，也允许魁北克的电力资源销往美国。为了配合市场化改革，魁北克电力公司将发电部、输电部和配电部进行了剥离重组，三者独立经营、独立核算。而且，按照北美市场监管者（美国联邦能源管理局）的要求，魁北克下属三个业务部门不能进行幕后信息互通，更不能暗箱操作。

事实证明，市场化改革让魁北克成为了电力赢家。其电力公司充分利用水力发电优势，北美市场电价下降时，关闭发电设施买进；北美市场电价上涨时，则开足马力发电卖出。目前，在北美电力市场中，魁北克的电费价格是最低的，用户得到的实惠也是最多的。

安大略省仅次于魁北克省，是加拿大的第二大电力资源市场。1998年以前，安大略电力领域一直由安大略电力公司（Ontario Hydro）独领风骚。该公司集发电、输电系统设计、农村及偏远地区配电为一体，发电量占全省总发电量的90%以上，完全主导全省的电力供需平衡。它直接向大约100家最大的工业用户、100万农村及偏远地区的用户出售用电。可是，当时的安大略电力公司不但没有充分利用垄断优势，反而经营不善、债务缠身，失去了民众的信任。

1998年，安大略省通过能源竞争法令，取消了安大略省电力公司的垄断特权。次年，它被重组为5个相互独立的电力企业：安大略发电公司（Ontario Power Generation Inc.）继承了原有公司的发电资产和直接用户；第一电力公司（Hydro One）继承了原有公司的输电和农村配电系统以及服务偏远社区的责任；独立电力系统运营公司（Independent Electricity System Operator，简称IESO）承担了指导和监管电力市场运营的责任；安大略电力金融公司（Ontario Electricity Finacial Corporation，简称OEFC）继承了原有公司的其他资产及债务，并负责管理非公用事业发电协议（NUG）；电力安全局（Electrical Safety Authority）则负责执行相关的监管法令。

经过几年的改革酝酿，2002年，安大略省正式开放电力市场，允许市场决定电费价格。但是，由于市场不成熟，当年电费上涨，民众怨声载道，省政府承受不住压力，随即取消市场价格机制，直接冻结了居民用户电价。2004 年，省政府又设立电力局（Ontario Power Authority，简称 OPA），专门负责制定电力生产计划、吸引电力投资。2015 年 1 月 1 日，安大略电力局宣布并入独立电力系统运营公司（IESO）。

独立电力系统运营公司（IESO）是一个中立管理机构，不代表电力市场中的任何参与实体，其领导层由安大略省政府任命。合并电力局（OPA）以后，其监管的范围更加广泛，可以说是安大略电力市场的全权运营商。它不仅监管省内发电、输电和配电，还要规划省内电力能源的开发与发展，并联接着电力公司与终端用户，是安大略电力系统的绝对核心。它有两个非常重要的小组：一个是技术小组，一个是争端调解小组。技术小组由来自独立电力系统营运公司、市场参与者和用户群体的 11 名代表组成，主要负责评估市场规则和提出改善建议；争端调解小组由 10 名中立代表组成，主要负责调节和仲裁市场争端。

从上面可以看出，在安大略省，政府对电力市场的监管仍然非常强大。这种强大的政府监管保证了电费价格的稳定性，但是也造成了市场发育不良、竞争机制不足和居民用电成本较高。在加拿大各省之中，安大略省的居民平均用电价格是最高的。

在加拿大各省中，相对而言，阿尔伯塔的电力工业市场改革力度最大，市场竞争发育最好。1990 年以前，阿尔伯塔像其他省份一样，实行垂直管理，发电、输电和配电业务皆由公共企业垄断经营。但是，1990 年以后，阿尔伯塔开始推行电力市场改革，向完全市场化转型。1996 年，阿尔伯塔省组建了电力储备系统（The Power Pool of Alberta）。这是一个允许实时竞争的电力能源现货市场，向所有合格的经营者开放。自 2001 年以来，阿尔伯塔电力工业在发电和售电领域基本上实现了市场化。

阿尔伯塔省的发电和售电领域虽然已经市场化，但是政府监管同样无处不在。其主要的监管机构有三个：第一个是阿尔伯塔省能源部及其所属的电力管理委员会（EUB)，主要负责电网改造、更新以及税费审批，新建电厂环境和占地评估。第二个是电力系统运营公司（AESO)，该公司由政府经营管理，不以盈利为目的，主要负责电网调度运行，保障电力供需平衡；负责电力市场交易，确保公平有效的市场竞争；负责电网规划，确保电网规划合理到位。第三个是电力监管委员会（MSA)，主要负责检查市场竞争状况和市场参与者的行为，处理电力市场的投诉和纠纷。这些独立运营公司和市场监管机构保证了电力市场的公开和公平，保护了所有市场参与者的利益，但是监管机构协调工作量大，协调成本高，也间接提高了居民用电价格。

家家都有难念的经，国国都有难算的账。整体而言，加拿大各省竭力维持电力市场的公共服务性质，并且以无所不在的监管，保证部分开放市场的透明和公平。但是，公共、透明和公平是达到了，市场竞争却被严重抑制了。没有市场竞争，经营效益自然难以保障。如何理顺公共服务与市场竞争之间的矛盾，将是各省及联邦政府需要重点化解的难题。

第四节　安大略省的电费为何这么贵

加拿大拥有丰富的水力资源，发电量巨大，电力价格相对便宜。对于百姓生活和企业生产来说，这是一个非常大的便利。据采矿业朋友说，加拿大矿业与其他国家比较起来，最大的优势之一就是电价低廉，比如马尼托巴省采矿企业每用一度电才 0.3 加分多点。

但是，加拿大电力由各省自主管理，制度成本差异甚大，电力价格随之迥然不同。相对来说，中部各省比较低廉，东、西两海岸省份则相对偏高。其中，安大略省的电力价格最为民众所诟病。最近十几年来，安大略省居民用电成本一涨再涨，已经令低收入阶层承受不起。

2010～2015 年，安大略省高峰时段电费上涨了一半以上。2015 年 11 月 1 日，安大略省再次提高电费价格：非高峰时段，即周末和假日全天，每度增加 0.3～8.3 加分；中等高峰时段，即工作日早 11 点到下午 5 点，每度增加 0.6～12.8 加分；高峰时段，即工作日早上 7～11 点，下午 5～7 点，每度增加 1.4～17.5 加分。

2016 年，安大略省电费继续一路上行。1 月份，平均每个家庭的电费增加 12 加元；4 月份，能源局又批准电费上涨 2.5%。2015～2016 年，安大略省电费共计增加了 15%。直到 2017 年 1 月 1 日，鉴于民怨太大，安大略省电费才有所下调，家庭和小型企业电费平均降低 8%。

最近这十几年，安大略省电费在加拿大各省中始终“一枝独秀”。按普通家庭每月用电 1000 千瓦计算，2016 年蒙特利尔居民平均用电费用 83.08 加元，卡尔加里 109.19 加元，温尼伯 97.50 加元，温哥华 114.38 加元，哈里法克斯 166.8 加元，唯独安大略省两大城市多伦多和渥太华，居民每月平均电费分别高达 201 加元、183 加元，与蒙特利尔相比，高了一倍还多。

高昂的电费让安省居民生活压力剧增。根据加拿大媒体报道，安省北部施瑞伯镇（Schreiber）的戴夫·凯（Dave Kay）夫妇表示：“现在冬天一个月电费要 600 元，实在付不起了，换成燃油供暖。”多伦多的威尔·泰姆（Will Tam）与兄弟合住在一间平房，为了节省电费，等到晚上电费便宜才做饭；迈克箭镇（McKerrow）的廖娜·阿诺德（Leona Arnold）住在 120 平方米的房子里，平均每月电费 250～400 元，其中用电费和输电费差不多各占一半。

第一电力公司（Hydro One）解释说，输电费主要是维护电网的成本，在人口密集的城市，因为分摊到每个住户，基本可以忽略。在人口少的地区，每家用户分摊的费用就会很高。第一电力公司表示，虽然可能不公平，但是要更改现行做法，需要安省能源局批准。

电力是制造业和能源业的主要成本，高昂的电费已经影响到企业生存。菲沙研究所 2018 年研究指出，2008～2015 年，安大略省制造业工作从 805170 个下降到了 68835 个，其中 2/3 的下降幅度，都与安大略省的电费价格上涨有关。

安大略省既是水力资源丰富之地，又是可再生能源开发最好之地，为什么电费竟然居高不下？多数人恐怕不会想到，造成这一后果的“罪魁祸首”之一，竟然就是可再生能源。

2017 年年初，安大略省能源厅长格伦·蒂鲍特（Glenn Thibeault）曾经表示，安省率先在加拿大取消燃煤发电厂后，急于发展可再生能源，与供应商签订了长期固定用电合同，当初以为价格很划算，现在看来却与事实相反。可再生能源成本高昂，是导致电费不断上涨的重要因素。

原来，2005 年安省政府为推进环保工作，与可再生能源企业签订了长期合同，以高于市场电价的标准购买风能、太阳能等，期限为 20～30 年。当时，北美经济活跃，用电需求量大，电价上涨趋势明显，政府与企业签订的可再生能源电力价格并不算太离谱。

但是，2008 年金融危机发生后，北美经济遭受冲击，企业用电量减少，安大略省发电量出现了巨大盈余。由于可再生能源公司按照合同供电，无法随意减少，即使减少，政府也需要按照合同付费。无奈之下，安大略省只能将多余的电力，低价向临近的美国各州销售，尽力弥补损失。

2015 年，安大略省向美国出售了 226 亿千瓦时电力，价格只有每度 2.3 加分，不到 0.12 元人民币。

政府用于支付可再生能源的费用，以全球调节费（Global Adjustment）的形式，向用电居民征收。与电力本身价格相比，全球调节费本来就偏高，及至金融危机造成电力亏损后，安大略省向居民征收的全球调节费更是逐步攀升。2015 年，全球调节费占居民每月所缴电费的 82％

左右；2016 年，则达到了 85%。因此，安大略省电费之所以虚高，主要就是因为必须缴纳高昂的全球调节费。

说到最后，安省电力价格居高不下，到底怨谁呢？表面上，可再生能源公司趁着政府提升环保之际，大力兜售成本高昂的可再生能源，轻松赚取政府的高额利润，要负很大的责任。而且，一位从事环保行业的加拿大朋友告诉笔者，很多所谓的可再生能源名为环保，其实掺杂了很多水分，不过只是表面上的低消耗。如果追根溯源，安省电费高涨的主要因素，应该还是在政府身上。

作为企业，是没有办法掌握全省电力供需的，为电力严重过剩付出代价，只能说是政府计划或监管不到位。政府有必要合理调节不同地域、不同时段的电力供需。同时，省政府与可再生能源公司签订合同时，应该充分考虑到可再生能源成本、电力需求以及可能造成的成本隐患。一次性购买二三十年的用电合同，明摆着为自己“挖坑”。当然，填补这个坑的，只能是安省居民。

第七章　曾经辉煌的汽车与飞机制造

在全球汽车市场上，加拿大没有自己的招牌。但是，千万不要以为加拿大没有汽车产业。事实上，加拿大人专做汽车配件，拥有全球数一数二的汽车零部件产业链，麦格纳是全球最大的跨国汽配巨头，通用、福特、克莱斯勒、丰田和本田都在加拿大设有分厂。每年，加拿大都要向美国出口 180 万辆汽车，以及不计其数的零部件。除此之外，加拿大交通制造业巨头庞巴迪公司，还开发出了先进的民用客机，一度令波音公司心惊胆战。可以说，汽车与飞机制造同是加拿大经济的支柱产业。

第一节　加拿大汽车工业的崛起之路

19 世纪中叶，欧洲发明家对交通工具产生了兴趣，很多人都热衷琢磨怎么才能将马车改造为由机器牵引的车。在法国、德国以及比利时等，有人乐此不疲地尝试这一工作。

1867 年，一位名为亨利·泰勒（Henry Seth Taylor）的加拿大人，参与到这一伟大试验中来，制造了一辆非马牵引的运输工具，可惜未能投产。19 世纪末 20 世纪初，又有加拿大人制造过蒸汽、电力和汽油动力汽车，同样由于缺少人力、财力和技术支持，多数半途夭折。幸存下来的，也往往是苦苦支撑，难以为继。

直到美国商人北上，加拿大才看到了制造汽车的曙光。当时，很多美国商人意识到，汽车制造蕴含着巨大商机。他们不仅在美国底特律投资建厂，还跑到加拿大开设分店，以便绕过高额关税，占据加拿大市场。1904 年，刚刚在底特律站住脚的汽车制造商亨利·福特，北上加拿大安大略的沃克维勒，与当地一个车辆厂合作，创建了加拿大福特汽车公司。它将底特律总部的零件水运过来，组装销售。

几年后，安大略省奥什瓦的麦克劳伦上校（Colonel R. S. McLaughlin），开始升级家族传下来的马车和雪橇制造厂。1908 年，他购买了美国别克内燃机的专利使用权，加上自己精心设计的车体，打造出了扬名世界的麦克劳伦－别克汽车。不久，麦克劳伦汽车公司还购买了赛车手雪佛兰的专利设计，生产雪佛兰牌汽车。1918 年，美国通用汽车公司收购麦克劳伦公司，整合成立了加拿大通用汽车公司。

麦克劳伦汽车公司宣传画

图片来源：加拿大百科全书网站

1925 年，又有一家美国汽车公司宣布进入加拿大，这就是克莱斯勒公司（Chrysler Corporation）。当年 6 月，克莱斯勒分别在美国和加拿大同时建立了汽车制造厂。加拿大的分厂，后来被命名为克莱斯勒一加拿大汽车公司（Chrysler Canada）。

这些美国资本是加拿大汽车工业的“第一桶金”，它奠定了加拿大汽车工业的根基，开创了加拿大汽车工业的格局，意义重大。当然，美国投资者也收获颇丰，他们在加拿大生产的汽车，不仅可以避开高额的加拿大关税，还可以借助大英帝国内部的贸易互惠，以远远低于美国同类产品的关税，进入大英帝国的各个角落，比如澳大利亚、新西兰、印度等国家。

从这个角度来说，真正促成加拿大汽车工业起步的“幕后推手”，不是美国资本，而是无处不在的贸易保护政策。

北美汽车工业起步以后，很快遇到了千载难逢的“腾飞良机”，这就是第一次世界大战。对于欧洲民众来说，世界大战极其残酷，意味着千万生命的瞬间消失、无数骨肉的骤然分离、衣食住行的灰飞烟灭。但是，对于北美制造产业来说，这场世界大战却有着完全不同的意义。

由于战争，欧洲不但无力从事生产，还需要从北美购置物资，维持战争的运转。战争结束以后，家园沦为废墟，仍然要从北美购置器具和物资，才能重新恢复生产。其中，既能协助作战，又能用于民用的汽车，无疑是欧洲订单里的必需品。因此，第一次世界大战期间及战后初期，加拿大和美国的汽车工业，都出现了蓬勃发展的繁荣局面。

以加拿大福特汽车公司为例，1914 年，该公司生产汽车 15657 辆；1917 年生产 50073 辆，较 1914 年提高 219.81%；1919 年生产 39112 辆，略有下降；1920 年迅速恢复，生产 55616 辆。此后几年，加拿大福特汽车公司产量不断增加，1923 年生产 70328 辆，1924 年又提高到 79807 辆。它在蒙特利尔、多伦多和温尼伯开设生产分厂，在卡尔加里、里贾纳、温哥华等地开设销售分厂，成为具有全国影响力的汽车公司。

第一次世界大战期间英国军队的装甲车

图片来源：全景网站

根据相关统计，1920 年加拿大汽车公司增加至 17 家；1925 年，经过兼并重组后，减少至 11 家。20 世纪 20 年代末，加拿大已经成为全球第二大汽车生产国和主要出口国之一。

当然，与美国比起来，加拿大汽车工业仍然是“小巫见大巫”，无法相提并论。1924 年，加拿大国内汽车产量仅为美国产量的 1/24 左右，出口量仅为美国出口量的 31.7%。按产值来算，1924 年加拿大汽车出口产值仅为美国出口产值的 12.5%。

20 世纪 30 年代，受世界经济危机的牵连，加拿大汽车工业陷入衰退，出现了整合重组现象。由于市场狭小、技术有限，很多公司一度陷入困境。可是，谁也不曾料到，十几年前的战争一幕，竟然再次上演了，而且战争给北美带来的客观后果，也是惊人地相似。北美汽车工业又从第二次世界大战中，获得了强劲的经济刺激，走上了第二次升级换代之路。

就这样，战争给世界人民造成了永远的伤痛，却给北美工业经济注入了无穷的活力。

20 世纪 50 年代，加拿大汽车工业蓬勃向上。不断有新的公司开工，不断有新的岗位招聘，不断有新的订单上门。这种好日子保持了不到十年，新的问题又出现了。

在美国，经过数十年兼并组合，汽车生产已经实现了专门化生产，各个公司之间分工明确，技术革新日新月异。在加拿大，很多公司仍然作为美国公司的分厂而存在，规模相对较小，缺乏专业分工，技术研发不足，满足不了消费者的需求，出口无力。1962 年 10 月，加拿大联邦政府宣布，出口汽车可以享受进口配件退税的优惠待遇，以便帮助其降低生产成本，提高出口竞争力。美国政府认为这是变相补贴汽车出口，违反了自由贸易精神，因而对加拿大汽车征收报复性关税。

1965 年，经过多轮艰苦谈判，两国签订了一份汽车贸易协定（Canada-US Auto Pact），决定废除轿车、卡车、公共汽车、轮胎以及汽车零部件领域中的高额关税。相对来说，加拿大汽车工业规模小、成本高、技术低，取消关税以后，势必遭到美国同行的冲击。因此，作为补偿，福特、通用和克莱斯勒三大汽车公司同意，继续扩大对加拿大的投资，确保加拿大汽车产量不低于 1964 年的水平；自美国出口至加拿大的汽车，使用一定比例的加拿大汽车配件。

汽车贸易协定实施后，加美两国之间的汽车贸易大为改观。在此之前，加拿大汽车工业虽然从美国进口零部件，但是没有能力将产品卖往美国，结果陷入长期的逆差；在此之后，美国汽车大举进入加拿大，逼得加拿大汽车企业不得不调整经营方向，生产特定的车型或零部件。由于生产日趋专门化，短短几年，加拿大汽车工业就出现了质的变化，生产效率提高了，产品质量过硬了，生产成本降低了，向美国出口汽车数量也大大增加。1964 年，只有 7%的加拿大汽车出口美国，到 1968 年，这一比例提高到了 60%。

随着加拿大汽车出口能力的增强，加美两国之间的汽车贸易出现了翻转之势。1965 年，加拿大对美国汽车贸易逆差达 6 亿美元，到 1970

年，已经顺差 11 亿美元。20 世纪 70 年代，两国汽车贸易额基本持平。进入 80 年代后，加拿大对美国汽车贸易开始连续多年保持顺差。这时候，轮到美国汽车工业坐不住了。1987 年签署的《美加自由贸易协定》，美国承认原来的汽车协定继续有效，但是取消了对加拿大汽车工业的“照顾”。加拿大汽车工业必须与美国同行公平竞争了。

事实证明，此时的加拿大汽车工业已经不必再担心美国同行的冲击。20 世纪 80 年代末，加拿大有 2000 多个汽车零部件生产企业，8.4 万名从业人员，汽车年产量超过 200 万辆，排名世界第 6 位左右。进入 90 年代后，由于加拿大毗邻美国市场，而人工成本又低于美国，美国、日本、韩国企业不断提高在加投资，使得加拿大汽车产量继续上升，2000 年已经逼近 250 万辆。到了 2004 年，加拿大汽车工业从业人数增加至 15 万左右，产量 271 万辆，成为世界第三大汽车产品出口国。

纵观加拿大汽车工业的崛起，可以看到除欧战之外，两个因素发挥了关键作用：一是美国的资金和市场，前者为加拿大提供了启动资本，后者为加拿大提供了产品销路，如果不是毗邻美国，加拿大汽车工业要想发展到今天这种程度，还真是有点困难。二是政府的支持和保护，在汽车工业起步阶段，加拿大政府为了防止美国产品冲击，对进口汽车征收高额关税，逼得美国公司只能到加拿大投资建厂；后来，又通过订立汽车贸易协定，有限度地免除关税，推动汽车工业参与北美市场竞争，从而激活了汽车工业发展的潜力。

不过，老子曰：“祸兮福所倚，福兮祸所伏。”来自政府的保护和美国资金、市场赋予了加拿大汽车工业以生命，但是也令其变成了温室中的花朵，难以经受风雨的洗礼。进入 21 世纪以来，加拿大在全球汽车市场上不断丢城失地，陷入了巨大困境。

第二节　优势为何一转眼就成了劣势

安大略、魁北克、马尼托巴和卑诗是加拿大的汽车产业集中地。其中，安大略省作为加拿大工业中心，拥有福特、通用、克莱斯勒、本田、丰田等世界知名汽车制造厂，主营零部件生产、汽车组装；魁北克拥有帕卡、沃尔沃客车、蓝鸟等汽车制造厂，主产重型卡车、大巴、轻金属、电动汽车部件；马尼托巴和卑诗省的汽车产业规模较小，前者从事大巴生产以及寒冷天气测试，后者主要从事燃料电池组生产。

加拿大汽车产业主要致力于零部件生产及整车组装。从 20 世纪初开始，美国汽车制造商就意识到，加拿大境内生产成本低得多，将零部件甚至原料运到加拿大生产，再运回美国组装，都比在美国生产组装便宜得多。直到今天，加拿大企业生产成本仍然比美国低 14%，研发总成本低 19%。因此，相较于美国，汽车生产商更喜欢在加拿大投资。加拿大人似乎也并无什么雄心，一定要在汽车市场上打造自己的品牌，而是始终甘心做幕后英雄，为大牌汽车公司提供零部件，甚至直接代工生产整车。

经过几十年积累，加拿大在零部件生产领域形成了相当大的规模，并涌现出几个颇有名气的品牌，比如麦格纳国际、利纳马、马提瑞亚等。其中，最引人注目的当属麦格纳国际集团。大多数中国人可能对这个名字还比较陌生，但是它在北美排名第一，全球排名第三，在 29 个国家设有 327 家制造厂，拥有 100 个产品研发、工程和销售中心，共计 16.1 万多名员工，是全球首屈一指的汽车零部件供应商。麦格纳是加拿大在全球汽车制造领域的一块金字招牌。

麦格纳创始人弗兰克·斯图纳克（Frank Stronach）来自于奥地利，

1957 年在安大略省多伦多一个地下车库成立了马替麦提克投资有限公司 (Multimatic Investments Ltd)，为通用汽车生产遮阳板支架。12 年后，斯图纳克兼并了麦格纳电子 (Megna Electronics)，四年后将公司改名为麦格纳国际 (Megna International)。不久，他回到奥地利的格拉兹设立工厂，并争取到为奔驰代工生产的机会，这是麦格纳国际的一个关键转折点。1998 年，麦格纳将中国人熟悉的斯太尔收入囊中，具备了生产整车的能力。2003 年，麦格纳国际开始为宝马代工生产，真正成为业内当仁不让的代工生产明星。

很多名牌汽车企业，包括宝马汽车，都是从代工生产起步的。但是大多数代工企业积累了一定资本之后，便不甘心只做幕后英雄，纷纷走向前台生产自己的品牌。麦格纳国际则与众不同，它为奔驰、宝马代工生产了那么多车型，完全拥有自主生产汽车的能力，可是却始终隐身幕后，专注地从事零部件生产，专注地为他人做嫁衣。有人问他们的总裁，为什么这么傻，不做自己的产品？他们总裁说不愿意与同行抢生意。这个回答好像是外交辞令，实际上隐含着大智慧。君不见几十年来，顶级汽车公司商场沉浮，破产关门者不计其数，而隐居其后的麦格纳国际，却始终是一个不倒翁。

麦格纳国际仅是加拿大汽车产业的一个突出代表。在它身后，是 1300 多家零部件制造工厂以及 450 余家汽车公司，这些企业构成了一条主导加拿大尤其是安大略省经济的产业带。加拿大汽车产业占制造业总产值的 20%以上，占国内生产总值的 12%以上，对于加拿大国民经济来说，可谓举足轻重。只要汽车产业巨头打个喷嚏，加拿大政府马上就得准备感冒药。

加拿大汽车产业直接雇用 15 万左右工人，最多时达 17 万以上，间接提供就业岗位 50 万个以上。经过几十年积累和训练，加拿大汽车产业练就了一批高水平的研发人员。据统计，加拿大在北美地区所占的汽车生产份额为1/6，却包揽了北美“J. D. Power 工厂质量奖”的1/3，这充分说明了加拿大在汽车制造领域的精湛工艺。外国人到加拿大投资汽车生产，可以相对很容易地找到研发人员以及高水平技工。

加拿大汽车制造产业的另一个优势就是地域相对比较集中，基本都在安大略省，尤其是温莎、奥沙华、万锦等地，几乎就是一个个汽车城。汽车制造专业是温莎大学的优势专业。

加拿大吸引外来投资时，往往还强调一个相对优势，那就是人力成本比美国低得多。直到现在，加拿大还这样对外宣传。但是，美国似乎不这么认为。早在2012年，密歇根州某劳动力工业部门的负责人就表示，加拿大汽车产业工人的工资其实并不便宜，算上养老金、医疗保险、加班费等，他们的平均工资是每小时约60美元，而美国汽车产业工人的工资还不到60美元，如福特美国工人每小时58美元，通用汽车美国工人每小时56美元，克莱斯勒美国工人每小时52美元左右，都比加拿大略低。这样一说，外界也搞不清到底哪边的人力成本更低了。

当然，我们后面会分析，目前争执美、加汽车产业人力成本孰高孰低已经没有多少意义，因为墨西哥汽车工人的工资，比美、加两国都低很多。任何投资看重的都是最低成本，而不是相对较低的成本。因此，至少在北美大陆，加拿大已经被墨西哥超越，丧失了曾经的人力成本优势。

现在这个世界变得太快，很多事情本来是优势，一番风雨变幻之后，往往就变成了劣势。加拿大的工会组织就是这样。加拿大像美国一样，制造业的工会组织发达。1985年以前，加拿大汽车工人直接参加美国联合汽车工会。此后，不知是美国联合汽车工会做得不好，还是加拿大民族主义情绪作怪，其汽车工人脱离美国联合会，成立了加拿大汽车工会(Canadian Auto Workers，CAW)。

2013年，CAW又与加拿大传播、能源及造纸业工人工会（Communications，Energy and Paperworkers Union of Canada，CEP）合并，宣布组成私营企业总工会性质的联合工会（Unifor），成为加拿大举足轻重的私营企业工会，任何企业主都不敢视而不见。目前，加拿大联合工会有 31 万会员，涉及通信、运输、资源、制造、服务等各个行业。

按理说，工人有一个强大组织做后盾，不受资本家肆意剥削，应该是一件很惬意的事。从过去几十年来看，加拿大工会也确实为会员争得了巨大福利。凡是加入工会的工人，都不会被资方轻易辞退。而且，工会会员还能享受远远好于非会员的福利待遇。但是，很多事情，人算不如天算。加拿大汽车产业工人争得了短期利益，却失去了长期工作机会。用清华大学社会学系教授孙立平的话来说，劳资关系出现了“坍塌”。

当加拿大人力成本偏低时，福特、通用、克莱斯勒、丰田、本田等汽车巨头面对工会的强硬，只能忍气吞声。为了节省成本、提高利润，其他都可以暂时妥协。但是，如果加拿大人力成本优势不再，这些汽车工业巨头还有必要整天与工会谈判，被迫接受工人提出的加薪要求吗？此地不留人，自有留人处。于是乎，一个接一个的汽车工厂“飞到”了墨西哥。资本就是这样，它本质上最喜欢的是利润，而非民主、法治。

第三节　谁动了加拿大汽车产业的奶酪

10 多年前，在北美汽车工业市场上，加拿大也算是一片“人见人爱”的投资沃土。它的人力、电力成本以及政府税收都低于美国，又毗邻美国消费市场，深得各国汽车工业巨头的青睐。通用、福特、克莱斯勒、丰田和本田五大汽车制造公司，都在加拿大设置装配厂，然后将产品销往美国。汽车制造业是加拿大尤其是安大略省的支柱性产业。

在鼎盛时期的 1999 年，加拿大年产汽车 304.9 万辆，排名世界第 5 位。安大略省拥有排名全球第一、第二和第四的零部件制造厂，是仅次于美国的美洲汽车制造基地。而且，在 2008 年经济危机之前的 20 余年里，加拿大在对外汽车贸易中，始终处于顺差地位，最好的时候，达到年顺差 146 亿加元，为加拿大赚取了大量外汇。汽车工业产值占加拿大国内生产总值的 12%左右，是仅次于石油的第二大出口产业。

然而，风水轮流转。从 2006 年开始，随着美国出现经济危机，加拿大汽车产业陷入了困境，产量和出口急剧下降，对外贸易利润也随之减少。从 2007 年开始，加拿大对外汽车贸易陷入逆差，2008 年逆差加剧，2009 年达到顶峰，超过 100 亿美元。与此同时，汽车产业从业人数大幅度缩减，从 2009 年到 2012 年，由 152600 人降至 109100 人，降幅高达 28.5%，差不多每 4 个人中，就有 1 个人失业。加拿大汽车产业进入了“寒冬”。

市场如战场，繁荣了几十年的加拿大汽车产业，偶尔感受一下“寒冬”的滋味，也未尝不可。但是，这一次加拿大汽车产业所面对的，似乎不是春天来临前夕的寒冬，而是长期看不到尽头的寒冬。因为，从 2010 年以来，美国市场需求已经出现强劲反弹，到处都在开足马力生产，而加拿大对美汽车出口数量，不但迟迟恢复不到原来的状态，反而在美国市场上不断丢城失地，严重失去了往昔的锐气。

长期以来，加拿大一直是美国最大的汽车进口来源国，比墨西哥对美出口汽车数量多了好几十万辆。但是，从 2014 年开始，墨西哥开始取代加拿大，成为美国第一大汽车进口来源国。当年，墨西哥对美出口汽车 187 万辆，加拿大对美出口汽车 184 万辆；2015 年，墨西哥对美出口汽车 199 万辆，加拿大对美出口汽车 197 万辆；2017 年，墨西哥向美国出口汽车 233.5 辆，已经将加拿大远远甩在了身后。

上百年来，加拿大汽车产业基本是靠美国“活着”的，80%以上的汽车，都出口美国。失去了美国市场，就等于失去了核心动力。因此，2013 年，一位汽车工业专家就预测，伴随着汽车产业链向墨西哥转移，加拿大汽车工业产量将逐步减少，到 2020 年可能会减少 25%，也即从年产 245 万辆下降到 182 万辆。2014 年，加拿大汽车产量不足 240 万辆；2015 年，汽车产量不足 230 万辆，2017 年已经降至 220 万辆，确实印证了上述汽车工业专家的预测。

为什么持续兴盛的加拿大汽车产业，经历了一次“寒冬”之后，突然就一蹶不振了呢？是加拿大汽车工业自身出现了严重问题吗？

其实，问题还真不在加拿大汽车工业本身。加拿大汽车的产品质量还是那个产品质量，生产效率还是那个生产效率，配送系统还是那个配送系统。相反，根据数据统计，2009～2012 年加拿大汽车工业的劳动生产率，不仅没有降低，反而增长了 22.5%。问题的真正根源在于，加拿大的汽车生产成本，相对于墨西哥来说，变得有点偏高了。

1992～2002 年，加元曾经一路贬值，跌到 1 加元只能兑换 0.6 美元多点。那时候，加拿大汽车工业不用担心销路，日子最好过。但是随后几年，加元开启了持续升值之路。到 2007 年高峰时，1 加元兑换 1.1 美元，竟然比美元还“值钱”。2008～2009 年一度下跌后，2010～2014 年再度上涨，基本保持在 1 加元兑换 0.9 美元以上。这种大幅度的货币升值，间接提高了加拿大汽车的价格，抵消了加拿大汽车工业的生产优势。

同时，劳动力成本上升，让加拿大汽车工业的利润，变得更加微薄。20 余年前，美国汽车工人的小时工资，比加拿大汽车工人多十几美元，在其他环境差不多的情况下，到加拿大投资建厂，当然是最佳选择。然而，最近 10 多年来，加拿大汽车工人工资不断上涨，再加上工会力量强大、福利制度完善，加拿大汽车产业的劳动力总体成本，实际上已经与美国相差无几。早在 2006 年，加拿大汽车装配工人的小时工资，仅比美国同行少 1.39 加元；零部件汽车生产工人的小时工资，仅比美国同行少 0.28 加元。

当然，与包括美国在内的发达国家相比，加拿大的整体汽车生产环境，仍然具有一定优势。根据毕马威公司（KPMG）公布的统计数据，在发达国家中，加拿大的工业租赁费、电费、数字化服务费（digital services）都是最低的；总体劳动力成本、市中心办公场所成本、运输成本、公司服务成本和制造业税率成本，属于第二低；另外还有 4 项指标排在第三低或第四低的位置。如果将美国企业经营成本指数设为 100，2014 年加拿大的企业经营成本指数为 92.8，2016 年更是降至 85.4。加拿大的企业经营成本，显然还是比美国低得多。

可是，金融资本追求的不是相对利润，而是最低利润。它们要从全球市场寻找最赚钱的投资地点。哪里的生产成本低，金融资本就会流向哪里。加拿大与美国相比，尚具有一定企业经营成本优势，但是与后起的墨西哥比起来，则完全落了下风。

根据 KPMG 公布的数据，2016 年墨西哥的劳动力成本、市中心办公场所成本、工业用地和建筑成本、天然气成本都是最低的；郊区办公场所成本、物业税属于第二低；另外还有 2 项指标，排在第三低的位置。如果将美国的企业经营成本指数设为 100，2014 年墨西哥企业经营成本指数为 81.3，2016 年又降至 77.5，比加拿大低了 10 个点左右。

墨西哥的劳动力成本不仅低于加拿大，甚至比中国都低。有数据显示，2014 年，墨西哥汽车厂一名非熟练工的预期年薪为 3645 美元，中国同样岗位的平均年薪已经达到 5726 美元。

在这种情况下，墨西哥自然成为了金融资本关注的投资沃土。美、日等国汽车巨头，开始减少对加拿大汽车产业的投资，甚至关闭部分装配工厂，转而向墨西哥进军。即便像麦格纳这样的加拿大本土汽车零部件供应商，都准备赴墨西哥投资设厂。

加拿大与墨西哥的汽车产业，一时“冰火两重天”。两国分别获得的汽车投资呈现出颠倒之势。

2000～2008 年，加拿大汽车产业平均每年都能获得 30 亿美元以上的投资，其中 2007 年高达 42 亿加元。然而，从 2008 年开始，汽车巨头在加拿大的投资急剧下降：2009～2011 年减少至 15 亿美元；2011 年减少至 16 亿美元；2012 年以来，始终未能超过 20 亿美元。同期，墨西哥汽车产业获得的外来投资则不断攀升；2014 年达到 22 亿美元；2015 年更是创纪录地达到 60 亿美元；2016 年 4 月，仅美国福特公司，就宣布准备斥资 16 亿美元，在墨西哥建立小型汽车制造厂。

根据汽车网站（CAR）提供的统计数据，2010～2014 年，北美汽车产业共获得 696 亿美元投资，其中墨西哥 197 亿美元，加拿大 40 亿美元，后者仅为前者的 1/5 左右。可别忘了，十几年前，墨西哥汽车工业与加拿大比起来，还是小巫见大巫呢！

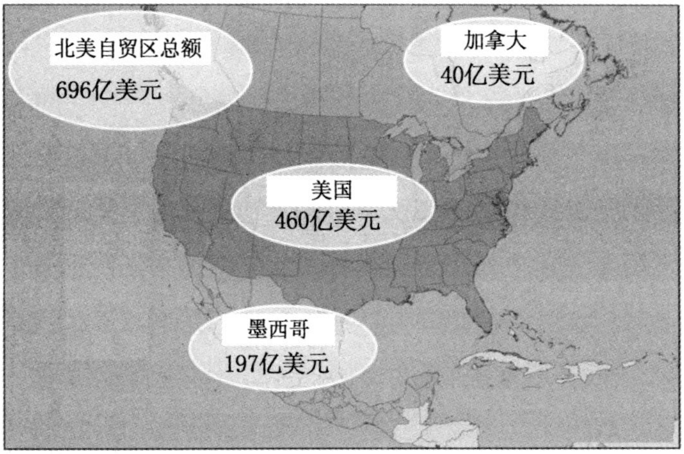

2010～2014 年北美汽车工业投资分布图

图片来源：CAR

根据以上分析，可知加拿大汽车产业衰退的根本原因并非 2008 年经济危机，而是北美自由贸易协定生效后，墨西哥汽车产业的崛起。墨西哥汽车产业凭借更低廉的生产成本，“夺”走了加拿大汽车产业的外来投资，挤压了加拿大在美国汽车市场的份额，动摇了加拿大汽车产业的发展根基。

不过，在这场北美汽车产业转移浪潮中，加拿大不是唯一的受损者。总体来说，美国也是加拿大的同路人。特朗普在竞选阶段，之所以经常对墨西哥“出言不逊”，并对汽车工业再三抨击，就是因为美国汽车产业巨头“东南飞”，纷纷跑到墨西哥建厂，“抛弃”了国内汽车产业工人。特朗普上台以后，施政重点就是阻止汽车产业转移、重振汽车产业雄风。他已经放出话来，要对墨西哥所产汽车征收重税。

第四节　命运多舛的庞巴迪C系列

2016年，加拿大庞巴迪公司与美国达美航空公司（Delta Air Lines）达成协议，确定以1960万美元的单价，向后者出售75架C系列民用客机，而且后续可能还会增加50架。这是庞巴迪C系列客机目前为止最大的商业订单，自然令庞巴迪公司欣喜不已。

然而，庞巴迪欣喜劲头还没有过去，就惹上了麻烦。2017年4月，美国波音公司向特朗普政府提出申诉，称庞巴迪公司与达美航空签订的生产合同中，存在不公平竞争行为。他们认为，庞巴迪公司的客机生产成本至少需要3320万美元，却只卖1960万美元，明显是恶意竞争，而支持他们的“幕后黑手”就是当地政府，因而要求美国商务部介入调查。

原来，波音在达美航空招标中败给了庞巴迪，心有不甘，趁着特朗普总统上台要烧三把火之际，试图挽回一点败局，至少不能容忍庞巴迪在美国航空市场如此“大胆妄为”。其实，波音这一招并不地道，因为他们刚刚从加拿大获得了一份20亿美元的战斗机合同，现在转过来就起诉加拿大飞机制造商，颇有点“只许州官放火，不许百姓点灯”的意味。

特朗普上台后，声称坚决捍卫国家利益，确保“美国优先”，加上波音公司又是航空巨擘，自然不可能置之不理。5月份，美国商务部宣布，将对波音指控庞巴迪不公平竞争进行调查。然而，波音公司以及美国政府可能没想到，这一举动引起了加拿大方面的激烈反应。

庞巴迪公司表示，与达美航空公司的订单合同，都是在严格遵守法律之下完成的，没有任何违法行为；加拿大政府则更是气不打一处来，严正驳斥所谓的政府补贴，并且警告波音公司说，如果对方一意孤行，自己就会取消20亿美元的战斗机订单。贾斯汀·特鲁多总理还暗示说，如果庞巴迪陷入不利境地，加拿大将封杀波音。

不仅如此，特鲁多还拉上了英国首相特蕾莎·梅助阵。根据媒体报道，9月份特蕾莎·梅与特朗普通电话时，专门敦促他去说服波音公司撤诉。加拿大外长还表示，加、英两国将站在同一战线上来应对此事。

事情发展到这种地步，非航空界人士可能会有疑问：庞巴迪公司到底是何方神圣，以至于让波音公司大动肝火，同时让美国、加拿大甚至英国政府都如此兴师动众？

波音公司在中国如雷贯耳，毋庸赘言。庞巴迪公司尽管介入中国业务已有多年，但是相对来说，仍然是一个较为陌生的品牌。除非是在交通运输制造产业工作的人，否则很难知道庞巴迪来自何处，经营什么业务。

庞巴迪公司早期生产的履带式雪地汽车

图片来源：庞巴迪官方网站

庞巴迪公司来自加拿大魁北克省的蒙特利尔。创始人瑟夫·阿曼德·庞巴迪（Joseh Armond Bombardier）是一位法国后裔，1907 年出生于蒙特利尔的瓦尔库尔市（Valcourt），19 岁开了一家汽车修理店。当时的汽车还属于稀罕事物，庞巴迪的生意并不是很理想。更不幸的是，1934 年冬天，庞巴迪的儿子患了阑尾炎，竟然由于雪大无车送往医院，最后去世了。他在悲愤之下，决心制造一辆雪地车。

1937 年，庞巴迪发明了履带式雪地汽车，每年大约能够组装 200 余辆。1942 年，第二次世界大战正酣时，他以自己的名字命名成立庞巴迪公司，生产履带式雪地汽车，向军方出售。可好景不长，随着战争结束，庞巴迪的军用雪地汽车失去了市场。幸亏庞巴迪马上调整生产方向，专注开发雪地摩托，后又增加水上摩托艇，成功实现了逆势崛起。这一转向赶上了欧美私人出游潮流，产品大受欢迎，1970 年雪地摩托销量突破百万。

趁着利润高涨，庞巴迪公司尝试多元化发展路线，兼并了奥地利维也纳的引擎生产商罗纳沃克（Lohnerwerke）及其子公司鲁泰克斯（Rotax），前者生产摩托车和有轨电车，后者生产发动机。没想到，这一兼并成为了挽救公司危机的一根稻草。1973 年，石油危机使得雪地摩托销量直线下降，庞巴迪公司迫不得已，开始将余力用于生产公共交通车辆。次年，他们获得了第一单公共交通汽车合同，为蒙特利尔地铁公司生产 423 列地铁。1976 年，他们又购买了蒙特利尔机车（MLW）多数股权，将轻快舒适技术（LRC）融入轨道交通设备制造中，从而大大提高了产品竞争力。

20 世纪 80 年代初，庞巴迪先后成功拿到了纽约市交通局地铁、温哥华天车（Skytrain）、迪士尼世界单轨铁路、英吉利隧道班车等生产合同，一跃成为北美轨道设备制造产业的排头兵。2001 年，庞巴迪收购德国戴姆勒—克莱斯勒铁路系统分公司埃德川兹（Adtranz），成为轨道设备制造和维修领域的全球领导者，也使它真正具备了走向全球市场的实力。次年，它就将运输总部从蒙特利尔迁到了德国柏林，重点服务欧洲铁路市场。

在轨道设备生产领域站住脚后，庞巴迪公司又做出了一个令世人吃惊举动。1986 年，这个从来没介入飞机制造领域的生产商，买进了加拿大航空公司（Canadair）。当时的加拿大航空债务缠身，已经成为政府手里的烫手山药。但是，庞巴迪相信自己可以进行知识和技术迁移，将陆地交通设备生产的经验，嫁接到民用飞机生产上。这一次，庞巴迪公司似乎又赌对了，它开发的挑战者喷气式飞机，尤其是 50 座短途喷气式飞机，开辟出一个全新的航空市场，在民用飞机生产市场站稳了脚跟。

接下来，庞巴迪公司趁热打铁，先后兼并了爱尔兰肖特兄弟公司（Short Brothers plc）、美国里尔飞机制造公司（Learjet）、加拿大德哈维兰公司（De Havilland）。肖特兄弟是世界上第一家飞机制造公司，里尔是专业的喷射飞机制造公司，德哈维兰则是波音公司在加拿大的分公司，由此可见当时庞巴迪公司的实力和野心。庞巴迪将这些濒临破产的公司整合后，重点突破中短途民用飞机市场，最终扭亏为盈，成为了全球飞机制造市场上的核心一员。

庞巴迪公司 CS100 飞机

图片来源：庞巴迪公司官方网站

如今，庞巴迪是全球雪地摩托、水上摩托艇、全地形摩托顶级制造商，全球最领先的轨道交通装备制造商，全球第一中短途飞机制造商、第三大民用飞机制造商，全球最受欢迎的私人飞机制造商之一。如果大家有心，就会注意到詹姆斯·邦德系列电影《择日而亡》中的雪地摩托，比尔·盖茨、马化腾、赵本山等人的私人飞机，都产自庞巴迪公司；中国迅速发展的高铁制造产业背后，也隐含着庞巴迪公司的影子，上海和台北早期的地铁，就是庞巴迪制造的。

可以说，在全球交通运输制造产业中，庞巴迪公司的国际影响力，并不比波音公司小到哪里去。这就是波音公司为什么不敢小觑庞巴迪的原因。

作为全球规模的多元交通设备制造公司，庞巴迪公司员工规模庞大，仅在魁北克省内就雇用了近 2 万工人，全球雇员最多时有五六万。其中，庞巴迪在英国北爱尔兰拥有一家 C 系列机翼制造厂，雇用 4500 名工人，是北爱尔兰最大的制造企业。特蕾莎·梅之所以愿意为庞巴迪出头，除了英国与加拿大之间“血浓于水”的历史联系，恐怕主要就是担心庞巴迪落败会导致工人失业。

加拿大政府之所以不惜与美国政府撕破脸，袒护着庞巴迪，则是因为近年来庞巴迪公司经营压力本来已经巨大。有一段时间，媒体甚至传说其将被中国中车集团收购，现在要是再被波音捅一刀，搞不好会牵动上万人失业。这可不是闹着玩的。说到底，北美三国争来争去，争的还是就业或利益。

第八章　农业在成长，乡村却衰败[①]

加拿大属于西方工业发达国家，名列“七国集团”之一。但是恐怕很多人不知道，加拿大也是一个名副其实的农业大国。根据相关统计，目前，加拿大生产全球25％的芥花籽油、4.5％的小麦、7.2％的大麦、11.2％的燕麦、1.2％的玉米。对一个3600多万人的国家来说，这样的农业生产成绩足以令人刮目相看。但是，与大多数国家相似，在农业不断成长的同时，加拿大乡村却在急剧衰败。由于农业竞争已转化为资本和规模的竞争，小规模农场的生存越来越困难。小农场主“逃离”乡村成为了无法逆转的趋势。

第一节　加拿大农业的自豪与忧虑

加拿大农业主要集中在西部草原三省，即萨斯喀彻温、马尼托巴和阿尔伯塔省。这三省农田面积约占加拿大农田总面积的80％以上。其中，萨斯喀彻温是加拿大第一农业大省，拥有全国43％的耕地面积，人口却只有110万。大规模的农场基本都集中在萨斯喀彻温省。阿尔伯塔和马尼托巴两省的优势在于养殖，前者有全国最大的养牛场，后者有全

---

① 本章第1节和第3节曾发表于界面新闻和加拿大乐活网。撰写过程中采访了加拿大绿地农业公司总经理苏东亮、加拿大新东方农业公司总经理尹佳庆等，在此一并表示感谢。

国最大的水产养殖场、第三大养猪场，并拥有全国第二大家禽和蛋品生产商。

其他省份农场所占比例较小，农作物种植相对零散，但是也各有特色。其中，纽芬兰、新斯科舍和魁北克以种植玉米为主，爱德华王子岛和新布伦瑞克以种植土豆为主，安大略以种植大豆为主，卑诗则以种植春小麦为主。这种分散的农业经营可以避免各省之间的恶性竞争。

根据加拿大统计局资料，2016 年加拿大农业从业人员约 27.19 万，与 20 年前相比，这个数字减少了近 30%。相应地，农场主群体也从 20 年前的 27.65 万人，减少到 2016 年的 19.35 万人。就此而言，几十年来，加拿大农民群体呈现急速萎缩趋势。资本少、技术更新不及时的农民，无法适应国际市场竞争，迫不得已放弃农场到城里工作，导致很多传统加拿大乡镇都失去了活力，有的甚至濒临消亡。

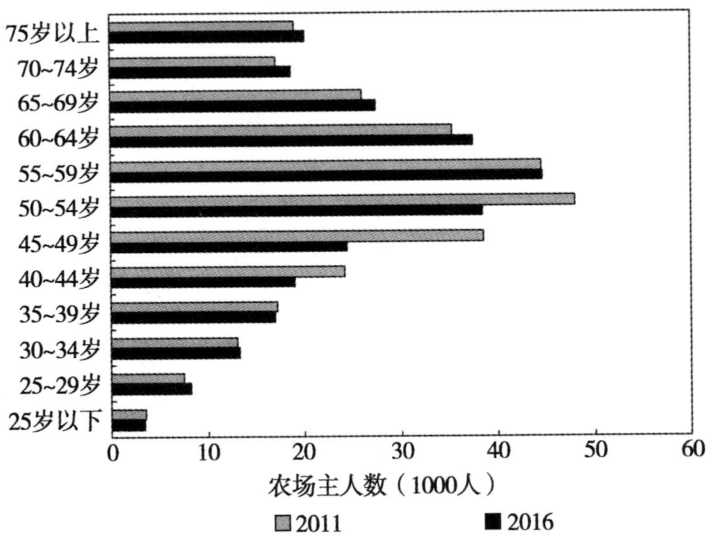

2011～2016 年加拿大农场主年龄段统计表

图片来源：加拿大统计局

更令人担忧的是，加拿大农民的平均年龄日趋老化。根据相关统计，

1996 年加拿大农民平均年龄为 48.4 岁，2006 年为 52.0 岁，2016 年已经升高到 55.0 岁。2016 年，70 岁以上的农民竟然有三四万。这意味着，大部分老农场主的子女已不愿意继承父业，只有习惯了乡村生活的老一辈，还坚守在土地上。当然，对于准备进入加拿大农业的人而言，加拿大农民年龄老化倒不一定是坏事，因为这意味未来 10 年内，至少会有三四万个农场主退休或老去，农场转手频率将大大提高。

大量农场主退出的结果，是农场数量减少而规模扩大。1996～2016 年，加拿大农场从 27.65 万个减少到 19.35 万个。根据 2016 年调查数据，10 英亩以下的农场占 6.82%，10～69 英亩的占 16.56%，70～129 英亩的占 11.63%，130～239 英亩的占 15.91%，240～559 英亩的占 18.93%，560～1119 英亩的占 11.85%，1120～2239 英亩的占 9.29%，2240～3519 英亩的占 4.31%；3520 英亩以上的占 4.70%。可见，目前加拿大 75%以上的农场都在 130 英亩（约计 780 亩）以上，2000 英亩（约计 1.2 万亩）以上的占到 10%左右。

如此大规模的农场，依靠中国式的人力耕种，显然不现实。加拿大农场与美国一样，采用高度机械化操作。世界上最先进的农业技术，几乎都可以在这里找得到，比如土壤实时分析、卫星定位、计算机网络等。由于完全自动化，人力操作这些机器并不困难。加拿大绿地农业公司总经理苏东亮说："这里（萨省）的大部分拖拉机和收割机都是带空调和 GPS 的，启动后，手都无须放在方向盘上。最新的机械是遥控的，农民甚至不用坐到机械上。"当然，并不是每个农场主都能使用高精尖的农业机械，只有大规模农场才买得起。

加拿大纬度高、气候寒冷，一般 4～10 月进行耕种。所以，很多农民夏秋天在农场忙碌，冬天和春天直接到南方度假。即使耕种时节，有了大型农业机械，加拿大农民的劳作时间也不断减少。据统计，2010 年 40.1%的经营者每周在农场工作超过 40 小时，31.5%的人每周工作不到

20 小时；到了 2015 年，每周工作超过 40 小时的经营者下降至 37.5%，每周工作时间不到 20 小时的经营者增加至 32.7%。就工作时间而言，在加拿大当农民，要比其他工作优越得多。有餐馆老板开玩笑说，看着附近农场主大部分时间都来餐馆侃大山，自己都想买个农场当农民了。

一分汗水，一分收获。从数据统计来看，凡是农场收入高的经营者，投入时间都相对较多。2015 年农业收入超过 100 万美元的农业经营者，每周工作超过 40 小时者占 73.2%；而农业收入不到 1 万美元的农业经营者，每周工作超过 40 小时者只有 9.8%。换句话说，农业收入比较低的经营者，90%以上每周工作都不足 40 个小时。当然，有些行业的工作时间时效性明显，不是个人能决定的，如养殖奶牛会耗费大量时间，76.5%的经营者每周工作需要超过 40 小时；枫糖浆生产时间比较集中，只有 15.9%的经营者每周工作超过 40 小时，56.0%的人不到 20 小时。

加拿大小半农场从事养殖，大半农场种植农作物。在各种农作物中，种植面积最大的是油菜籽（canola）、春小麦、苜蓿和大麦（barley）。其中，油籽和豆类等经济作物种植面积近年来增加迅速，从 2010 年的 3010 万英亩提高到了 2016 年的 3830 万英亩；而用于饲养牲畜的干草种植面积，与 2011 年相比则下降了 16.6%，为 1410 万英亩。传统粮食作物春小麦、大麦和燕麦种植面积，也出现了大幅度下滑。这反映出，最近二三十年，加拿大小麦类作物和谷物在国际市场上遭遇了销售瓶颈，油籽和豆类作物需求则非常旺盛。

30 多年来，随着品种改良、技术改进，加拿大农作物产量大幅度提高。1981 年，小麦类作物、油菜籽、大麦、大豆、扁豆的平均产量为每英亩 29.7、23.5、46.6、32.3、16.2 蒲式耳（Bushels，每蒲式耳等于 36.368735 升），2016 年已经分别提高至 53.2、42.3、73.4、44.1、20.8 蒲式耳，前两项增加 80%，后两项增加 30%，中间一项增加了将近 60%。如果转换成千克/亩，1 蒲式耳小麦等于 27.216 千克，1 英亩等于 6.07 亩，那么 2016 年加拿大小麦亩产量应为 239 千克。这个产量远远不如中国的精耕细作，但是加拿大农业种植靠的是耕种面积，而不是亩产量。

加拿大人少地多、国内消费不了，农作物主要用于出口。2016 年，加拿大小麦类产量为 3172.86 万吨，出口 1960.5166 万吨，占 61.79%；油菜籽产量为 1842.36 万吨，出口 1054.2656 万吨，占 57.22%；大麦产量为 878.36 万吨，出口 119.7274 万吨，占 13.63%；大豆产量为 646.27 万吨，出口 435.638 万吨，占 67.41%；扁豆产量为 324.82 万吨，出口 205.2957 万吨，占 63.20%。由此可见，产量居于前 5 位的农作物中，除大麦出口比例较低，其他农作物的出口比例都在 55%～68%之间。

这些农作物主要出口哪些国家呢？油菜籽主要出口中国、日本、墨西哥、巴基斯坦和阿拉伯联合酋长国，其中中国进口占加拿大出口量的 33.6%，日本进口占加拿大出口量的 21.6%，两者合计占加拿大油菜籽出口量的一半以上；大豆主要出口中国、日本、荷兰、意大利和美国，其中中国是加拿大大豆出口的绝对市场，占其出口量的 41%。扁豆主要出口印度、土耳其、阿拉伯联合酋长国、孟加拉国、巴基斯坦，旱地豌豆（dry field peas）主要出口印度、中国、孟加拉国、美国和古巴。小麦出口相对多元，主要为印度尼西亚、日本、美国、阿尔及利亚和秘鲁等。

2016 年加拿大油菜籽出口统计表

序号	出口市场	数量（千克）	出口比例	出口产值（加元）
	世界	10542655879		5632042775
1	中国	3542468324	33.6	1916273942
2	日本	2280644844	21.6	1236693886
3	墨西哥	1477680029	14.0	760914912
4	巴基斯坦	1346371160	12.8	704493862
5	阿拉伯联合酋长国	629933126	6.0	332005776

数据来源：加拿大统计局

总之，加拿大农业与自给自足的小农经济有着天壤之别。借用苏东亮和赵友明先生的话来说，加拿大农场规模大、机械化程度高，高度市场化、与国际市场完全接轨，土地归农场主永久所有，经营规划更为长远。这些特点决定了加拿大农场主必须像企业家一样，学会在国际市场上搏击风雨、摸爬滚打。如果经营好了，一个农场就等于一个企业；如果经营不好，农场也会像企业一样破产。

第二节　加拿大西部的农业和农民

加拿大疆域广阔，但是真正适合人类居住的地方并不是太多。北方的大部分地区冷得要命，根本没办法从事工农业生产。原住民主要靠打猎为生。现代化机械设备出现后，矿业巨头开始在北极圈，甚至北冰洋里采矿，那里的土地价值才得以体现。不过，由于环境恶劣、运输不便，矿业开采并不是很顺利，不少外国投资公司铩羽而归。

加拿大经济带，都沿着加、美边境线一字排开，集中在狭长的东西地带。东部以安大略和魁北克为中心，以工业为主；西部的萨斯喀彻温、阿尔伯塔、马尼托巴和卑诗省，尤其是萨斯喀彻温和马尼托巴，则以农业为主。所以，谈加拿大的农业，基本上就是谈萨斯喀彻温、马尼托巴、阿尔伯塔，捎带上卑诗，至于东部的各个省，多为小型种植农场。

从统计数据来看，阿尔伯塔省经济虽然以能源产业为主，但是其南部的卡尔加里、埃德蒙顿地区，农业就业率在全国居于前列，2016 年的调查数据分别为 19.1％和 16.6％。对于一个发达国家来说，接近 20％的农业就业率，已经算非常之高。阿尔伯塔北部矿产资源丰富，是加拿大的石油、天然气开采重地，农业从业者较少，就业率只有 5.5％。这意味着，如果一个人想到阿尔伯塔当农民，最好去该省南部而不是北部。

萨斯喀彻温是一个小省，在大多数领域里都默默无闻，唯独在农业领域异常突出。它的全省平均农业就业率在加拿大各省中位居首位，靠近美国边境的里贾纳和南萨斯喀彻温地区，农业就业率为 15.5%，中部的萨斯卡通和北萨斯喀彻温地区就业率为 12.8%，整体上较为平均。更为重要的是，萨斯喀彻温农场规模在加拿大各省中是最大的，小则几千英亩，大则两三万英亩，可谓是欧美农业规模化的典范。。

萨斯喀彻温东临是马尼托巴省，同样以农业为主。不过，由于环境不同，其农业分布非常集中。在临近美国边境的南部地区，农业就业率达到 11%，稍微向北走，到了温尼伯地区，就骤然降至 0.7%，几乎可以忽略不计。马尼托巴中部地区农业发展稍微好一点点，就业率为 2.9%，但是与最南端也难以相提并论。

西海岸的卑诗省是华人聚居区，也是与中国经贸联系最为密切的加拿大省份。这里的工业不能与安大略省相比，能源不能与阿尔伯塔省相比，农业则不能与萨斯喀彻温相比。卑诗省与其他省份可以抗衡的是服务业和矿业公司。很多华人都觉得，卑诗省就是一个休闲、养老的地方，要想开创一番事业，最好还是去安大略省或者美国。农业只能算是卑诗省的一个点缀，西南部的奥肯那根—库特奈和平原地区，农业就业率尚能达到 3.9%和 8.1%，其他地方则微乎其微。卑诗省平原地区以北，农业就业率只有 1.3%，温哥华岛及其对面的沿海地区，就业率也只有 2.5%。

如果纵向来看，加拿大农业就业率总体上是不断下降的，换言之，由于市场竞争激烈，越来越多的农业人口正在选择逃离农业。2005 年萨斯喀彻温农业就业率为 9%，到 2015 年下降为 7%；2005 年阿尔伯塔农业就业率为 3%，到 2015 年降至 3%以下；2005 年马尼托巴农业就业率为 5%以上，2015 年下降为 3.5%左右；2005 年卑诗省农业就业率为近 2%，2015 年下降为不到 1%。十年间，除农业规模较小的阿尔伯塔省下降幅度较轻外，其他省份的农业就业率都出现了显著下降。

最近十几年来，中国正面临从农业社会向工业社会转型，人口大量从农业领域向工业、服务业转移是可以理解的。为什么早已完成工业化的加拿大，也会面临着农业人口集聚流失问题呢？

首先，在高度市场化的加拿大经营农场并非易事。以中国人的经验，农民是不可能失业的。只要够吃够喝，就能世世代代种下去，不必担心资不抵债。但是在高度市场化的加拿大，农场主必须高额投入，以出售粮食为立足之本。如果规模小、抗风险能力弱，只要国际粮食市场出现风吹草动，农场主就有可能承受巨额亏损。即使联邦和各省政府构建了完善的农业保险体系，仍然不能增加小农场主的抗风险能力。因此，最近几十年来，不断有小农场主选择退出。

其次，机械化生产使得农业不再需要过多人力。在传统社会，农业生产完全依靠人力和畜力，吸收了大量劳动力。但是，工业化革命进行到今天，已经全方位渗透进农业生产领域。大马力的拖拉机、播种机、收割机、喷雾器甚至小型飞机，已经使得农业不再需要过多人力。只要有能力购买先进农业机械，一个人完全可以耕作上万英亩农田。多数农场主根本不需要雇用劳力，仅靠夫妇两个就能维持运转。

从成本角度来说，农业生产需要的劳动力越少，效率越高、效益越好，大量农业人口转移至工业、服务业，乃是社会进步的标志。但是，从乡村文化和乡村社区角度来说，农业人口的减少就意味着社区萎缩、乡村衰败。

从接下来对萨斯喀彻温的介绍就可以看到，加拿大传统乡村社区已经趋于瓦解，那种宁静恬淡、其乐融融的乡村生活，已经被国际市场的商业飓风吹到了九霄云外。

第三节　“北美粮仓”：萨斯喀彻温

萨斯喀彻温省位于加拿大中西部，与阿尔伯塔、马尼托巴共同组成了“草原三省”。阿尔伯塔省油气丰富，是加拿大能源中心，农业只是辅助；马尼托巴省以农业和畜牧业为主，但是受面积和地形影响，农场规模和粮食产量有限。相比之下，只有萨斯喀彻温省全心投入农业生产，是加拿大乃至北美名副其实的农业粮仓。

“黑土地”与“坏天气”

萨斯喀彻温 1905 年加入加拿大联邦，目前人口为 110 多万，位居加拿大各省第 6 位。其北部与西北、纳努乌特两个特区接壤，南部则毗邻美国蒙大拿州和北达科州，土地面积 59 万平方公里，比中国四川省面积稍大，是日本国土面积的 2 倍。

萨省一半以上的土地面积为森林所覆盖，其他则是一望无际的农田。具体言之，以萨斯卡通（Saskatoon）为界，萨省可分为南、北两种地貌，北部是丘陵树丛集中的地方，更适合畜牧养殖；南部地势平坦，适合农业机械化操作，主要种植大田作物。

萨省西北部是岩石层，西南小部分地区土质较差，其他地区大都适合种植农作物。其中，东部黑土地带含有丰富的腐殖质，降水充沛，更为肥沃。不过，包括萨省在内的加拿大土地，都不是中国北方农业区那样的良田，而是非常粗糙的砂石地。即使萨省，田地里都夹杂着大量鹅卵石、碎石、石英石等，中国式的精耕细作，在这里很难实现。

一年到头，萨省冰天雪地的日子比较多。每年 9 月中旬就会下头霜，次年 5 月初甚至 5 月中旬，积雪才能融化干净。因此，农作物从 5 月中上旬播种，到 9 月份收获，只有 4 个月的生长时间。到了夏天，萨省还经常出现冰雹、暴雨、草原风等恶劣天气。有时候，草原风一刮两三天，大得能够将铁制粮仓吹散。一旦遇到恶劣天气，农民就会损失惨重。2016 年，多场暴风雨就导致萨省 130 万英亩农田歉收。

为了保障农民收入，以萨省为代表的“草原三省”，都建立了完善的农业保险计划。一般来说，参保者缴纳 40%的保费，联邦政府提供 36%的保费，萨省政府提供 24%的保费。2017 年，每英亩农地的保费价格平均为 8.51 加元，保险赔付价格平均为每英亩 217 加元。2016 年，萨省受灾农民共获得 6.5 亿加元的保险赔偿，有效避免了破产的不幸命运。

萨省农场拼的是规模

2016 年，萨省大田作物面积占全国大田作物面积的 46.8%。其中，小麦种植面积 1180 万英亩，占全国小麦种植面积的 53%左右。2017 年，萨省油菜籽种植面积已经超过小麦，为 1260 万英亩，占全国油菜籽种植面积的 55%左右，可以当之无愧地被称为“油菜籽之乡”。在某种程度上，萨省农业就是加拿大农业的缩影。

相对于其他省份，萨省大部分地区土地平缓，适合农耕。近年来，随着资本密集化倾向愈来愈明显，萨省农场规模越来越大。根据 2016 年农业调查，萨省拥有 3.45 万个农场，平均规模高达 1784 英亩，相当于 722 公顷、10829 亩，远远超过全国平均 740 多英亩的农场规模。萨省新东方农业公司董事长尹佳庆向笔者介绍说，萨省农场通常在 3000～4000 英亩左右，大的有几万英亩。而在卑诗省，66%的农场都在 419 英亩以下。

一人耕种上万亩农田

很多人看到这里，可能心中会有疑惑：那么大的农场，得需要多少人才能耕种得过来？实际上，2015 年萨省 3 万多个农场，仅雇用了 2.6 万人，平均每个农场尚不足 1 人。一般来说，多数农场都是夫妇两人，最多加上父母或孩子，一家人自主经营，根本用不着雇人。萨省农场主们之所以能够一人耕种几千英亩，甚至上万英亩土地，主要得益于现代高科技农业机械。

经过几个世纪的积累，萨省农业已经完全实现了大规模机械化生产。多数农场都配有拖拉机、撒谷机、联合收割机、卡车、集装箱卡车等，少则 10 余台，多则 20 余台。而且，他们使用的不是几十马力的小拖拉机，而是 200、300 甚至 500 马力的大型拖拉机，与军用坦克差不多。目前，如果购买全新的农机设备，一台拖拉机 25 万～40 万美元，一台联合收割机 40 万～50 万美元，一台播种机 25 万美元以上。据尹佳庆先生介绍："一个 5000 英亩左右的农场，如果购买全新农机设备，最低投入应该在 200 万加元左右。"

农场主购买农机设备时，并不需要一次性付款。他们可以先交纳 20％左右的首付，其他的申请长期抵押贷款，贷款期限最长 30 年。而且，政府为了支持农业发展，一般为农场主提供利率优惠。刚入行的农场主如果想节省资金，也可以购买旧的农机设备。有的农场干脆不买，每年付几万块加元，向公司租赁。租赁时间越长，租赁价格越低。

萨省农场规模虽大，经营方式却相对集中。除了部分农场养殖肉牛，多数农场都种植大田作物，尤其是油菜、小麦、大豆、大麦、燕麦、扁豆等。因此，春夏季节，人们如果驾车穿越萨省，一路上看到的，多是大片大片油菜花和小麦波浪。至于水果、蔬菜、家禽、猪养、奶牛之类，萨省农场经营得相对较少。苏东亮先生认为，"什么大棚啊、水果啊，都是小玩意儿，不能代表加拿大农业的主流。"

2012 年以前，加拿大小麦局垄断小麦、大麦及谷物的境内外销售。此后，国会取消了小麦局的垄断地位，农场主可以自由出售粮食。现在，世界各大粮食公司都在萨省设有收购网点，有的粮食公司也会直接上门收购。农场主出售粮食时，可以寻求专业服务，确定什么时节、出售多大粮食比例，才能确保收益最大化。当然，这些专业服务是需要付费的。

回报率有高有低

根据 2016 年农业调查，萨省农场平均每亩支出 24 加元，收入 38 加元，净收入 14 加元。不过，具体到现实中，不同的经营模式回报率迥然不同。苏东亮先生认为："这个回报率只是一个估计平均数，每个农场都不一样，有的会比较高，能够达到 20%以上，但是有的也可能会亏本。如果把问题都想透，把握就高得多。"

尹佳庆则认为："如果农场主将土地出租给他人，年回报率为 3%～3.5%，不算是很高；但如果自己耕种，政府统计部门提供的年回报率是 10%～20%。当然，除非是天时、地利、人和三者合一，一个农场主要想达到 20%的高回报率，还是比较困难的。"

经过几年沉淀，萨省华人农业投资者已经趋于理性。几年前，《陆家嘴》杂志采访的一位萨省农场主就说："做农业其实不是一个能发财的行业。农业的主要资产是固定资产，包括土地及农耕设备等，而土地通常会逐渐增值，而设备则要损耗折旧，因此该行业收益率不能简单计算。加国人工最贵，如果买来农地一切雇人做，盈利亏损可能机会各半。若能自己亲手劳作，达到加拿大中等家庭收入不成问题。"

日益消失的村庄

与其他省份及美国相比，萨省农地的价格相对便宜。尽管 10 多年来，萨省农地价格始终上涨，其中仅 2011～2013 年就上涨了 45%，但是与安大略、阿尔伯塔、马尼托巴等省及美国比起来，仍然低得多。据尹佳庆先生介绍，如果以中国单位计算，目前萨省农地的价格，为每亩 1500～2500 元人民币，是其他地方的几分之一。

从理论上来说，农地价格低意味着生产投入低，萨省农产品在市场上更具竞争力，从事农业者更多。但现实恰恰相反，萨省的农民人数不断下降。在萨省西部和南部，人们经常会看到废弃的村庄和荒芜的土地。萨斯卡通西边原来的村庄拉夫纳（Loverna），40 年前有 1200 人，现在几乎都消失殆尽了；里贾纳南边的一个村庄凯维尔（Kayville），最兴旺时达到 500 多人，六七年前仅剩三四户，现在恐怕完全沦为了荒村。

拉夫纳和凯维尔只是萨斯喀彻温以及北美的一个缩影。随着农业从业人员的减少，乡村衰败、村庄消失的趋势已不可避免。即使一些家大业大的农场，由于没有子女接班，也面临着被出售或出租的命运。在禁止非公民和永久居民拥有大片土地的情况下，如何保持农民群体的生命力，恐怕是萨省乃至整个加拿大政府工作的“重头戏”。

第九章　“靠林吃林”不是一件容易事

加拿大是一个人口小国，却是一个森林大国。它拥有 3.47 亿公顷的森林面积，仅次于俄罗斯和巴西，居世界第 3 位。依靠着得天独厚的森林资源，加拿大形成了数百亿加元的林业产值。目前，其新闻纸、纸浆的产量和出口量位居全球第 1 位，分别占世界出口量的 45％和 29％；软木产量居全球第 2 位，占全球总产量的 18.7％。自 2008 年北美发生金融危机以来，加拿大林业积极开拓中国市场，已经取得斐然成绩。目前，加拿大木材已经占中国木材进口总量的 30％左右。但是，由于国情、民情、行情不同，中加林业贸易要想更上一层楼，还有很长的路要走。①

第一节　错综复杂的林业管理体制

说到林业管理，中国人很自然地会想到政府，想到国家林业局。据说，有人到加拿大交流林业管理，第一反应就是想找对口的联邦林业部门。其实，加拿大联邦没有专门的林业部或林业局，林业管理不是由联邦政府说了算。

---

① 2018 年 2 月 20 日，加拿大灰熊研究院联合加拿大乐活传媒、不列颠哥伦比亚大学 UHUBOR 信息平台召开了“加拿大卑诗林业沙龙”。笔者负责将沙龙讨论内容整理，刊发于界面新闻和加拿大乐活网。文中主要知识和观点来自演讲嘉宾，在此一并表示感谢。

不列颠哥伦比亚大学林学院王光玉教授介绍，加拿大联邦与中国的一个差别，是它没有像中国一样的林业局，只是在自然资源部下面设有一个林务局。加拿大森林资源由各省直接管理，联邦政府没有权力管理各省的森林资源。联邦政府主要负责林产品进出口、环保等问题。

卑诗省林业资源管理分析师李清林指出，加拿大联邦与省政府在林业管理上应该是一种协商关系，林业、森林资源由各省直接管理，联邦政府只是负责制定全国性自然资源管理、对外贸易等方面的政策，比如海洋、河流两岸、鱼类、鸟类迁移、濒危物种保护等以及加、美两国持续不断的软木贸易谈判，就属于联邦政府职权范围。如果各省政府在这些领域执法不力，联邦可以取消他们的相关立法管理权。

卑诗省内陆和东北部一带的驯鹿已经濒临灭绝。十几年前，联邦政府就提出过保护计划，但是由于缺乏监督，一直没有得到很好地贯彻。2018 年，联邦政府开始严格要求，如果卑诗省不按联邦要求落实，联邦政府就会接管卑诗省政府的驯鹿立法管理权，改由联邦直接立法管理。

注册林业规划师黄烨补充道，加拿大联邦政府主要负责海洋鱼类、原住民、环保评估（主要是石油）等议题，但是具体怎么运作，则由各省政府立法管理。有的省管得严，有的省管得松，每个省每个时期管得也不一样。

比如，2004 年以前，卑诗省森林法规非常具体，诸如河流是第几级，森林采伐应该留出多少缓冲区域，每个缓冲区域多少米，都规定得非常明确。后来，卑诗省议会修订了法规，将管理权下放给了企业和注册林业师。只要能达到保护河流的目的，缓冲区域是 10 米、20 米还是 30 米，完全由采伐企业和注册林业师来决定。不过，卑诗省为加强林业管理，正在酝酿缩减他们的自由度量权。

除各省政府外，原住民和环保组织是影响森林采伐最大的社会力量。从法律角度来说，原住民部落是联邦政府层面的一级政府，拥有高度自治权。李清林先生说，原住民不但拥有私有林地，而且还可以参与省里的资源管理。黄烨先生强调，联邦政府对原住民议题非常重视。从林业采伐角度来说，联邦希望给原住民更多的采伐权利。原住民在采伐限额范围内，只要不违背联邦相关政策，完全可以自主决定私有林地开发。

加拿大作为发达国家，环保观念渗透到每一个角落，环保组织力量强大。在卑诗省，绿党（Green Party）对省选举的影响不容小觑。20 世纪 80～90 年代，加拿大环保组织对森林采伐极其抗拒。黄烨先生介绍说，当时环保组织经常与林业公司硬碰硬，关系比较僵，他们宁愿被警察抓起来，也要打着标语游行示威。后来，他们也觉得这种方式过于激进，难以真正达到环保目的，转而追求环保与采伐之间的平衡。经过几十年抗争，2017 年底环保组织与省政府、原住民共同签署了一个文件，并由省议会投票成为了法律，即《大熊雨林（森林管理）法令》[*Great Bear Rainforest*（*Forest Management*）*Act*]。

这个法律是森林采伐与环保妥协的结果，既是为了保护自然资源，也是希望能够给林业公司提供一些发展机会。它规定，卑诗省沿海中部和北部 85%的森林不能有工业活动，剩下的 15%各方可以协商开发。对林业公司来说，这个法律虽然只允许采伐 15%的林地，但是如果能够充分利用 15%的采伐限额，也会有很大的发展空间。而对于环保组织来说，这一法律无疑保住了 85%的森林面积，避免了自然资源遭受过渡破坏。

第二节　加拿大原住民的“林业经”

自从欧洲殖民者进入北美大陆后，原住民损失惨重。但是，他们始终不承认失去“主权”。李清林先生介绍说，300 多年前，欧洲强国都在北美争夺土地，英国国王对当地土著人表示，你们占的土地归你们所有，我们共同管理，这种情况下，原住民帮助英国人将丹麦、荷兰人等赶出去，签订了《皇家宣言》（*Royal Proclamation*）。原住民依据《皇家宣言》以及150多年前签订的《道格拉斯条约》（*Douglas Treaty*），坚持自己对所占土地和资源拥有所有权。

不过，长期以来，原住民的政治地位一直没有得到妥善解决。1995年自由党政府上台后，通过颁布《实施固有权利及原住民自治谈判的路径》，才正式确立了原住民自治政策。此后，原住民各部落获得了包括森林管理在内的各种自治权。目前，原住民拥有加拿大约2%的林地。

加拿大林区

李清林先生表示，原住民是加拿大一个非常独特的群体，他们在法律方面是属于联邦层次的，拥有独立的林业经营权，但是他们没有采伐技术或能力，所以各级政府以及大公司还得帮助他们，给予一定援助。

加拿大原住民为改善生活，愿意进行一定程度的林业开发。但是，他们依然以捕捉野生动物和鱼类为生，并不依赖林业开发，因而其开发观念，有点接近中国传统文化，即仅做有限的撷取，不想大规模砍伐。如果外人不了解，直接与他们大谈如何开发，很可能会吃“闭门羹”。因此，与原住民合作开发林业，必须掌握合适的尺度。

注册林业规划师黄烨先生表示，联邦政府为了提高原住民生活水平，给予他们很多森林采伐权利，但是森林采伐需要技术和设备，需要修筑道路，很多原住民部落什么都没有，根本完不成每年几万、几十万立方米的采伐限额。所以，他们需要林业公司，愿意和林业公司合作。

原住民与企业合作开发资源时，一般不看对方公司有多少资金，而是看对方能不能遵守法律法规，有责任、可持续性地进行开发。对他们来说，森林是他们世世代代的家园，企业只有负责任地开发，才能得到他们的信任。

2008 年美国发生金融危机后，对加拿大木材的需求急剧下降。加拿大卑诗省转而开拓中国市场，并在短期内顺利实现了贸易升级。2010 年，中国已成为卑诗省第二大木材出口国。但是，部分原住民领袖认为，原住民被排除在卑诗省与联邦政府的“亚洲计划”之外，没有机会分享到中加贸易升级所带来的红利。他们制定了“中国战略”，试图直接与中国对接，吸引中国投资，共同开发自然资源。

2011 年 10 月，加拿大原住民经贸代表团访华。启程前夕，原住民领袖阿特莱奥强调，加拿大原住民必须了解亚洲市场，广泛寻找合作伙伴，保障社区经济可持续发展。访华期间，他们与中国商务部进行会谈，介绍了加拿大原住民的林业和旅游业发展计划。为切实推进“中国战略”，加拿大原住民能源及矿务局还设立“中国办公室”，以便协助中国投资者与原住民进行谈判。

从后续发展来看，加拿大原住民的“中国战略”似乎并没有取得什么成效。一位业内人士表示，他听说过这项活动，但是到目前为止，没有看到什么成果。另一位业内人士则强调，中国林业公司主要与当地锯材厂对接，很少到源头直接采伐，除了沟通不畅外，运输成本是最大阻碍。原住民部落依然生活在森林之中，要想将砍伐下来的木材运至港口，必须投入巨资修建道路。

从现实来看，加拿大原住民寻求外国合作者的脚步，并没有停止。2017 年 6 月，加拿大自然资源部率团访华时，第一民族议会组织和梅蒂斯原住民民族委员会都派人参加。这意味着，原住民具有开发自然资源的内在需求。

第三节　林业环保不是说着玩的

在全世界范围内，加拿大是最重视环保的国家之一。特朗普上台后，美国宣布退出《巴黎气候协定》，重新恢复传统能源开发；而加拿大则不但没有退缩，反而积极落实环保计划，宁可牺牲一定的经济发展，也要控制碳排放。中国企业要想投资加拿大林业，不了解加拿大的环保组织、环保计划及森林认证，是万万不行的。

环保组织

加拿大人的环保意识深入社会肌理。从小学开始，老师就着重培养学生的环保意识，引导学生如何进行垃圾分类、如何避免污染环境。经过长期熏陶，加拿大人大都养成了良好的环保习惯。其中很多人长大以后加入了环保组织，成为了坚定的环保主义者。

由于法律允许民众自由结社，加拿大环保组织遍布各地，渗透到每一个社会角落。凡是自然环境面临损害的地方，都可以看到他们活跃的身影。他们不仅张贴环保口号、游行示威，有时还敢于和政府硬碰硬。2007 年，哈珀担任联邦总理时，绿色和平组织成员拿着“气候罪犯”宣传单，用自行车把总理堵在了家门口，直到警察来将他们带走。至于将国家能源委员会告上法庭，更是环保组织常干的事情。

哈珀总理在职期间，环保组织与政府的关系比较紧张。他们反对减少对环保组织的拨款，反对削弱珍稀动物保护条例，反对缩短大型资源开发项目的环保评估期限，反对修建或扩建石油管道，反对砍伐森林，反对政府不认真履行《京都议定书》。2012 年，加拿大环保组织一度联合制作了网站，向哈珀政府集体表达不满。加拿大政府则批评部分环保组织接受外国捐赠，替外国人阻拦资源开发项目。

2015 年 11 月贾斯汀·特鲁多上台后，开始加强联邦在环保方面的力度，使得环保组织与政府的紧张关系有所缓和。据卑诗林业部林业资源管理分析师李清林、Interfor Corporation 注册林业规划师黄烨等人介绍，至少就卑诗省来说，目前，环保组织主要通过递交律师信督促政府加强环保，很少再像以前那样与政府硬碰硬了。

环保组织“绿色和平”

但是，环保组织与政府关系缓和，并不意味着环保组织力量弱化。事实恰好相反，代表环保力量的卑诗省绿党，已经成为该省第三大党，在温哥华南端、海湾群岛、奥克纳根、海天公路沿线和温哥华市高密度居住区，拥有非常广泛的影响力。在 2017 年卑诗省选举中，绿党成为左右政局的砝码，它支持新民党组阁上台，结束了自由党长达 16 年的执政地位。

环保计划

相对来说，加拿大人的环保情结比美国人浓烈得多。特朗普上台后，美国已经将环保放在了次要位置，而加拿大，尽管经济状况远远不如美国，但是仍然按部就班、紧锣密鼓地推进环保计划。因此，有时候觉得加拿大人真是“傻”得有点可爱。

卑诗省政府目前开展的一项重要环保工作，是“森林碳汇行动计划”(Forest Carbon Initiatives，FCI)。王光玉教授介绍了这个计划的背景。他说，自从美国退出《巴黎气候协定》以后，各国对于碳统一市场的热情有所降低，而加拿大仍然执意落实。按道理来说，森林可以吸收碳，减少温室气体排放，可卑诗省的情况恰恰相反，由于经常发生大规模火灾、病虫害，森林的碳排放量非常大，优势变成了劣势。卑诗省以前做过“太平洋碳信托计划”（PCT)，后来放弃了，这次与联邦合作，应该是想降低病虫害、火灾损害，将碳排放变成碳吸收。

李清林先生介绍说，从碳计量的角度，自然灾害造成的碳排放是不算入碳计量的，卑诗省林业部门要做的，是降低森林资源管理和经营中的碳源，增加森林的碳功能。卑诗省“森林碳汇行动计划”从2013年开始准备，2016年获得省预算支持，2017年开始实施，这是一个五年计划，2016年投入了1.5亿加元。2018年，联邦政府应对气候变化也在全国范围内实施了低碳经济先驱基金（Low Carbon Economy Leadership Fund，LCELF)，卑诗省的“森林碳汇行动计划”得到了这个基金项目资助。

卑诗省政府在采伐剩余物木材纤维利用（Fiber Utilization）方面，也将出台新的碳税政策。以前，采伐剩余物多被集中烧毁，以便减少病虫害与火灾。但是新民党上台后，认为燃烧剩余物存在大量碳排放，应该征收碳税。卑诗省林业部门现在要做的，就是讨论如何计量这部分碳汇，如何将采伐剩余物变成可利用的、有价值的产品。

环保认证

环保组织抗争的积极成效之一，是推动了加拿大森林认证。森林认证又称“森林可持续经营认证”，是一种由独立的第三方进行的、旨在促进或保障森林可持续经营的市场机制。它包括森林经营认证和产销监管链认证，前者根据一系列的原则、标准、指标和程序，对森林经营业绩进行认证，后者则是对木材产业的各个环节进行认证。

黄烨先生指出，森林认证能够保证木材来源，能够保证森林可持续开采，而不是乱采滥伐。认证方可以是会计公司，也可以是环保组织。环保组织为森林公司进行认证，不仅为森林公司提供了一个向社会证明树木采伐是合理、可持续发展的机会，还大大缓和了自己与环保组织之间的紧张关系。所以，从这个角度来讲，森林认证确保了加拿大林地管理的公开、透明，也为森林公司提供了非常好的发展机会。

根据2017年度加拿大自然资源部数据，加拿大48%的森林经过了第三方森林机构认证，占世界森林认证面积的37%。认证方主要来自FSC、SFI和CSA三家。FSC即森林管理委员会（Forest Stewardship Council），最初由消费者、木材贸易组织、环保和人权组织创立，总部位于德国波恩，是全球最重要的森林认证机构之一；SFI即可持续林业倡议（Sustainable Forest Initiative），最初由美国林纸协会发起，主要为北美森林提供认证，总部设在美国；CSA即加拿大标准协会（Canadian Standards Association），是加拿大最大的安全认证机构。

总体而言，加拿大政府和社会高度重视环保，拥有非常严密的环保法规和环保体系。但是，加拿大人并非单纯保护环境，而是追求环保与资源开采之间的平衡。从事木业贸易的张楷先生表示，他们公司向中国推广木材时有一个口号，叫“珍爱地球，多用木材”，为什么？因为从环保角度来说，用钢筋混凝土建房子会消耗地球资源、排放废物，造成各种污染，而用木材建造房子则不存在这个问题。在科学控制条件下进行合理开采，比起让森林自生自灭，其实要好得多。

第四节 中企投资应该注意哪些问题

加拿大属于市场经济国家，原则上鼓励自由贸易，支持全球化。但是，这并不意味着外国企业进入加拿大后，真的可以完全按照自己意愿来，想买什么木材就能买到什么木材，想要什么尺寸就能买到什么尺寸。实际上，任何国家都有自己的林业法律和行业传统，外国企业如果不了解或不遵守，就会寸步难行。加拿大林业是一个“计划经济色彩”较为浓厚的领域，而且传统上又是完全面向北美市场，中国企业要想介入加拿大木材加工或出口，必须了解相关的法律规定和行业传统。

原木出口限制

加拿大森林遍野，木材资源最为丰富。一般人可能会认为，既然木材如此丰富，国内用不了，加拿大为何不完全放开、鼓励木材出口？确实，加拿大联邦以及各省政府，都非常重视发展林业经济，鼓励木材出口。西海岸的卑诗省更是将木材产业当作“命根子”，不断派遣经贸团赴华开拓木材市场。但是，加拿大各省政府并不是无原则地鼓励出口，而是有严格限制。

加拿大林地分为国有林和私有林。私有林占 6%左右，完全由产权所有者说了算，按照市场规则交易；国有林则由各省政府以及联邦政府来决定。而省政府开发森林资源时，不仅要考虑如何推动木材出口、增加财政收入，还要想着如何为民众创造就业机会。对立法机构来说，为民众创造就业机会、争取选民认可和支持，比增加财政收入更重要。因此，卑诗省立法机构很早就规定，原木必须优先供应本地锯木厂，不能直接出口。他们的决策逻辑是，直接出口原木，就意味着直接把工作机会送给外国，将木材加工好再卖，则可以保证木材加工行业的就业岗位。

加拿大林场

图片来源：Pixabay

根据卑诗省法律，凡是在国有林地采伐的木材，都必须优先供本地木材加工企业选择，剩余部分才可以出口。一般的流程是，省政府相关部门每两周向采伐企业收集原木信息，通过相关刊物向木材加工企业公示，如果有本地加工企业投标，且被木材贸易委员会认定符合“公平市场价值”，这些原木就不能出口；反之，如果没有本地加工企业投标，或投标价格不能反映“公平市场价值”，这些原木将被认定为“剩余部分”，可供出口。出口企业只要申请到出口配额、卑诗省和联邦出口许可证，即可办理出口业务。

对于高级原木出口，卑诗省限制更为严格。赵培忠先生介绍说，加拿大原木根据直径，可以分为高低不同的等级，以铁杉为例，就包括 D、F、H、I、J、U、X、Y、Z 几个等级，其中 D、F 属于最高级，能够生产高比例无节板材；Z 属于最低级，成材率比较低。鉴于高等级的木材深加工价值较高，卑诗省一般不允许直接出口。采伐下来的木材，如果混杂高等级原木，整批木材都不能出口。只有将高等级原木挑出来，才能进入出口环节。

不过，卑诗省林业政策并非铁板一块，通常会兼顾一定的特殊情况。有些比较高级的树种经过特批程序，是可以出口的。赵培忠先生举例说，如果日本企业想从加拿大进口珍贵木材，雕塑一尊特别大的佛像，是可以进入特批程序的。此外，卑诗省政府还在人烟稀少的森林周围，划出了叫作 OIC（Order in Council）的特别区，区内砍伐的部分（15%～100%）原木向本地加工企业公示通过后，即可进入出口申请环节。这相当于木材出口的一个绿色通道。

目前，卑诗省划定的 OIC 特别林区，主要分布在中部海岸（Mid-Coast）、夏洛特皇后岛（Haida Gwaii）、北部海岸（North Coast）、纳斯原木供应地区（Nass Timber Supply Area）以及米格峡谷地区（Meager Creek）。相对来说，这些地区原木出口受到的限制较小一些。

量大质弱

在 2008 年以前，加拿大原木主要在北美销售，90%左右流向美国。中国木材需求集中在家具领域，硬木需求量大，对加拿大软木兴趣有限。金融危机爆发后，美国房屋建筑大量停工，对加拿大原木需求骤减，加拿大才开始开发中国市场。10 多年来，中加软木贸易从无到有，从小到大，已经成为颇具规模的进出口产业。

黄烨先生介绍说，加拿大以前森林管理不完善，早期树木多为自然生长，密度大、直径小。对于卑诗木材加工厂来说，这么小的木头无法锯成任何产品，基本上算是废料。但是，由于价格便宜，中国刚好需要这类产品。这些木材在加拿大卖 50 加元，在中国可能卖 120 加元。向中国出口这类产品，提高了加拿大林业公司利润，给予森林重新生产的机会，又满足了中国对低等级木材产品的需求，可谓各得其所。

根据赵培忠先生回忆，2002 年他刚到加拿大的时候，中加之间的木材贸易微乎其微，加拿大木材占中国市场的份额可能连 1%都不到。那个时候，中国进口的木材 60%来自俄罗斯，20%～30%来自新西兰、巴西、马来西亚、印度以及非洲。现在，加拿大木材已经占中国进口木材的30%左右。从不到1%到30%，这是中国木材进口格局的巨大变化，也是加拿大木材出口多元化的一个体现。加拿大不再像2008年以前，绝对依赖美国市场 。

不过，需要注意的是，中加两国之间的木材贸易，仍然局限于低等级的木产品。赵培忠先生打了一个比方，说加拿大林业就像一条鱼，鱼中间最好的一段仍然面向美国市场，出口中国的可能是鱼头或鱼尾巴。这倒不是加拿大故意不卖给中国高级木材，而是中国市场不需要加拿大的高级林产品。林业贸易公司如果不了解这个事，到加拿大后就购买林地、采伐原木，千方百计向中国运，实际上都会亏本。当然，经过慢慢摸索后，现在大部分华人公司已经好很多，思维转变过来了。

张楷先生表示，加拿大锯木厂依靠高等级产品生存，而高等级产品需求市场在美国，这决定了加拿大林业必然依赖美国市场。中国从加拿大进口的木材，主要用于工地混凝土浇筑模板、包装木箱、床板等，低等级的木产品即可解决。因此，当前中加木材贸易的最大问题，是木材等级太低、交易额有限，难以抵抗市场波动。

未来挑战

短短十几年，中加木材贸易发展到今天的规模，可谓成绩喜人。但是，在木材贸易一线管理人员看来，中加木材贸易仍然比较脆弱，面临很多亟待解决的挑战。

第一，利润相对较低，易受各种因素影响。赵培忠先生说，中国从加拿大进口的，主要是低等级木产品，等级低了以后，就很容易受到俄罗斯、新西兰等国家木材价格甚至是汇率、海运费的影响。以海运费为例，加拿大木材到中国的运费其实不贵，但是由于木材本身价值比较低，200美金的木材，如果运费增加5美金，影响就非常大；400美金的木材，如果运费增加5美金，问题就不大。

第二，加拿大出口的木材缺乏价格优势。加拿大森林漫山遍野，又没有太多育林成本，树木价格本身很低，但是由于人力成本昂贵，经过加工之后，价格就大幅度提升。张楷先生指出，价格是中加木材贸易的一个重要障碍。对于中国买家来说，需求的木材产品等级比较低，既可以从俄罗斯或欧洲买，也可以从大洋洲买，哪儿便宜向哪儿买。有时候，加拿大木材的价格就不占优势。尤其是高等级木材，美国可以付比较高的价格，中国付不了这个价格，就没有办法进口加拿大高等级产品。

随着中国木材进口越来越多元化，加拿大木材在中国市场的竞争力，已出现下降趋势。根据张楷先生提供的数据，2013 年第三季度，加拿大和美国木材共计占中国木材总进口量的 45%；2014 年第三季度占 42%，2015 年第三季度占 35%，2016 年第三季度占 27%，2017 年第三季度更是下降至 22%，可谓一年不如一年。如果加拿大木材价格降不下来，其占中国木材进口总量的比例降至 20%以下并非不可能。

第三，中加木材贸易存在很多观念错位。赵培忠先生指出，中国客户到加拿大来购买木材，觉得自己是上帝，而加拿大木材供应商和销售员觉得自己手里有资源才是真正的上帝，上帝和上帝之间，关系很容易出现紧张。中国客户到加拿大来订货，往往要求木材厂按照尺寸加工，可是他们不知道，加拿大木材厂改变加工尺寸，是一件非常麻烦的事情。这里实行工会制，上班的人只管上班，不愿改变加工尺寸，很难满足中国客户要求。张楷先生补充说，北美木材是一个统一的市场，拥有自身固定的生产尺寸，加拿大高等级产品主要供应美国，又是大型化生产，很难因为数量有限的中国客户改变生产。

第四，华人贸易商需要“入乡随俗”。早期华人从事木材贸易，往往从中国固有思维出发，乱压价或漫天要价，或者说话不负责任、随便做出许诺，给西人留下不好的印象。赵培忠先生举例说，十几年前，一个西人锯木厂接待过两名中国客户，他们说你这个木头不错，我可以要这个尺寸、那个尺寸，每个都要，锯木厂第二天就开始加工，可是等加工完，联系不上那两个中国客户了。所以，有一段时间，加拿大木材企业与中国人做生意很谨慎。中国客户手上有钱，但是加拿大供应商不愿意接触，因为他们觉得与中国客户打交道风险太大，还不如维护好已有客户。

张楷先生表示，部分从事木材贸易的中国人，经常拿到北美本地的报价，加点价格报到国内，寻机赚取差价，并不在乎终端用户对产品的要求或者如何使用产品，所以给加拿大生产商一种倒货的感觉。当然，现在中国木材贸易公司已经转变很多，逐渐与当地生产商接轨。而且，即使倒货，也能在贸易中起到润滑作用，有其积极意义。

第十章　“传说”中的全民免费医疗

马克思当年最为痛恨资本主义的逐利性，终生都在思考如何从根本上废除剥削制度，创建一个美好社会。但是，如果他老人家活着，恐怕不会想到，以英国、瑞典、挪威为代表的欧洲国家，竟然部分克服了逐利弊端，构建起一套面向弱势社会群体的公共福利制度。作为英联邦一员，加拿大模仿英国公共服务，在全国范围内实行免费医疗。这套制度有利于缓解病人焦虑，减轻贫困家庭经济负担，颇受中下层百姓欢迎。但是，凡事有利就有弊。公共医疗在向患者提供无偿服务的同时，也抑制了社会自发的医疗潜力，导致看病需要漫长等待，甚至延误最佳治疗时间。

第一节　医疗体系的构建与宗旨

最近在网上看到一个帖子。帖主说，自己有一位年逾古稀的老朋友，到加拿大探亲，其间不幸生病，动了一个不大不小的手术，在医院不但住单间，而且根本不用个人掏钱。听说这件事后，帖主被“震”得不行，专门到网上求证：加拿大人看病真得不用花钱吗?

实际上，这里面包含两个问题：第一，加拿大公民、永久居民以及拥有合法身份的居民，看病确实不用花钱，但是游客需要交费，且费用昂贵；第二，加拿大公民和永久居民看病确实不花钱，但是买药需要自己掏钱，看病与买药是两个不同的环节。如果帖主所说的那位老人做手术没有花钱，就意味着他已经是加拿大公民或永久居民，而不是仅仅探亲的访客。

一般人如果听说看病不花钱，肯定会非常震惊。但是，了解加拿大或在加拿大居住的人，看法则往往相反。网友对上述帖子的回应，就分成了截然不同的两派：一些人根据自己在加拿大的就医经历，强调加拿大医疗制度是如何“充满温情”，如何给予患者高质量服务；另一些人则通篇吐槽加拿大医疗制度的不便，称其“看上去很美”，实际上一团糟；更有甚者，认为加拿大全民免费医疗都是“骗人”的把戏。

加拿大到底是不是实行全民免费医疗？在加拿大看病，到底是一种怎样的感受？应该如何看待加拿大医疗服务体系？笔者始终认为，我们不能完全凭着个人感受，评判一项制度的好坏；更不能用一国制度的优点，去衡量另一国制度的缺点或不足。在评判一项制度之前，最好先了解一下它的设计宗旨、运行原则及整体成效。

第二次世界大战以前，加拿大像中国一样，公民看病都是自掏腰包，或者求助于教会、慈善团体，政府不介入医疗服务。第二次世界大战前夕，要求政府介入医疗、构建医疗保险的呼声才开始在加拿大出现。战争结束后，这样的呼声越来越强烈，推动个别省份开始探索医疗保险计划。相对于省政府，急于提高民意支持率的联邦政府，似乎更热衷建立一套全民医疗体系。只是，传统的权力划分让它有心无力。

加拿大是一个联邦制国家，各省政府与联邦政府之间不是绝对的上下级关系，而是有着明确的权力划分。联邦政府主要负责国防、外交、国际贸易、公民权、刑事司法、警察、原住民事务等，省政府则负责教育、医疗、就业、自然资源开发等。在各自的权力范围内，联邦政府与各省政府都拥有主权，不能互相干预。根据这一传统权力安排，为合法居民提供医疗服务，乃是各省政府的“分内之事”，联邦政府不能介入。

20世纪50年代中期，事情出现了转机。各省有权筹建公共医疗体系，但手里常常没钱，或者钱不够花；联邦政府无权筹建公共医疗体系，但是经费相对充裕并且愿意资助各省医疗经费。最终，双方一拍即合，决定分工合作，共同筹建公共医疗体系。联邦政府负责医疗立法、工作监督以及宏观指导，省政府负责筹建医疗机构及其日常运作，经费则由双方分担。简单地说，就是联邦政府制定统一标准，各省政府自主落实。

经过30多年探索，1984年，联邦政府颁布《加拿大医疗法》，提出了一套系统全面的公共医疗标准，要求各省严格执行。如果联邦政府发现省政府执行不力或“不达标”，会按照一定比例减少补贴。这是联邦制国家驾驭地方的常见套路。

加拿大联邦制订的医疗保障标准共计5条，即公共管理、全面服务、全民享受、随地有效和人人可及。所谓公共管理，即必须由一个非营利性的公共权威机构管理公共医疗资金，以防政出多门、账目不清；全面服务即省政府必须提供“医学需要的”（medically necessary）所有服务，比如医院和家庭医生等，不能“缺斤少两”，至于“医学需要”哪些项目，则由各省政府自主决定；全民享受即每个省的合法居民，都可以享受公共医疗保险；随地有效即一省合法居民，在全国各地都能享受医疗保障；人人可及即各省医疗体系都必须为所有人提供便捷的服务终端。

说实话，单纯看这套公共医疗标准，还以为是在社会主义国家呢。它的核心精神，是让所有加拿大人，无论年龄大小、有钱没钱、居住远近，都能享受统一的公共医疗服务，免于病痛折磨。而且，《加拿大医疗法》特别条款还规定，禁止医院和医生额外收费，更不能要求患者看病付费。也就是说，各省向合法居民提供的医疗服务，不仅应是全面的，而且应是免费的。

不管怎样，加拿大充满人文关怀的医疗立法，应该是值得肯定的。它所坚持的“人人不受病魔困扰”的立法立场，所蕴含的“疾病面前人人平等”的治疗原则，所体现的对于穷人生命的救济态度，不正是千百年来世界各国孜孜以求的奋斗目标嘛！我们评判加拿大医疗制度，不能忽视它的这种人文精神，不能忽视它的这种可贵追求。

话说到这里，可能会有人心生疑问：加拿大联邦政府怎么如此“贴心”，将百姓疾苦看得这么重？难道加拿大政治家都有一颗“白求恩式的心”？其实，加拿大联邦之所以提出这套“高大上”的医疗立法，固然与其“执政为民”的理念有关，同时也是客观形势使然。

就国内环境来说，加拿大的二元政治结构，是促使联邦政府积极构建公共医疗体系的重要动力。前面已经说过，加拿大是一个联邦制国家，是由拥有自主权的省政府结盟而成的。传统上，各省政府而不是联邦政府，才是绝大部分加拿大人的保护者或服务者。这种政治结构决定了联邦政府的脆弱和无力，它要想树立自己的权威性，维护联邦制国家的稳定，只有华山一条路可走，即向选民提供更“贴心”的服务，提高选民对联邦政府的支持率。颁布充满人文关怀的医疗立法，为各省提供部分医疗经费，帮助全体公民克服病魔困扰，无疑是争取民意支持的最佳途径之一。

加拿大联邦国会外景

从国际局势来说，第二次世界大战后，社会主义阵营逐步建立起公共医疗体系，尝试提供免费医疗服务，对欧美各国造成了巨大压力。他们要想证明自身制度比社会主义“更优越”，就必须向民众提供类似甚至更好的医疗服务。因此，从 20 世纪 50 年代开始，英联邦主要成员国开始颁布医疗立法，尝试构建公共医疗保险体系。欧洲大陆各国如德国则起步更早，在 1881 年就颁布《疾病保险法》，确立了“团结互助、社会共济”的医疗保险原则。加拿大各级政府身处其中，必须“顺势而为”，才能获得选民的支持。

良心只能是制度进化的润滑剂，利益才是制度变革的根本动力。

以今日的后见之明来看，加拿大联邦政府的抉择非常明智。他们仅仅通过划拨医疗经费，制定医疗标准，就获得了介入各省医疗领域的资格，赢得了扩大联邦民意基础的可能。当然，话好说，事难做，联邦和各省要想真正贯彻医疗法的全面服务、全民免费、人人可及精神，可不是一件容易的事。患者与医生之间怎么沟通，医生与政府之间怎么对接，各省政府之间怎么结算，省政府与联邦政府之间怎么协调，这些问题，想想头都大。

接下来，就看看加拿大是如何将“童话”变成现实的，具体地说，就是加拿大的患者、医生、医院、政府之间是如何协调的，公共医疗体系是如何运作的。

第二节　医疗体系是如何运作的

从 20 世纪 50 年代开始，加拿大开始向着全民免费医疗进发。联邦国会颁布医疗法令，提出了一套全面服务、全民免费、随地享受的“高大上”原则。如何让这套原则落地，切实让每个人享受到它的好处，成了加拿大各级政府的工作难题之一。

第一，谁来统筹负责医保这个事?

德国人想出的办法，是允许成立不同的疾病基金会，分别为不同参保人提供医疗保险，每个疾病基金会就是一个统筹单位。整个德国，共有二三百家疾病统筹单位，呈现出高度的分散性。加拿大人没有效仿德国，而是采取了集中统筹和支付原则，即每个省或特区都设立一个公共管理机构，专门负责医疗经费的管理和支付，不允许私人或商业保险介入“医学需要”的领域。加拿大有 13 个省和特区，相应就有 13 个统筹单位。这种医保体系的特点是统筹范围较大，抵御风险能力较强；不便的地方，就是只此一家，别无分店，居民基本没有其他选择的余地。

加拿大与德国的医保统筹体系，分别代表了世界上两种最主要的医疗保险模式，前者被称作“多元付费者体系”(Multiple Payers System)，后者被称作“单一付费者体系”（Single Payer System)。在多元付费者体系下，各种各样的医疗保险公司，分别为自己的投保人买单；在单一付费者体系下，各省只有一家官办医疗保险公司为患者买单，患者没有别的选择。这两种模式各有优劣，也各有各的追随者。

第二，全民免费医疗的经费哪里来?

免费医疗只是说患者不需要直接付费，而不是说医生和医院都是活雷锋，义务地为大家看病。相反，要想让医生群体保持较高的医疗水平，提供高质量的服务，必须确保他们拥有较高的收入。没有高收入的行业，从来都不可能实现可持续发展。这些经费从哪里来？根据《加拿大医疗法》，医疗保险经费主要由政府负责提供，最初联邦政府和省政府各出一半，后来改为“联邦政府按人头整笔拨款”（A Per Capita Block Grant)。从 1996 年开始，联邦政府将公共医疗费用与其他社保费用整合打包，形成了一体化的整笔拨款制度，名为“加拿大医疗与社会转移支付”（The Canada and Social Transfer)。

联邦政府除了需要向各省和特区提供补贴，还需要担负自身管辖群体的医疗保险费用，比如现役军人、退伍军人、皇家骑警、原住民以及联邦监狱在押人员等。

目前，加拿大联邦提供的经费主要来自企业和个人所得税，省政府的经费来源则相对复杂。作为公共服务的主要提供者，省政府需要承担大部分的公共医疗保险费用，有些省份仅靠企业和个人所得税解决不了问题，不得不附加征收工资税或提取彩票收入，以弥补经费不足。卑诗省和阿尔伯塔省，还要求居民个人缴纳一定保险费用。因此，不同省份的加拿大人，享受到的医疗“免费”待遇，其实是不太一样的。

第三，谁为患者提供医疗服务？

这个问题粗看很简单，为病人治病，当然得靠医院！但是，如果细想想，问题似乎又没那么简单：由公立医院提供服务，还是由私立医院提供服务？如果由公立医院提供服务，医生少、患者多，应付不过来怎么办？如果由私立医院提供服务，乱开药、质量差、求利润，扭曲了公共医疗的本义又怎么办？德国人给出的答案是：既然公立、私立各有优劣，那就都允许存在，让它们相互竞争。所以，德国拥有各种性质的医院，其中公立医院约占 40%，非营利性私立医院约占 40%，营利性私人医院约占 20%，属于一种混合体系。

与德国相比，加拿大医疗机构更具“计划经济”色彩。他们的大多数医院都是公立的，由省政府或特区卫生署管理，只有 5%左右的医院属于宗教组织。这些公立医院依靠政府拨款，为合法居民提供医疗服务。不过，加拿大的“公立”医院不同于中国的“公立”医院。中国公立医院完全由政府创办和管理，加拿大公立医院不过是依靠政府经费运转，并非真正意义上的政府从属机构。所以，有人认为，准确地说，加拿大医院实际上是非营利性的私立医院。

不管公立还是私立，反正加拿大医院不以营利为目的，主要通过为合法居民提供医疗服务，获得政府经费补偿。每一年度，各省公共管理部门根据上一年度拨款金额、通货膨胀及特殊情况，与医院“讨价还价”后，一次性预付给每家医院固定总额，超支自理，结余归己。这样一来，医院名为政府支持，实际上自负盈亏。总额预付的好处是可以遏制经费开支、控制医疗成本，不好的地方是容易导致医院“省吃俭用”，降低医疗服务质量。

多伦多总医院

第四，看病的人太多怎么办?

在个人付费医疗环境下，没钱的人看不起病、住不起院，只能待在家里听天由命。这种现象很残酷，没钱有时候就意味着没命。全民免费医疗则排除了金钱的要素，让每个患者无论贫穷还是富有，都有机会接受平等治疗，确实是很理想的设计。但是，这样一来，医院就会面临着一个操作上的难题：既然看病“不花钱”，那么很多人可能就会频频“光临”，一旦感冒发烧、头疼脑热，就会去医院看看，从而使得医院人满为患、难以运转。

为了解决这个问题，加拿大像很多西方国家一样，实行家庭医生制度。每个家庭都需要确定一个家庭医生，一旦家中有人生病，先预约家庭医生初诊，如果家庭医生觉得问题严重，才会联系专科医生，介绍做进一步的观察和治疗。患者个人不能想检查就检查，想住院就住院。在很多情况下，中国人认为十万火急的病症，比如孩子发烧，到了家庭医生那里，可能连药都不给开，直接让回家多喝水、多休息。这样，经过家庭医生的专业筛选，真正因为生病住院的，基本都是确实需要住院治疗的。

家庭医生都是独立执业，属于私人诊所性质，与医院和政府没有人事上的牵连，但是他们必须依靠公共医疗系统，通过提供公共服务，从政府医疗经费中获得报酬。如果私人诊所不与医院、政府合作，就不可能有患者客户，很难养活自己。因此，家庭医生一般都会选择与医院、政府相互支撑，共同维持公共医疗系统运转。

第五，医疗免费到底“免”哪些?

《加拿大医疗法》号称医疗免费，但是清醒的人都知道，每个人都会面临生老病死，都有可能患上千奇百怪的病，要求政府都包下来是不现实的。政府要做的事情很多，不可能把经费都投入医疗服务中去，即使都投入进去，也不一定够。因此，为全民提供医疗服务，还是要有一个界限。

《加拿大医疗法》实际上已经明确，公共医疗保险仅仅是提供“医学需要的服务”。那么，到底哪些医疗项目属于“医学需要”，哪些不属于?联邦政府的意思，是希望各省政府给出一份“服务项目清单”，以便大家心中有数，但是省政府为了掌握一定灵活操作的余地，又往往不愿意提供明确的清单。目前各省提供的医疗服务范围，基本上是联邦与各省政府经过长期“拉锯战”，最终形成共识的。

一般说来，政府提供的免费医疗项目，主要包括医生服务、医院服务和住院期间的牙科、外科手术等。这里要注意，免费的是“特定服务”，而不是免去所有的治疗花费。具体地说，在家庭医生那里，看病是免费的，但是按照医生开出的药方，到药店里买药则是要花钱的；在医院里，诊断、检查、用药、病床、手术、护理甚至饮食都是免费的，但是超出正常需要范围的需要，比如整容、心理治疗、私人护理等，则是要自己掏钱的。总之，加拿大的免费医疗绝不是“大锅饭”，大家想怎么用就怎么用。政府仅提供最基本的保障，个人要想来点“高级”服务，对不起，请自掏腰包。

第六，是否允许私人或商业保险存在？

加拿大人的基本医疗服务，都是由政府负责提供的，私人或商业保险不能插足。从这个角度来说，加拿大医疗体系属于“单轨制”。但是，每个人不可能只有基本的医疗需要。比如，很多人需要镶牙、美容、配眼镜，还有人愿意接受针灸按摩、私人护理；在加拿大短期逗留和居住的外国人，没办法享受公共医疗保险，只能参加私人或商业保险。这些“额外”的医疗需求，催生了加拿大私人或商业保险系统。

公共医疗保险针对国民与合法居民的“基本”医疗需求，私人或商业保险则针对国民的“额外”医疗需求，以及短期来访者的医疗需求，两者各有偏重，不存在竞争或冲突。或者说，私人或商业保险是公共医疗保险的一种补充。而且，私人或商业保险的服务项目有限，在整个国家医疗行业中所占的比例较小，基本不会影响公共医疗保险的主导地位。

说到这里，所涉及的问题已经够复杂的了。可是，这只是加拿大公共医疗运作体制的冰山一角。剩下的医生怎么培养、医院怎么布局、经费怎么拨付、成本怎么控制、服务怎么监督等等，都是一道道复杂的制度难题。我们不必去亲身体验，仅看看这些制度难题，就能想象得出加拿大公共医疗系统将会面临怎样的困境。

第三节　免费医疗的“等候代价”

2016年10月，在美国两大总统竞选人进行电视辩论时，加拿大免费医疗体系不幸“躺枪”。特朗普指着希拉里告诉观众，加拿大的医疗体系迟钝至极，加拿大人忍耐不了，动大手术都是跑到美国来做；民主党想要模仿加拿大，实施“政府买单”的医疗计划，将是一大灾难。加拿大人听了这话，自然不高兴，找出各种理由予以回击。

在此，暂且不提加拿大人如何回击，只来说一说，“大嘴巴”特朗普的话有没有一定道理。

客观来说，竞选期间，特朗普确实放了不少“厥词”，但是在加拿大医疗体系这个事上，他的话还真不是“信口雌黄”。在应对患者需求方面，加拿大医疗体系确实有点迟钝。

了解加拿大的人都知道，一般患者到了家庭医生或急诊室那里，能不给药吃就不给药吃，能打发回家就打发回家；需要面见专科医生、接受医院治疗的，则要等待很长时间。根据菲沙研究所（Fraser Institute）的研究报告，1993年加拿大人平均看病等候时间为9.3周，似乎还能让人忍受；到2008年，等候时间攀升至17.3周，2016年更是创纪录地增加到了20周，即5个月。在有的人看来，这哪里是看病，简直是“等死”。

20周还是平均等候时间。大部分省份的等候时间，实际上更长。其中，新不伦瑞克、新斯科舍和爱德华王子岛，都在30周以上，新不伦瑞克甚至达到38.8周。这意味着，在新不伦瑞克，患者从约见家庭医生到住院治疗，很可能要等近10个月左右的时间。即使被专科医生确诊，也要等待10周左右，才能获得治疗机会。

生病本来就是一件痛苦的事，治疗竟然要等半年甚至一年，这不是把病人往死里“靠”嘛？据说，确实有人因治疗不及时，拖成重病甚至身亡；也确实有人受不了漫长的等待，自己花钱到其他国家治病；至于感冒得不到及时治疗，拖成肺炎甚至支气管炎的，更是时有所闻。就此而言，特朗普说加拿大医疗体系“迟钝”，美国不能盲目追随，是有一定道理的。

不过，大家也不要被这些大数据“吓住”，以为加拿大人都生活在水深火热之中，看病“难于上青天”。其实，只要冷静想一想就知道，如果加拿大医疗体系真得糟糕透顶，是不可能维持下来的，因为政府没法向选民交代；加拿大人的平均寿命，也不会高达 81 岁，排在世界前列。事实上，分解来看，加拿大的医疗体系“慢中有快”“快慢不一”，并不是大病小病、重病轻病，都让人等起来没完。

一般来说，需要长时间等候的病人，多为慢性病或病情相对较轻的患者。比如 90%以上的前列腺患者，平均需等待 88 天接受手术；需要进行 CT 扫描和核磁共振扫描的患者，分别平均需等待 71～92、99～242 天。相对来说，急性病或有生命危险的患者，则不会等待那么长时间。比如 86%的髋部骨折患者，可以在基准时间（48 小时）内接受修复手术；97%的癌症患者，可以在基准时间（28 天）内接受放射治疗。总之，在大多数情况下，真正有生命危险的加拿大患者还是有医疗保障的。

此外，抛开看病等候时间长这个“痼疾”来说，加拿大医疗体系其实有很多优点。比如，低收入者或穷人不必担心生病没钱治，只要拥有合法身份，都可以享用政府提供的基本医疗和护理；患者看病动手术不必托关系、送红包，医生取得职业资格不易，且收入较高，一般不会拿自己的前途开玩笑；医生开处方“惜药如金”，能不开药就不开药，能不用抗生素就不用抗生素，患者不必担心过度医疗；患者住院，不需要家人“靠”上，甚至也不需要家人买饭送饭，护士或护工会负责患者的饮食起居。

由此可知，加拿大医疗体系实际上是“照顾”了弱者，“亏待”了强者。强者缴纳了更多的所得税，维持了医疗体系的运转，但是到了看病时，却要和弱者忍受同样的等待，享受同样的待遇；儿童、孤老、残障人士以及穷人只缴纳很少的所得税或者无需缴纳，就能够得到医疗体系的平等对待，甚至优待。

在这种情况下，一个加拿大人是否满意医疗体系，主要取决于自身的社会地位。弱势群体一旦得了重病，如果不能享受免费医疗，将会陷入万丈深渊，他们自然拥护、支持这样的医疗体系。多等几天就多等几天，总比没钱看病、自生自灭好得多。作为有钱人的强者，按照市场化原则，本应可以通过付费得到更为便捷、优质的医疗服务，但在免费医疗体系下，却完全体现不出优势，你再有钱、有权，也得与普通人一起排队，心中自然免不了有些不满，甚至将这个医疗体系说得一文不值。

所以，加拿大医疗体系好不好，关键取决于你从什么角度看。

当然，这并不意味着加拿大医疗体系没有真正的缺陷。这个真正的缺陷，不是看病等候时间长，而是经费严重不足。看病等候时间过长，仅是经费不足的一种表现。

加拿大各省的医疗经费，是由联邦政府与各省政府共同承担的。每个财政年度，联邦政府都会以现金拨款和税收转让相结合的方式，向各省提供医疗经费补助。联邦政府提供的补助，占各省医疗开支的30%左右，剩余部分由各省自行解决。2004年，由于医疗开支逐年升高，加拿大各省与联邦政府经过谈判达成了拨款协议，决定此后10年间，联邦政府每年增加6%左右的拨款涨幅。这份协议一直延续到2016年。

根据相关统计，各省政府每年需要拿出1/3以上的开支，用于医疗和保健服务；联邦政府要拿出10%以上的税收，用于医疗拨款。无论对省政府还是对联邦政府来说，这样的投入力度不可谓不大。可惜，相对于不断增长的医疗需求，政府投入仍然显得捉襟见肘。为了维持正常运转，各省不得不经常缩减医院规模、控制医疗开支。患者看病之所以要等那么长时间，归根结底，是经费不足造成的。

最近几年，由于经济不景气、财政赤字增加，联邦政府的拨款力度似乎有所减弱，更为加拿大医疗体系蒙上了一层阴影。根据媒体报道，联邦政府决定将每年 6%的医疗拨款增幅，改为每年 3%。大部分省份经济下滑，听到联邦政府降低医疗拨款增幅，顿时感觉压力山大，坚决表示抗议，但是现在看来，短期内似乎也没办法扭转这一趋势。

未来，如何保证充足的医疗经费投入，才是制约加拿大各省医疗体系的关键所在。

第十一章　加拿大真的是“养老天堂”吗

加拿大有“养老天堂”的美称。平日里，从坐公交车到养老、医疗，都能看到加拿大对老人群体的照顾。但是，凡事不能神化，没有一个政府有能力平等对待每一个弱者。平等对待需要大量资金，而资金不会永远充足。作为一个市场化国家，加拿大更是如此。为了保证养老制度可持续发展，加拿大养老制度既有社会主义的影子，又有市场经济的成分。政府发放的养老补贴只能让老人勉力维持基本食宿，人们要想到了老年仍然活得潇洒、舒适，就只能依赖年轻时的财富积累了。归根到底，加拿大人的晚年生活还是有很大区别的。

第一节　“养老天堂”是如何炼成的

20世纪以前，在养老问题上，加拿大和中国没什么本质区别。人老了，要么依靠积蓄、儿女、亲戚，要么依靠教会或其他慈善机构。当时，多数加拿大人生活于乡村，终老于农场，没人要求政府养老，政府也没这个能力。20世纪初，随着大量人口流入城市，成为一无所有的“无产阶级”，如何养老才成了一个大问题。

劳工团体开始向政府施压，要求其保障老年人的生活。各省和联邦作为民选政府，自然必须有所表示，尽量满足劳工选民的要求。但是，加拿大的联邦权力结构，却让各省和联邦政府有心无力。

1812 年后到达加拿大的欧洲移民

图片来源：Social Study 10

根据英属北美法案，加拿大联邦政府征收关税、消费税，各省则征收不动产税、各种服务费、许可证和执照税等。在现代国家收入中，关税和消费税是大宗，所以，联邦政府财政相对宽裕，而各省财政一般比较窘迫。可是，同样根据此法案，为公民提供生活保障属于“民事和财产权”，应该由各省政府来落实，联邦政府无权干预。

1867 年英属北美法案制定场景

图片来源：Social Study 10

也就是说，各省政府有权为老人提供生活保障，但是口袋里却没钱，有心无力；联邦政府口袋里有点钱，但是却没资格介入，有力无权。

1908 年，联邦政府“不忍”袖手旁观，出台了一个养老金法令，为工人们提供养老保险服务。但是，多数工人收入有限，根本没能力购买。从 1908 年到 1914 年，只有 7713 人购买了养老保险，仅占加拿大工人总数的 4%。

第一次世界大战结束后，随着工人队伍壮大，养老保障成了加拿大政坛的一个核心话题。1924 年，国会成立一个特别委员会，专门研究如何解决老年人的生活。委员会提出一个建议，由联邦和各省政府各出一半经费，为 70 岁以上的老人提供非强制性的养老金。

各省政府一听，火冒三丈。保障公民生活乃是省属权力，哪里容得联邦政府僭越？因此强烈抗议。联邦政府没辙，只好妥协一步，表示愿意资助各省解决老年人的生活问题，即联邦政府仅提供经费，具体操作仍由各省说了算。各省这才松了口，不再极力反对。1927 年，加拿大联邦国会通《老年养老金法》。

这项法案规定，70 岁以上的英国公民（当时加拿大仍为英国自治领），只要在加拿大居住 25 年以上，在所申请养老金的省份居住 5 年以上，且每年总收入低于 365 加元，都可以向所在省政府申请数额不等的养老金。最多每月可以领取 20 加元。

既然联邦政府答应出钱，何不顺水推舟，向选民卖个人情？西部的卑诗省最早与联邦签署了协议，两年后阿尔伯塔、萨斯喀彻温、马尼托巴和安大略宣布加入。1931 年，为了吸引其他省份和特区，联邦政府将资助金额由 50%提高到了 75%。截至 1936 年，其他省份和西北特区亦先后加入联邦计划，一个覆盖全国的养老保障体系在加拿大初现雏形。

原来无依无靠的加拿大老人，至此算是有了一个着落。不过，由于申请养老金的条件苛刻，能够真正享受到这份福利的，并不是太多。根据统计，只有不到一半的老年人领到了养老金。更为重要的是，随着美国经济危机蔓延，加拿大失业率升高，包括年轻人在内的加拿大公民，生活都变得越来越不稳定。

1937 年，联邦政府成立了一个新的专门委员会，研究失业救济问题。三年后，该委员会提出一份报告，建议彻底理顺联邦与各省的权力划分，以便构建全国性的失业救济体系。其大意是，联邦从各省手中接过债务，接过保障公民基本生活的权力；作为补偿，各省向联邦转让个人所得税、企业所得税、法人所得税和房地产遗产税的征收权。

各省同意将失业救济立法权交给联邦，但是不愿失去财源。1941 年，联邦与各省达成协议，以支付租金的形式，“租借”以上四种征税权五年。此后，这种形式延续了下来。每隔五年，联邦就与各省进行谈判，签订关于四种征税权的租借协议。一种全国性的失业救济体系，由此逐步形成。

第二次世界大战期间，加拿大损失了不少年轻人，但又不再像以前那样，有充足的新鲜血液输入，人口渐趋老化。如何让经历过战争创伤的人们，安享晚年生活，再度成为联邦政府必须面对的一道难题。

1951 年，加拿大联邦与各省政府经过谈判，在宪法中增加了一条新规定，即各省将养老保障立法权转让给联邦，由联邦负责解决老年生活问题。取得这项立法权后，联邦国会遂即通过《老年人补助法》和《老年人保障法》。

与 1927 年的养老金法令相比，这项计划不仅将原住民纳入保障，而且将申请人的居住年限，由 25 年降到 20 年。1965～1977 年，由于经济繁荣、财政充裕，联邦政府提高了养老保障力度，将老人领取养老金的年限，由 70 岁降到了 65 岁；收入过低的老人，还可以申请低收入补贴、配偶津贴和遗属津贴。加拿大的多数老年人，终于迎来了老有所养、老有所依的新时代。

纵观加拿大的养老保障制度，可知加拿大的“养老天堂”，不是社会自然演化的结果，而是联邦与各省政府反复博弈之后精心设计和规划的结果。没有联邦政府的出面，加拿大是不可能打造出“养老天堂”的；没有联邦政府经费的投入，加拿大也是不可能维持“养老天堂”的。

因此，以养老为代表的社会保障制度，说到底是一个政治问题，是一个国家问题。

第二节　“养老天堂”的三大支柱

一提到“养老天堂”，人们可能会联想到世外桃源、大同世界，觉得那应该是一个充满诗情画意的地方，只讲仁不讲利。但是，实际上，这种想法是不现实的。现代社会所谓的“养老天堂”，都是由国家打造并支撑其运作的，是一套纷繁复杂的分配或保险体系。没有这套分配或保险体系，养老天堂是根本运转不起来的。

加拿大养老体系设计精密、环节众多，是世界上最复杂的养老体系之一。不过，简单地说，支撑加拿大养老体系的，主要是三大支柱性计划。

第一个计划叫作“老年保障金计划”(Old Age Security，OAS)。这个计划相当于中国的低保，旨在向符合条件的老人，提供免费生活保障金。凡是符合条件的老人，年满65岁以后，无论有没有工作，无论有多少储蓄，都可以申请领取。乍一听，移民加拿大的人，都会感到非常兴奋。谁不愿意年老后有个稳定经济来源呢?

但是，加拿大政府的免费保障金，不是随便发放的，它对申请者有严格的居住时间及收入限制。《明报》曾经报道，一对印度裔夫妇移民加拿大18年后，申请保障金时却“惨”遭拒绝，其中一个主要原因，就是他们住得时间太短，18 年中只有 3 年停留加拿大。可见，申请老年保障金，居住时间是一个“硬杠杠”。

按照加拿大法律规定，年满 65 岁的合法居民，只有 18 岁后在加拿大居住 10 年以上，才有资格申请老年保障金。不够 10 年，只能算加拿大的过客，政府概不负责。住满 40 年的，可以领取全额保障金。根据 2017 年联邦政府公布的标准，有配偶的最高可领取 578.53 加元，单身的最高可领取 864.06 加元。如果住不够 40 年，就按实际居住年限计算，多住一年就多领取 1/40。比如，一个人移民加拿大，从 18 岁算起居住了 15 年，那么 65 岁后就可以领取老年保障金总额的 15/40。

按理说，65 岁以后，每个月稳稳当当领个五六百甚至七八百加元，是比较幸福的事。但问题是，很多移民，尤其是华人移民，是很难领到全额的。移民加拿大的华人，年龄大都偏高，再加上很多人国内国外两边跑，能在加拿大住到 10 年以上，已属不易，住到 40 年的，十分少见。真正算下来，很多移民恐怕只能领个二三百元。

即使土生土长的加拿大人，每月五六百或七八百，也不足以应付晚年的生活开支。有鉴于此，1967 年加拿大联邦推出了低收入补助金（Guaranteed Income Supplement，GIS），即一名 OAS 申请者，如果年收入低于规定标准，可以同时申请低收入补助。

2016 年联邦政府规定，年收入低于 4600 加元的孤身老人，可以最高申请每月 947 加元的补贴。如果年收入高于 4600 加元，补贴会相应减少；年收入达到 8400 加元，政府就不再提供低收入补贴了。

除为老人发放老年金，加拿大还为老人的家属们提供保障，设置了“配偶津贴”（Spouse's Allowance）和“遗属津贴”（Allowance for the Survivor），针对的是已经退休或失业但还未到领取 OAS 年龄的低收入群体。60～64 岁的加拿大人，如果符合 OAS 领取条件，且有一位可以享受 OAS 和 GIS 的配偶，便可以申请配偶津贴。如果配偶去世，则改为遗属津贴。津贴的额度与年收入有关，收入越高，津贴越少。总之，无论低收入补助，还是配偶津贴和遗属津贴，只管穷人不管富人。

第二个计划，叫作“加拿大养老金计划”（Canada Pension Plan，CPP）。这个计划相当于中国的养老保险。它要求 18 岁以上、有工作的合法居民都必须缴纳一定比例的保险费，以便 65 岁后领取退休养老金。缴纳的保险费用越多，到时领取的退休养老金就越多。目前，个人与雇主分别缴纳一半，比例是个人税前工资的 4.95%。

缴费者到达 65 岁后，可以领取退休养老金。想提前领取的，养老金数额会减少；延迟领取的，数额则会增加。根据联邦最新数据，加拿大 65 岁领取 CPP 的，每月最多可领 1114.17 加元，但是多数人拿不到这个数，实际平均领取额仅为 685.11 加元。随着物价持续走高，这样的标准显然有点偏低。

自由党上台时，就承诺改革养老金计划。2016 年 7 月，他们制定了新的 CPP 实施方案。根据新方案，从 2019 年开始，个人缴费比例将会从目前的 4.95%提高到 5.1%，2023 年提高到 5.95%。到时，人们平均每月增加 7 加元保费，到 2023 年共计每月增加 34 加元保费。

加拿大税务局

当然，水涨船高，个人每月缴纳的保费增加了，退休后领取的养老金额度也会随之升高。目前，退休养老金的最高领取标准为每年 13110 加元，2023 年将会增加至 17478 加元，平均每月 1456.5 加元。

退休养老金计划不仅支付退休金，还向供款人及其家属提供伤残津贴、遗属养恤金、子女抚养费。如果供款人由于严重且长期持续的伤残，不能从事任何正常工作，即可申请伤残津贴；如果供款人生前供款的时间长度达到最低期限，其配偶、同居伴侣可申请领取遗属养恤金；子女在 18 岁以前或介于 18～25 岁且在大学读书，可申请领取抚养费。这种养老金计划，颇有点“一人投保，全家均沾”的味道。

2017 年，65 岁以下遗属领取的补贴，平均每月为 423.98 加元；65 岁以上遗属领取的补贴，平均每月为 310.94 加元；已故供款人子女领取的抚养费，平均每月为 241.02 加元。

魁北克省不参加加拿大养老金计划，而有自己的保险体系。不过，内容大同小异。

第三个计划，叫作“补充养老金计划”。这个计划包括两部分：一部分是职业养老金计划（RPP），另一部分是注册养老储蓄计划（RRSP）。两者都是自愿性的，针对的是中高收入人群，属于个人补充养老金计划。GIS 和 CPP 面向低收入家庭，只能让老年人维持基本温饱，这个计划则试图让中高收入群体，享有一个较为体面的晚年。

职业养老金计划，即雇主自愿为雇员提供的养老计划。一般由雇主和雇员按照约定缴费比例，将雇员税前收入的 18％存入职业养老金账户，由保险公司、信托公司等进行投资管理，退休后领取投资收益。它包括待遇确定型和缴费确定型两种方式，前者由雇主承担大部分风险，保障程度较高，多存在于政府公共部门；后者收益取决于基金投资收益，回报不确定，多存在于私人大型企业。

如果一个人不想受单位牵绊，或者还想提高老年收入，可以申请注册养老储蓄计划。根据该计划，个人可以拿出部分收入，每年最多不能超过 5000 加元，放在注册养老储蓄账户里，用于购买基金、股票、债券、外汇等金融产品。账户收益暂时不用缴税，等到退休取出时，再连本带利一起缴纳。这算是政府为了鼓励居民投资养老，而实行的一项税务优惠计划。

以上三种加拿大养老保障计划，有普惠的，也有特惠的；有免费的，也有付费的；有保障老人基本生活的，也有鼓励老人体面生活的。个人最终会走上哪一条路，关键还是看个人的财富积累。

第三节　养老院的等级和收费标准

几千年来，中国人习惯了养儿防老，一听说“养老院”或“敬老院”，多少都会有点凄凉的感觉。很多中国人觉得，儿孙满堂的晚年才是最幸福的，没儿没女迫不得已，才会进养老院。进养老院，那是走投无路、没有办法的办法。

在加拿大，老年人入住养老院是普遍现象。多数老人都不指望孩子，甚至根本没有孩子，他们退休以后，往往将房子卖掉，找个养老院颐养天年。即使在家居住，也多依靠社区或义工提供护理服务，而不是指望孩子照顾起居。孩子仅定期探望，并不担负直接的赡养责任。

加拿大作为发达国家之一，几十年前就致力于构建政府和社会养老制度，千方百计让老人们安享晚年。联邦以及各省政府不仅为老人发放养老金和补贴，而且还资助或鼓励社会筹办养老机构，使老年人能够老有所养、老有所依、老有所终。

为了照顾不同阶层、不同人群，加拿大创建了一套丰富多样的养老体系，既有政府资助的公立养老机构，也有个人投资的私立养老企业，还有社区或教会创办的非盈利养老组织。需要注意的是，加拿大所谓的公立养老机构，并非由政府直接创办，而是受政府财政资助或补贴的非盈利组织，它的性质与公立医院差不多。

按照不同的护理服务等级，加拿大养老机构可以分为以下几类：(1) 活力老年社区（Active Adult Living），即“老年公寓”（Senior Apartment），主要接受55岁以上的“年轻老人”；(2) 独立生活社区（Independent Living），亦称“退休公寓”（Retirement Apartment），主要接受生活基本能够自理但需要一定照料的退休老人；(3) 辅助生活护理中心（Assisted Living Care），主要接受失去独立生活能力的老人；(4) 长期护理中心（Long-term Care），亦称“护理院”（Nursing Home），主要接受失去生活自理能力的老人；(5) 持续护理中心（Continuing Care）则是一种综合养老服务机构。有时候，老年痴呆护理中心（Alzheimer's Care）、家庭护理中心（Residential Care Homes）被单列出来，作为两类独立的养老机构。

在以上各类养老机构中，活力老年社区服务的老人身体健康、腿脚灵便，不需要太多生活照顾，社区仅提供日常娱乐活动即可；独立生活社区服务的老人年纪略大，社区需要提供膳食、交通、房间整理及衣物清洗等护理；辅助生活护理中心服务的，都是年龄偏大、无法独立生活的人，所以中心除了提供膳食、个人护理、房间打扫、衣物清洗、娱乐活动外，还必须提供24小时急救护理和特定医疗服务；持续护理中心是综合性的，提供的是“一站式”服务，入住者可以根据自身情况，任意选择护理等级。

养老机构的护理等级不同，收费标准自然也大相径庭。根据北美影响力最大的养老中介网站（APFM）统计，加拿大独立生活社区每月的收费标准为 1400～3500 加元；辅助生活护理中心每月的收费标准为 1500～5000 加元；老年痴呆护理中心每月的收费标准为 2500～7000 加元；家庭护理中心每月的收费标准为 1500～4500 加元；长期护理中心每月的收费标准为 4000～8000 加元。可见，从独立生活中心到辅助生活护理中心，再到老年痴呆护理中心和长期护理中心，加拿大养老机构的收费标准是不断提升的。

加拿大是联邦制国家，各省政府自主制定养老产业政策，因而其养老机构的管理模式不尽相同，收费标准也存在一定差异。

卑诗省养老机构的收费标准多数为 1500～6000 加元。其中，长期护理中心多受政府资助，等于半公立性质，收费标准较低，每月为 1100～2200 加元。辅助生活护理中心收费标准由省政府统一规定，单身每月最低 921.40 加元，夫妻每月最低 1485 加元。独立生活社区主要视地域和房间大小收费，素里一居室在 2000 加元以上，维多利亚和温哥华一居室在 3500 加元以上，两居室在 5000 加元至 8200 加元之间。

安大略省养老机构的收费标准同样多数为 1500～6000 加元。其中，长期护理中心由于接受政府资助，收费较低，每月收费为 1700～2500 加元，比卑诗省标准略高；失忆护理中心（Memory Care）每月收费为 4000～6500 加元；辅助生活护理社区每月收费为 2500～3600 加元；独立生活社区主要视房间大小收费，最小的房间 2000 加元左右，较大的房间 6000 加元左右。总起来说，安大略省的养老成本似乎比卑诗省高一些。

在加拿大养老机构中颐养天年到底是什么滋味？根据朋友及网络见闻，老人们在里面似乎感觉不错。大部分人反映护工和蔼可亲、环境温馨舒适，生活环境堪比酒店。养老机构的管理层，据说很多确实就来自高级酒店。老人们在这样的环境下，幸福指数自然较高。

2015年，加拿大健康信息研究所（CIHI）测评了1269家养老院，占全国总数的57%。根据测评结果，加拿大养老院老人的情绪恶化比例为23.8%，月意外摔倒比例为14%左右，安全座椅使用率为10%，运动机能下降比例为34%。考虑到入住养老机构的多为七八十甚至近百岁的老人，这样的养老质量显然还说得过去。这恐怕也是加拿大老人宁愿排十年八年队，等着去养老机构安度晚年的主要原因。

但是，读者不要高兴得太早，以为到了加拿大，退休之后就能享受殿堂级的养老服务。实际上，从前面的收费介绍中即可看出，加拿大私立养老机构收费还是很贵的，普通的都在每月3000加元以上，高档的每月五六千甚至上万加元。年轻力壮时，如果税后收入低于6万，退休后收入有限，实际上很难住得起私人养老机构。

进公立养老机构养老倒是实惠，个人收入过低，还可以申请政府补贴，但是自古以来，好事多磨。想进公立养老机构的，从登记到入住，没个三五年根本排不上号。有的人不凑巧，排了十年八年，都得不到入住机会。

第十二章　社会万象：“国国有本难念的经”

加拿大是一个非常成熟的西方国家，制度完善，社会稳定，很少发生出人意料的“大事件”。其新闻媒体报道的多属日常琐事，如果放在中国，根本不会引起媒体注意。但是，加拿大社会并非没有自己的痛点。最近几年，实体商店倒闭、大麻合法化、房价高企和加元走向，都是困扰加拿大社会的难题。本章将以零售巨头西尔斯（Sears）崩溃为例，揭示加拿大实体商店所面临的艰难境况，同时结合时事新闻，介绍加拿大人对大麻合法化、房价居高不下、加元走向三个问题的主要看法以及移居加拿大的“常见套路”。

第一节　西尔斯的“教科书式”溃败

2015 年，笔者刚刚来到加拿大时，住处不远有一家百货商店，名叫西尔斯。进去转过两次，感觉无论环境还是商品，似乎比中国城市的高档商场差了很多。不过，时间久了才知道，西尔斯可不是普通的加拿大百货，它曾经是加拿大规模最大、经营最成功的零售商业巨头，曾经有过教科书般的成功经验。

加拿大西尔斯的前身，是加拿大辛普森和美国西尔斯两家零售公司。

1952年，两家公司合资成立了辛普森—西尔斯公司。辛普森—西尔斯复制了西尔斯在美国的成功之道，即免费向顾客发放商品目录，供顾客选择和订购，然后通过邮寄方式，先货后款，将商品送到顾客手上。这种类似当今亚马逊网上销售的营销模式，有效满足了城郊及乡村地区顾客的购物愿望，令辛普森—西尔斯超过老牌的伊顿百货（Eaton's）和哈得孙海湾（Hudson's Bay)，跃升为加拿大零售商业冠军。

25年后，辛普森—西尔斯成为加拿大最大的百货公司，年销售额达19亿美元，占加拿大零售商场销售额的30%左右。当时，其他两家大型商场哈得孙海湾和伊顿百货的每平方英尺销售额，仅在120美元至150美元之间，而辛普森—西尔斯每平方英尺的销售额，则高达250美元，几乎是哈得孙海湾和伊顿百货销售额的2倍。

在那个年代，辛普森—西尔斯是加拿大人通向外界的窗口，是满足儿童节日愿望的乐园。每到圣诞节，孩子们都盼着收到辛普森—西尔斯公司的“圣诞愿望书”，然后记下想要的礼物，央求爸妈邮购。对很多加拿大人来说，缺少了“圣诞愿望书”的圣诞节，就不是完整的圣诞节。

1978年，随着辛普森公司被哈得孙海湾收购，美国西尔斯成为了西尔斯加拿大的唯一主人。1984年，公司易名为西尔斯加拿大（Sears Canada)。接下来20多年，西尔斯加拿大通过推广邮购业务、投入巨资组装计算机处理系统、创建全国性的营销网络和百货商场，继续着自己的商业成功。在其鼎盛时期，93%的加拿大人不出10分钟就能在周围找到西尔斯商场。

即使进入21世纪后，西尔斯加拿大遭受美国零售巨头冲击，业绩出现大幅度下滑时，仍然是加拿大零售业的巨无霸企业。2005年，西尔斯加拿大拥有4.1万名员工、123家分店，年收益达62亿美元。在加拿大，拥有 4 万多名员工的企业屈指可数。

然而，2017 年 10 月 10 日，这个曾经的加拿大零售巨头最终难以为继，轰然倒下。它宣布将关闭加拿大所有分店，仅剩的 1.2 万名员工也没能逃脱失业的命运。一度傲视群雄的西尔斯加拿大，是如何从鼎盛走向崩溃、从零售巨头走向清仓关门的呢？为什么短短十余年，加拿大西尔斯便从天上掉到地上，摔得粉身碎骨？

以后见之明来看，西尔斯加拿大的倒闭不是零售业个案，而是一个时代、一个行业的缩影。最近十年来，全球百货零售业被电商冲击得七零八落，纷纷关门歇业。根据《商业内参》（Business Insider）数据，2017 年美国有 6403 家零售店宣布关闭。全球零售巨头，像梅西百货、杰西潘尼、英国 BHS 等巨头，不是关店就是关门，皆陷入了经营困境。

多伦多西尔斯伊顿百货商场

但是，作为邮购业务的鼻祖之一，西尔斯加拿大走到今天这个地步，还是有值得检讨的余地。从主观角度来说，大概有以下三点：

第一，盲目扩张实体百货，丧失了电子商务先机。20 世纪 90 年代，西尔斯加拿大兼并了老对手伊顿百货。伊顿百货是加拿大百年老店，兴盛时雇用3万多员工，可惜二战后由于无法适应社会发展形势而惨遭淘汰。西尔斯斥资5000万收购伊顿百货后，装修了其位于城市中心的7家高档商场，重新营业。装修资金预算原本为1亿美元，实际开支却高达2.5亿美元，大大增加了西尔斯加拿大的运营成本。

事实证明，西尔斯重金包装伊顿百货，不仅支出大大超出预算，而且犯了方向性战略失误。伊顿百货的7家高档商场皆位于城市中心，社会发展的趋势则是城市分散化，中产阶层纷纷搬去郊区，越来越少到市中心购物。西尔斯花费大量资金装修，没有换回店面盈利，反而拖累了整体。更重要的是，当西尔斯重金打造实体百货之时，电子商务已经处于爆发的前夕。2001年第四季度，亚马逊首次实现盈利，预示了电子商务的崛起。西尔斯属下的伊顿百货，则始终没有走出困境，成为一大累赘。这个关键时刻的战略失误，决定了此后西尔斯加拿大的悲剧命运。

第二，管理层长期养尊处优，丧失了应有的企业家精神。2002年，西尔斯控股不满加拿大分公司的发展战略，指派马克·科恩（Mark Cohen）为新的首席执行官。马克·科恩到加拿大后，发现分公司行政人员根本没节约意识，“像喝醉了的水手一样随意花钱”；前任的行政办公室，铺满橡木板，摆满橡木家具，还拥有附属的董事会会议室、客厅、餐厅和厨房，明显是休假场合，而不是商场指挥所。如果说前面的战略失误还有情可原，这种挥霍和浪费则颇有点“不作不死”的味道。

当然，也不能将问题完全归咎于分公司。事实上，同一时期，美国西尔斯本部也经营不善，陷入了难以为继的地步。2004年，西尔斯总公司被艾迪·兰普特（Eddie Lampert）收购。兰普特出身华尔街高盛集团，是当时最成功的金融投资家之一。次年，兰普特将西尔斯与先前收购的凯马特（Kmart）整合，成立西尔斯控股公司（Sears Holdings Corporation)。西尔斯控股成为了西尔斯加拿大的新主人。可惜的是，这个新主人没有让加拿大分公司起死回生，反而令其更加动荡不安，一步步走上了不归路。

第三，新主人固守己见，背离了基本的零售业常识。进军百货零售之前，兰普特在金融投资方面表现可圈可点。据相关报道，他 2004 年成为华尔街首位年度收入过 10 亿美元的金融经理；他创始的 ESL 投资公司收益回报率，20 多年保持在 20%以上；更令人佩服的是，他将凯马特公司从破产边缘拉了回来，《商业周刊》一度将他与巴菲特相提并论。但是，兰普特掌控西尔斯和凯马特两家大型百货公司以后，却像换了一个人一样，失去了往日的精明。

据说，兰普特常年住在印第安小溪流岛上，很少到公司总部上班，更别提到西尔斯加拿大指导工作。不到现场办公，倒也不是关键问题，但致命的是，兰普特似乎根本没用心经营加拿大分公司。根据其前高层回忆，兰普特几乎将西尔斯加拿大当成了"提款机"，只想分红而不想再投资。加拿大管理层对兰普特言听计从，不敢有任何违背。兰普特强调除非投资确定会得到高额回报，否则不能建立新店或升级旧店，西尔斯加拿大首席执行官罗杰斯就指示，百货零售商根本不需要花太多钱装修店面，"只要店面拿得出手，只要商品能被顾客看到，再投入资金就没有什么意义"。有的执行官不赞成兰普特的指导思想，结果就是被迅速解聘。

兰普特主政以后，西尔斯加拿大公司再投入的资金越来越少。根据报道，其 2012 年支出 1.016 亿美元，2013 年下降为 7080 万美元，2014 年进一步减少至 5400 万美元，仅为其他零售巨头的零头。

由于高层拒绝再投资，西尔斯各个百货商店年久失修、毫无生气。

据说，美国俄亥俄州的店铺屋顶漏水、地板开裂、电梯停运，连员工自己都觉得尴尬。笔者进过的几家加拿大分店，尚未沦落到这种地步，但确实都“过于朴素”，难以调动顾客的购物热情。

分析至此，笔者始终有一个疑惑，即像兰普特这么精明的人，怎么会如此背离商业常识，只想提取收益而不想投入呢？是不是背后有着什么“不可告人的秘密”？笔者查阅了很多资料，也没有发现什么蛛丝马迹。兰普特除了 ESL 投资公司外，主要就是凯马特和西尔斯两大零售公司，实在没有理由让西尔斯烂在自己手里。唯一可能的解释，就是虽然他出身华尔街，精通金融投资，却不精通零售管理之道，加上性格极端固执，听不得半点不同意见，才犯下了战略性错误。

但是，根据相关报道，华尔街出身的兰普特，并没有丧失金融投机家的精明本性。他可能早就意识到西尔斯不可救药，所以提前进行了资产剥离。2015 年，他策划成立了一家叫作“赛瑞泰格成长”（Seritage Growth）的房地产公司，自己及 ESL 占有 43%的股份。随后，兰普特以 26.76 亿美元的低价，将西尔斯 235 家繁华地段的店面物业全部卖给了 Seritage Growth 公司，Seritage Growth 再将物业出租给西尔斯或其他零售商。这意味着无论西尔斯何去何从，其核心资产已经被转移出去，成为了兰普特个人的囊中之物。

对于兰普特来说，关闭西尔斯加拿大公司恐怕只是甩了一个包袱，受了点轻伤，但是对于几万加拿大员工来说，却是永远的伤痛。不仅现有的 1.2 万名员工惨遭失业，已经退休的 1.8 万名老员工，也将失去退休金来源。在他们心里，“这次第，怎一个愁字了得”！

第二节　大麻合法化：吸毒还是解毒

在中国，大麻（cannabis）是众人皆知的毒品，未经法律允许，种植、贩运和吸食，皆属犯罪。然而，从 2017 年到 2018 年，加拿大国会两院先后通过娱乐大麻合法化议案，并拟定 2018 年 10 月实施。如果该法律实施，18 岁及以上加拿大人将可以合法购买和吸食大麻，每人合法拥有 30 克以下大麻，每个家庭还可以种植 4 棵大麻。

多伦多一处人工大麻种植场所

图片来源：Vice News

100 多年前，中国人曾深受毒品之苦，一度沦为"东亚病夫"。在 21 世纪的今天，加拿大作为西方发达国家之一，竟然允许国人合法吸食大麻，其中原委值得深究。

为什么允许大麻合法化？

加拿大大麻合法化源于 2015 年的联邦大选。当时，自由党为了扳倒已连续三届执政的保守党，提出了极富争议的大麻合法化纲领。他们之所以提出这一纲领，主要是看到了庞大的大麻吸食群体。根据加拿大统计局资料，2015 年全国大麻吸食者（包括医疗和非医疗）共计约 490 万，而当年全国总人口尚不足 3600 万，参加大选投票的选民则只有 1755 万，由此可以想见，加拿大吸食大麻群体比例之高、影响之大。如果一个政党能够争取到大麻选民，哪怕仅仅一半，都会提高竞选成功率。

现在尚不清楚到底有多少选民，看在大麻合法化份儿上选择了自由党，但是据相关人士推测，数量应该不在少数。事实上，大选的结果是，本来不被看好的自由党大获全胜，在众议院取得压倒性席位，小特鲁多顺势成为了总理。2017 年，自由党政府已经执政两年，按照民选政治的游戏规则，到了应该兑现竞选诺言的时候。

仅仅将大麻合法化归结于吸食大麻者，也有失客观。加拿大民众对大麻的整体容忍，是大麻合法化获得成功的更大助力。一般来说，加拿大社会风气偏向保守，不像美国人那样张扬，但是不知为何，在对待吸食大麻一事上，加拿大人格外“开明”。据 2017 年 6 月加拿大广播公司公布的民意调查，54％的加拿大人支持大麻合法化。

民选政治是以民意为风向标的。既然民意如此（有人对 54％的民意支持率持怀疑态度），加拿大政府允许大麻合法化就是早晚的事。接下来的问题是，大麻究竟是一种什么东西，引得无数人“竞折腰”？

药品、毒品还是娱乐品？

大麻是桑科植物。根据英国 BBC 纪录片调查，这种植物起源于天山山脉吉尔吉斯斯坦境内，后来越过天山传到了中国、印度，也传到了欧洲其他国家。就此而言，“七剑下天山”是文学塑造的，“大麻下天山”则可能是真实的。

大麻有 3 个品种，分别为普通大麻（Cannabis sativa）、印度大麻（Cannabis indica）、莠草大麻（Cannabis ruderalis）。其中，普通大麻和印度大麻的雄株茎秆细长，适合制作麻绳；雌株富含 THC（四氢大麻酚）和 CBD（大麻二酚）两种活性物质，适合制作药物或精神刺激产品。现在欧美年轻人吸食的大麻，主要原料就是来自雌株的普通大麻或印度大麻。

人身体内有一种化学物质，结构与大麻中的 THC 非常相似，被称作"内源性大麻素"（Endo-Cannabinoid，简称 EC）。EC 与两种作为受体的膜蛋白 CB1 和 CB2，共同构成了人体的内源性大麻素系统，负责调解人体睡眠、食欲、情绪、免疫、记忆等。内生大麻素系统就像人体的平衡器，控制着人体尤其神经系统的日常运转。大麻素太多或太少，都会影响身心健康。

在自然环境下生长的大麻，同时富有 THC 和 CBD 两种成分。它们进入人体后与不同受体结合，能够激活某些活性物质，从而影响人体精神或生理。其中 THC 与 CB1、CB2 结合后，既能刺激多巴胺和去甲肾上腺素分泌，增加人的兴奋、愉悦或快感，也能降低脑神经对疼痛和外在刺激的认知，达到令人放松、减少疼痛的效果；CBD 进入人体后，则激活香草素、腺苷、血清素等受体，从而调节人体的温度、疼痛感和炎症，同时还能抑制激活 CB1 的 FAAH 酶，降低 THC 的刺激。

总体而言，THC 进入人体后，更多发挥刺激性作用，令人飘飘欲仙；CBD 进入人体后，则更多发挥刹车作用，让人保持镇静。这两种成分同时存在于大麻之中，决定了它对人类必定是一把"双刃剑"。

自古以来，中国、印度、中亚等地，包括现在的加拿大和美国，一直有医生将大麻当作药物，帮助患者减少疼痛和焦虑。20 世纪以来的年轻人，感觉大麻可以让烦恼消散、身心放松，往往把它当作娱乐品使用。而联合国和世界上大多数国家，鉴于大麻所可能引起的负面作用，则一般将其定性为"软毒品"而严格管控。

大麻对人到底有没有伤害？

由于各国严格管控大麻，人类对于大麻的医学研究起步很晚。直到现在，吸食大麻对人体会不会造成伤害，都在医学界存在较大争议。有人认为它不会改变生理结构，有的则认为会损伤大脑发育。

英国 BBC 纪录片《邪恶草药》中采访的科学家指出，从动物实验来看，吸食大麻的和没有吸食大麻的老鼠，对海洛因的需求强度相同；吸食大麻不会改变人的生理结构，不会造成生理依赖，只是会留下心理依赖。英国医学杂志《柳叶刀》认为，大麻对身体的伤害和依赖性很小，甚至不如烟草和酒精。加拿大民众对大麻的高度容忍，恐怕就是基于这种乐观的医学判断。

部分医学研究还认为，以大麻药物代替类鸦片或其他慢性疼痛治疗药物是可行的。2014 年，美国蒙特费欧里医学中心发表的研究显示，1999～2000 年美国核准使用大麻的州相较于禁止使用的州，过度使用类鸦片药物的死亡人数平均减少了 25%；密歇根大学发表在《疼痛期刊》的文章认为，185 名患者使用大麻药物以后，停止了服用类鸦片药物。2005 年，加拿大麦吉尔大学艾伦·爱德华兹疼痛研究中心的一项研究则表明，服用和不服用大麻药物的患者，所承受的严重副作用风险是一样的。

但是，认为大麻对人体有伤害的医学研究亦不在少数。他们认为相较于没有吸过大麻的人，大麻吸食者在认知、资料处理速度和高层次执行能力上明显表现较差；长期吸食大麻会造成呼吸道损伤、破坏支气管纤毛，并降低肺泡巨噬细胞的杀菌能力。

根据西班牙《趣味》月刊发表的文章，哈佛大学医学院心理学教授珍妮弗·斯奈德指出：“任何一个吸食大麻的人脑细胞功能都会改变。”意大利卡利亚里大学生物学教授瓦尔特·弗拉塔则强调：“长期大量吸食大麻会导致负责成瘾和戒断状态的大脑结构的分子元素发生变化。”还有医学研究者认为，吸食大麻可能会增加心血管疾病以及气胸的概率。

不过，无论否定还是肯定大麻对人体的伤害，医学研究在以下判断上似乎已形成共识：大麻会影响青少年，尤其 15 岁以下青少年大脑发育，削弱他们的记忆能力；短期偶尔吸食不会对身体产生负作用，长期吸食则会形成心理依赖，严重者可能会诱发精神焦虑或精神分裂；THC与CBD成分平衡的大麻，有利于缓解精神压力，而THC成分偏高的大麻则容易产生副作用。就此而言，即使吸食者自身，也存在极大的选择空间。把握得好是解毒，把握不好就是吸毒。

大麻合法化，几家欢喜几家愁

加拿大联邦国会通过大麻议案后，社会各界皆有忧虑，或者担心执法时间过早，各级政府监管力度跟不上；或者担心法定吸食年龄太低，有损儿童的身心健康；或者担心毒品泛滥，造成更大的社会创伤。其中，华裔社区忧虑最大，反对大麻最坚定。

华人耳濡目染鸦片战争的历史，对任何毒品都抱有高度警惕性，同时又特别注重子女教育，担心子女染上坏习惯，所以对联邦允许大麻合法化，反应异常激烈。无论当地华人媒体，还是社团组织，都努力通过各种形式表达不满。2017年底，在卑诗省自由党的党首竞选人见面会上，华人代表向竞选人提出的第一个要求就是，如果对方竞选成功，并有机会赢得卑诗省长的职位，能不能取消大麻合法化。

加拿大华人的心情当然可以理解。毕竟，谁也不愿意让孩子增加接触大麻的机会。但是，事到如此，要想取消大麻合法化，已经基本不可能。联邦议会是国家最高立法机关，不必说一个未来的省长候选人，即使一个省议会，也没有权力否决联邦法令。在这种情况下，华人选民所能争取的，只能是督促行政机构严格执法，将社会不良影响降至最低。

联邦政府也清楚普通民众的担忧，因而花费了相当长的时间，围绕实施草案征询各界意见。从政府公布的草案内容来看，大麻合法化并不意味着人人可以随处买大麻、家家可以随地种大麻。购买者必须达到18岁以上（各省可以酌情提高）；销售者必须申请牌照，而且恐怕只有政府管辖的酒水专卖店才有可能获得牌照；种植者必须接受严格检查、没有犯罪记录，还必须遵守核定的区域和时限，定期向政府汇报。同时，联邦政府制定法律，对向未成年人出售大麻的人科以重罪，严禁吸食大麻后驾车。

现在还不能断定，联邦和各省政府的实施方案，是否能够确保未成年人免受伤害。不过，在香烟合法化的加拿大，未成年人抽烟的比例确实相对较低，只有8%左右。

大麻合法化议案通过后，最欢呼雀跃的无疑是大麻生产商以及相关的投资者。2016年以前，加拿大大麻产业股票还没有多少市场价值，自由党联邦大选获胜后，大麻产业股票市值便一路飙升。从2016年到2017年年底，加拿大第一家商用大麻企业“冠军成长公司”（Canopy Growth）股价，已从2加元涨到了16.85加元。很多投资者调整投资方向，摩拳擦掌准备进入大麻市场。

根据加拿大广播公司报道，大麻合法化法律实施以后，大麻产业将细分出生产、运输、销售、税收等多个相关行业，年产值230亿加元。庞大的产值将吸引巨额资本进入。一份研究报告指出，87%的加拿大大麻企业认为，未来三年内，企业合并不可避免，烟草、酒精和药品巨头将成为行业主导。2018年初，美国联邦司法部宣布严禁大麻活动，令各州大麻投资者心头一震。如果特朗普政府真的严格禁止，未来加拿大的大麻产业可能将更为火热。

第三节　到底是谁推高了加拿大房价

最近十几年来，如果说欧美与中国有什么相同之处，那就是房价。在加拿大的温哥华和多伦多，房价经过多轮上涨，已经到了动辄几百万加元的地步。即使一套新公寓，也达到了近百万加元。对于上班族来说，在中国买套房子困难，到了温哥华或多伦多，同样只能"望楼兴叹"。

面对汹涌澎湃的房价，政府似乎暂时也没有别的办法，只能进行传闻已久的外国买家调查。2017 年 12 月 19 日，加拿大统计局启动一项专题调查项目，收集温哥华和多伦多地区房产的海外买家资料。该项目由统计局副局长艾尼克·拉克鲁瓦（Anik Lacroix）直接负责，据说经费 4000 万加元，历时 5 年。艾尼克·拉克鲁瓦表示，政府曾经假定海外买家推高了加拿大，尤其温哥华和多伦多地区房价，但实际上是否如此，没有人能说清楚，因此有必要拿到准确翔实的调查信息，作为政府决策的依据。

调查主要内容包括房屋土地登记和报税，外国买家从何处获得首付，有物业交易之后的空置率，投资者的需求，炒房者的作用以及海外投资者是否引致房价上升等等。

加拿大统计局

有加拿大房地产专家和经济学家认为，这项调查可以为政府提供新鲜可靠的统计数据，减少政府决策的盲目性，是一项正确的决定。但是，有华人评论家认为，加拿大统计局准备历时 5 年、花费 4000 万调查外国买家数据，实在是拿着纳税人的钱不当回事儿，而且5年以后的统计结论，对现在的政策取向不会有什么意义。

抛开这项调查值不值不说，传闻中的“外国买家”究竟是不是加拿大房价飙升的幕后推手？来自中国的房产买家，到底在这场加拿大房价飙升中扮演了什么角色？

2016年7月，卑诗省政府曾公布一组数据，反映了当年6月20天内的外国买家数据。根据该数据，外国买家占大温地区房产交易量的3.3%，其中中国买家占76.6%。就此而言，中国买家占到76.6%，确实称得上大温地区外国买家的主力军，但是鉴于整个外国买家的比例仅为3.3%，又很难说是他们推动了大温房价。

2017年12月18日，美国地产调查公司安阁物业统计温哥华1～9月房产交易数量后，公布了一组外国买家数据。该数据显示，外国买家在此期间主宰了温哥华豪宅交易市场，占总交易量的85%，在外国买家中，又以中国买家为主，其次是法国买家和德国买家。这组数据似乎反映出，中国买家是温哥华高端市场的幕后推手。

但是，以上两组数据各有不足之处，卑诗省的数据仅统计20天交易量，安阁物业公司的数据主要针对高端交易市场，两者涵盖面都不够。根据这两组数据，只能说中国买家在外国买家中占有较高比例，尚无法得出外国买家就是大温房价飙升推手的结论。

2017年12月19日，加拿大统计局公布了温哥华、多伦多地区非居民买家数据。该数据显示，大温地区非居民买家比例为4.8%，其中公寓中的非居民买家比例为7.9%。不少地产分析家据此认为，这组数据可以证明外国买家或海外买家不是大温房价飙升的推手。

其实，加拿大统计局数据根本不能说明外国买家的影响，因为它统计的是“非居民买家”。统计局的准确定义是“An individual whose principal residence is outside of Canada”，翻译过来即“主要居所在加拿大之外的个人"。据此，一个不住在加拿大，但在加拿大有房的外国人是非居民；一个长期住在加拿大以外，而在加拿大有房的加拿大人，也是非居民。这个"非居民买家"概念与"外国买家"概念完全不是一回事。

加拿大统计局数据能够反映的，是非居民投资者（包括加拿大人）对大温地区房产的影响。从数据来看，4.8%的比例意味着这些身在加拿大以外的房产投资者，对大温整体房价应该影响不大。即使在公寓市场，静态地看，7.9%的非居民买家比例似乎也到不了推升公寓价格飙升的地步。但是如果分阶段来看，就会知道事情没有那么简单。

2011～2015 年，大温地区非居民买家的比例为 10.12%，温哥华市为 12.39%，列治文为 16.2%；2016～2017 年，大温地区非居民买家比例上升至 15.54%，温哥华市上升至 19.14%，列治文上升至 23.69%。这意味着，在短短一年时间里，大温地区非居民买家比例就上升了 5 个多百分点，温哥华市和列治文非居民买家比例则上升了 7 个百分点左右。这种短期内增加的大量投资（非居民购买公寓大都不是为了居住），确实应对 2017 年大温公寓价格飙升负一定责任。

不过，2016～2017 年投资大温地区公寓的"非居民"中，到底有多少外国人或中国人，仍然是一个未知数。

过去一年中，连身在境外的"非居民"都来大温投资公寓市场，按照常理推测，长期居住在大温地区的炒房族，肯定会更加积极和主动。他们比境外人士信息更灵通，更清楚公寓投资的利润空间。这部分投资者所占的比例，没有数据可以说明，但是应该高于非居民买家比例。归根溯源，他们才是大温公寓价格飙升的主要推手。

居住在大温地区的炒房族是什么背景呢？这个就很难说了，可能有长期居住在大温的外国人，也可能有本地加拿大人；可能有加拿大公民，也可能有加拿大永久居民；可能有大量华裔，也可能有不少西人。这样复杂的关系，恐怕永远都说不清。

不过，加拿大环球新闻（Globe News）获得的一组数据，似乎揭开了温哥华、多伦多房价飙升的一个盖子。这组数据显示，温哥华、多伦多房价飙升，在很大程度上源于魁北克省的投资移民计划（Quebec Immigrant Investor Program，QIIP）。

魁北克投资移民计划实施于 1986 年，本意是吸引外来投资。该计划规定，资产在 160 万加元以上的国际商业人士，只要向魁省提供 80 万加元的免息投资，就可以获得魁省永居权，并在 5 年以后收回资金。按照协议，获得永居权的投资者必须居住在魁省境内。

但是，环球新闻数据显示，截至 2016 年，通过该计划进入加拿大的 57935 名魁省投资移民，大多数没有居住在魁省，而是分别涌向了温哥华和多伦多。其中，涌向温哥华地区 27080 人，占总数的 46.7%；涌向多伦多地区 19265 人，占 33.3%；留在魁省的只有 6050 人，占 10.4%。魁省将他们吸引到了加拿大，近 80%却搬去了温哥华和多伦多，其中温哥华将近占一半。

不列颠哥伦比亚大学经济学家吉奥瓦尼·盖里波利（Giovanni Gallipoli）计算了魁省投资移民给温哥华房地产造成的影响。2017 年，温哥华地区房产均价为 99 万，每月销售量为 3000 套。截至 2016 年，通过魁北克投资移民计划进入温哥华地区的投资移民家庭为 15285 户，据此算下来，他们平均一年在温哥华房地产市场的花费为 360 亿元；假设每个家庭在房产上花费 160 万元（2017 年 12 月独立屋基准价），那么他们投入在温哥华地区地产市场的资金就是 240 亿元。

“即便每年只有一小部分钱被用来买房，都会对房价和房屋存量产生不可忽视的影响。”盖里波利表示。

魁北克投资移民对温哥华地区地产市场的突出表现，就是推动了各个档次的房屋依次上涨。“这些钱进入高端社区，意味着原本可以在这些社区购房的人再也买不起了”，他们“把更大的购买力带到二线社区，将以前可以在那里买房的人赶到更远的地方，以此类推。”盖里波利认为，北克投资移民计划导致了温哥华和多伦多难以负担的房价。

第四节　加拿大人的住房负担能力指数

在中国房价疯涨的这些年里，加拿大房价也在拾级而上。几年前来到卑诗省时，还能从报纸上看到二三十万的公寓、五六十万的别墅，现在则是想都不用想了。一二十年的公寓，都在五六十万以上，新公寓起码八九十万，独立屋则轻轻松松就能达到 200 万。

在加拿大，买房只是家庭房屋负担的一部分。房子住进去以后，除了按揭还贷之外，还需要支付很多其他开销，比如地税、房屋保险、水电费、垃圾清理费、房屋维修费等。用于购买和养护房屋的费用，叫作“家庭房屋负担”；房屋负担费用与家庭税前收入之比，即家庭房屋负担能力指数。

与中国居民比较起来，加拿大人需要额外支出三大块，分别为地税、房屋保险和房屋维修。中国住房都是钢筋水泥的，既不需要买什么保险，也不需要多少维修费用。而且，政府还不收地税。加拿大房子以木结构为主，火灾隐患比较大，则必须买保险、定期维修。同时，无论独立屋还是公寓，还必须缴纳地税。

加拿大的地税是根据房屋估值乘以地税系数计算出来的。地税系数是很少降低的，所以房屋估值越高，居民缴纳的地税越多。从这个角度出发，每个有房的人既希望房价上涨，又不希望上涨太多，上涨多了就要多缴税。如果是投资房还好，价格涨了可以卖；如果是自住房，房价涨了除了多缴税，短期内没有太多好处。

根据加拿大皇家银行最新公布的数据，加拿大人的家庭房屋负担越来越沉重，平均需要拿出近半的税前收入，用于房屋开支。其中，温哥华和多伦多的房屋负担能力指数，竟然分别高达 87.7％和 74.2％。这意味着，温哥华和多伦多居民，需要每月拿出绝大部分的税前收入来应付住房成本。

目前，美联储逼得加拿大央行不得不跟随加息，居民房贷利率短期内只升不降。这意味着，居民家庭房屋负担也几乎没有减轻的可能性。

不过，加拿大与中国不一样，并非全国一盘棋。如果觉得温哥华、多伦多房屋负担太重，人们可以选择逃离，去偏远一点的地方。事实上，根据加拿大皇家银行分析数据，加拿大绝大部分地区的房屋负担，并没有想象得那么严重，尚在可接受范围之内。

分区域来看，加拿大各地的家庭房屋负担能力指数，差异非常大。如蒙特利尔负担能力指数为 43.7％，卡尔加里为 43％，渥太华为 36.6％，萨斯卡通为 33.7％，哈里法克斯为 32.7％，魁北克城为 32.6％，里贾纳为 30％，温尼伯为 29.9％，埃德蒙顿为 28％，圣约翰为 27％。

由此可见，加拿大沉重的家庭房屋负担，都是温哥华和多伦多两个地方"惹的祸"，很多城市的负担指数，其实都在 30％以下。当然，一个地方的房价低就有它的理由。像里贾纳、温尼伯、埃德蒙顿、圣约翰等地，要么地方小、地势偏，要么华人少、经济差，生活起来远不如温哥华、多伦多方便。

因此，尽管温哥华、多伦多家庭房屋负担鹤立鸡群，华人移民还是首选这两个地方居住。

第五节　晒一晒加拿大华人的年收入

加拿大人的平均收入水平

为了有个参照，先来看一看加拿大人的平均收入水平。根据加拿大统计局调查数据，2015 年加拿大半数家庭的年收入超过 7 万加元，较十年前上升 10.8%；半数个人的年收入超过 4.3 万加元，较十年前年增长了 6.4%。按目前 1∶5 左右的汇率换算，这意味着加拿大半数以上的家庭年收入超过 35 万人民币，半数以上的个人年收入超过 21.5 万人民币。

个人年收入 21.5 万人民币是个什么概念？根据中国国家统计局调查报告，2015 年中国居民人均可支配收入的中位数为 19281 元人民币；而根据中国社科院发布的 2016 年《社会蓝皮书》，北京中等收入群体年收入为 25.6 万人民币，上海中等收入群体年收入为 21.8 万人民币，广州中等收入群体年收入为 17 万人民币。

显然，从数据统计来看，加拿大中等收入群体落后于北京同等次群体的年收入，略高于广州同等次群体的年收入，而与上海同等次群体的年收入相仿。这意味着，仅就中等收入以上人群而言，加拿大与北京、上海、广州相比，已经没有多少优势，"发达国家"已经"不发达"；只有与中国三四线城市居民的年收入相比时，加拿大人可能还略高一等。

加拿大华人的平均收入水平

加拿大一向是华人最青睐的移居地之一。多伦多和温哥华的街头，随处可见华人踪影。西海岸卑诗省的列治文市，甚至被华人戏称为"解放区"。二十几年前，一名不会说英文的华人，到了加拿大可能还寸步难行，现在则完全可以做到生活自如。笔者认识的一位黑龙江老太太，根本不懂英语，愣是自己带着外孙和外孙女在大温生活了大半年，什么事也没耽误。个中原因，就是大温地区到处都有华人商店或讲中文的华人。

加拿大到底有多少华人呢？根据加拿大统计局数据，截至 2016 年 5 月 10 日，加拿大总人口共计 3515 万，其中华人接近 177 万，占总数的

5%左右，在全国各族裔中位居第 7 位。从数据上来说，5%的比例不算高，但是华人大都喜欢扎堆，往往选择住在生活便利、工作机会较多的大城市，所以在多伦多和温哥华这样的经济中心，就会显得“处处皆华人”。目前，多伦多有 70 万华人，温哥华有 50 万华人，两者相加，占加拿大华人总数的 67.8%。

根据 2017 年媒体公布的一份抽样调查，加拿大华人在收入上优于其他少数族裔。该调查采集到了 2363 份问卷，结果显示，16.5%的华人年薪在 8 万～10 万加元，23.2%的华人年薪在 10 万～15 万加元，15.1%的华人年薪超过 15 万。这样算下来，54.8%以上华人年收入在 8 万加元以上，而加拿大年薪收入 8 万以上的整体人口比例只有 10.8%。

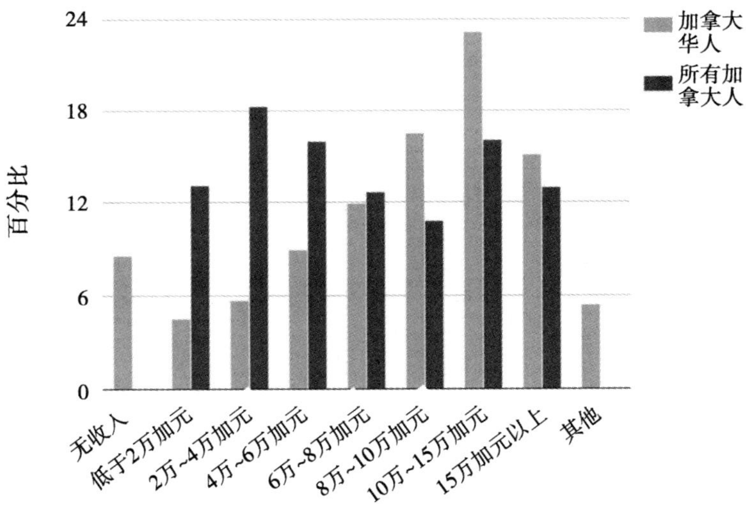

华裔加拿大人与所有加拿大人收入比较

资料来源：Relia. net

不过，大家切莫以为到了加拿大就能挣大钱。事实上，一项 2300 多人的问卷调查，很难反映加拿大华人的普遍收入。2017 年 12 月，加拿大统计局曾公布一组相关数据，比较各个族裔移民的收入状况。很不幸，包括华人在内的东亚移民"惨不忍睹"：登陆一年时，收入还能优于中东和非洲移民；可是从第二年直到数据统计的第七年，都稳稳落到了收入榜的末位。这意味着初到加拿大的华人至少在七年之内，整体上收入都是垫底的。

华人的收入水平参差不齐

由于能力、心态、闯劲不同，华人移民加拿大后往往会出现巨大的分化。有的在中国属于精英，到了加拿大后泯然于众人；有的在中国默默无闻，到了加拿大华丽转身，成为高收入阶层。因此，仅看华人总体收入没有意义，还需要了解一下华人内部的收入差距。

根据加拿大统计局数据，多伦多地区士嘉堡北一带华人居民高达80%，区内个人年均收入在 3 万加元以下；万锦市中心华人居民达62.8%，南於人村华人居民达 72%，两者区内个人收入中位数为 3.8 万加元；万锦维多利亚广场（Victoria Square）小区华人居民占 72.8%，区内个人收入中位数为 5 万加元；列治文山诗巴丹那（Spadina）路东富豪山庄华人居民达 72.93%，区内个人收入中位数为 5.9 万加元；万锦安格斯哥伦（Angus Glen）小区华人居民达 57.41%，区内个人收入中位数为 7.8 万加元。

以上数据表明，多伦多地区的华人社区是存在着收入分层的，有的社区人均年收入不足 3 万加元，差不多相当于贫民区；而有的社区人均年收入则接近 8 万加元，超过加拿大人均收入水平。

华人个体之间的收入差距，没有统计数据可以说明，只能依靠个人观察和感觉。就个人观察和感觉来看，华人移民加拿大后，出现了天翻地覆的分流。有的找不到工作没有任何收入，有的到餐厅、工厂打零工，一年下来收入寥寥；有的找到全职工作，最初两年拿着最低工资，年薪两三万，几年后增加到五六万甚至八九万。这些人应该是华人移民的主力。

少数语言过关的移民或留学生，进入高校、医生、律师等行业，年薪一二十万以上不成问题；部分头脑灵活、敢闯敢干的创业者，在保险、地产或投资行业积累几年以后，年收入可以达到几十万或上百万。至于资深职业经理人或者极个别的幸运星，收入就“不可计量”了。2016年，加拿大媒体曾报道像黑莓公司的华裔CEO程守宗，年薪高达8970万加元。根据2018年2月7日《福布斯》杂志报道，随父母移民温哥华的赵长鹏，创办币安公司半年多，便以11亿～20亿美元资产荣登“虚拟货币创业亿万富翁”排行榜第3位。

加拿大华人个体收入不同，代际之间也有差距。第一代华人移民登陆加拿大后，大都面临语言和技能困难，找不到理想职业，成了子女的铺路石。但让他们感到欣慰的是，子女成长起来以后，一般能够扭转家庭收入的颓势。根据加拿大研究协会（Association for Canadian Studies）的数据分析，在35～44岁年龄组的加拿大劳动人口中，第二代中国移民的收入水平最高，年平均收入为65398加元，较其父母辈收入高出52%左右。

加拿大华人的“酸甜苦辣”

加拿大属于G7成员国，又是全球移居和留学的热门地，因而被很多人视为人间胜地，以为到了加拿大就能享受生活，至少可以衣食无忧。确实，加拿大有着健全的教育、医疗和社会保障，公立中小学教育完全免费，看病、住院不用花钱，儿童、老人、残疾人享受补贴，没有收入还可以申请救济，个人收入再低都能维持一定生活水准。但是，现在的中国移民，很少是为了维持基本生活而移居海外。

华人来到加拿大，恐怕都有一个共同的感受，就是这里的钱难挣，挣得特别辛苦。每一分钱，都是用汗水或加班加点换来的。没有一份工作，可以让人轻而易举地领高工资；也没有一个行业，可以令人短期暴富。赵长鹏是例外中的例外，而且他们的钱也不是在加拿大赚的。

为什么加拿大难挣钱？这是因为多数华人英语能力不足，缺乏国外教育背景、本地工作技能和工作经验，找不到高收入工作。为什么难存钱？因为加拿大是一个高福利、高税收国家，即使找到高档次工作，也都小半缴税了。不少人年收入总数很可观，但是扣除国税、省税、养老金、失业保险、医疗保险等后，就大大缩水了。暂且不说各种保险，仅国税、省税两项，年薪 3 万需要合计缴纳 6000 多；年薪 5 万需要缴纳 1 万多；年薪 10 万需要缴纳 2.7 万多；年薪 15 万需要缴纳 4.8 万多，差不多相当于收入的 1/3。

总之，加拿大是一个高度成熟、制度完善的现代国家，各行各业都有长期形成的法规和习惯，很少有一夜暴富的机会。普通民众生活在这样的国家，要想维持基本生活，甚至维持有一定尊严的生活，都是比较容易的，但是要想短期内暴富，基本上比较渺茫。

第六节　移居加拿大的基本途径

加拿大地广人稀，900 多万平方公里的疆域上，只有 3600 多万人，其中还有一些人拒绝结婚、生子，年轻劳动力接不上，只能依靠外来移民保持社会活力。根据几年前的一份统计，每五个加拿大人中，就有一个是移民。如果没有移民，加拿大恐怕寸步难行。

加拿大接纳的移民，来自世界上六七十个国家，可谓"五花八门"。笔者曾在一个语言班学习，有幸认识不同的移民朋友。这个班规模最大时，也就十七八个人，却分别来自埃塞俄比亚、埃及、叙利亚、伊朗、伊拉克、印度、菲律宾、日本、韩国以及中国等，几乎就是一个世界各地人民的"大杂烩"。

“五花八门”的加拿大公民宣誓

图片来源：Canada visa

由于种族关系融洽，教育质量优良，自然环境优美，政治秩序稳定，加拿大颇受海外移民的青睐。即使这几年经济下滑，就业压力上升，大家移民的热情依然不减。移民加拿大到底需要什么条件？怎样才能判定自己有没有移民的资格呢？

很多人经常看到明星、富豪移民的新闻，以为只有他们才有机会申请，普通人根本不可能，其实也不尽然。加拿大固然希望有钱人去投资，但是也愿意接纳专业技术人员，帮助他们维持人口增长和经济活力。

总起来说，移民加拿大主要有四种途径：投资移民、技术移民、家属团聚移民和难民。难民是一个特定的法律概念，最初专指因种族、宗教、国籍、特殊组织身份或政治见解，而遭受迫害、心存恐惧的人，现在，因自然灾害、战争、内乱而失去国家保护的人，也被包括在内，比如陆续进入加拿大的叙利亚难民。这是一种非常规移民，所以不在本文介绍范围之内。

投资移民是目前中国人的主要移民途径之一。1986 年，加拿大联邦政府规定，只要申请者拥有至少 160 万加元资产，向加拿大提供 80 万加元的五年免息贷款，便可以申请永久居留。这基本上是一个用现金换签证的项目，成本低、风险小，很受各国富裕阶层欢迎。由于申请人数多，领事馆审理不及，截至 2013 年 6 月，加拿大投资移民项目积压了近 8.2 万份申请，其中 70%的申请来自加拿大驻香港领事馆。

2014 年 2 月，联邦政府认为投资移民纳税少、抬高房价，对加拿大经济发展贡献有限，废止了原来的投资移民项目。5.9 万份积压申请就此打了水漂，其中 4.5 万份来自中国。2015 年 1 月，联邦政府公布了新的投资移民项目，该项目要求申请人必须拥有 1000 万加元净资产，提供为期 15 年的 200 万加元风险投资，且需具备中等英文能力、专科以上学历以及资产合法来源证明等。如此苛刻的条件，令绝大多数人望而却步。据说，全球只有几人递交了申请。

不过，加拿大是一个联邦制国家，各省都有自主决策权力。联邦政府关闭投资移民大门，并不意味着各省也堵死了投资之路。事实上，加拿大部分省份不但继续吸纳投资移民，而且条件远远低于联邦政府规定，比如魁北克省要求申请者拥有 160 万加元净资产、两年以上企业管理经验和 80 万加元无息贷款，其他像卑诗省、爱德华王子岛、新布伦瑞克省等，要求的资产条件更低。目前，大多数中国投资申请者，走的都是省移民项目。

省投资移民与联邦投资移民的区别在于，前者登陆后必须在所申请省份居住一定时间，而后者则可以在联邦范围内任意迁徙。

如果一个人没有多少财富，依靠学历、职业、英语等，也可获得申请移民加拿大的机会。只要申请者具备专科以上学历，雅思成绩达到 4 个 6 分，最近十年内，在联邦限定的职业范围中，拥有一年以上全职工作经历，便有资格申请技术移民。联邦规定的职业范围，会随着社会发展而不断调整。比如，它在 2014 年公布的紧缺职业，就由 24 个增加到了 50 个。

在 2015 年以前，联邦技术移民执行的是“先到先得”原则。具体言之，即移民局会按照收到申请材料的时间，根据学历、年龄、工作时间、英语等逐项打分，只要申请者达到规定的 67 分，且没有犯罪记录，体检合格，就可以获得移民签证。对于符合条件的申请们来说，大家竞争的是投递时间而非得分高低。擅长投递材料的中国申请者，在当时似乎很占优势，一度成为加拿大最大的移民来源国。

然而，这一切，俱往矣！

2015 年 1 月，加拿大联邦政府改变移民政策，推出了移民快速通道(Express Entry，简称 EE 新政)。根据新政，申请人需要先在技术、技工和经验三个移民类别之中，选择一个适合自己的签证类别，借助自我评估打分表，估算出自己的分数，达到 67 分的，才可以向加拿大移民局递交 EE 申请。移民局积累一段时间后，会借助综合评分系统对申请者进行打分，然后根据投递时间和得分高低发出邀请，只有收到邀请者，才可以递交正式的移民签证申请。

EE 新政中三个类别的条件要求略有差异。其中，技术类需要至少一年的联邦 O、A、B 类职业经验，雅思成绩达到 4 个 6 分；技工类需要雇主聘书或加拿大职业技工证书，近五年内拥有 2 年技工经验，雅思听说成绩达到 5 分，阅读成绩 3.5 分，写作成绩 4.1 分；经验类需要在近 3 年内拥有一年联邦 O、A、B 类职业经验，其中 B 类职业雅思阅读成绩必须达到 4 分，其他 5 分，O、A 类职业雅思成绩必须达到 4 个 6 分。

这种新的移民政策，不仅更加看重年龄、语言、加拿大工作经验以及雇佣合同，而且还要将申请者比较一番，按分数高低发出邀请。换句话说，只有“十项全能”的申请者，才有可能获得成功。

事实证明，这种新规则对中国申请者极为不利。2015 年 7 月，EE 新政共发出 12017 份移民邀请，其中只有 531 份属于中国申请者，占总数的 4.42%，而印度受邀者占总数的 20.8%，菲律宾受邀者占总数的 19.4%，都远远超过中国受邀者。

相对来说，团聚移民最省钱省事。所谓团聚移民，就是由加拿大永久居民或公民，申请家人赴加团聚的一种移民方式。不过，这里的"家人"是有明确指向的，仅仅包括配偶、未婚夫/妻、子女、父母或祖父母，兄弟姐妹是没有资格享受的。所以，如果个人没有配偶、子女或父母在加，唯一的办法就是找个加拿大永久居民或公民结婚。

如果个人有配偶、子女或父母为加拿大永久居民或公民，那么在理论上，问题相对简单，只要没有犯罪记录，体检合格，就有成功的可能性。但是，落实到现实中，也需要费尽周折。首先，这类移民需要担保人具有一定经济实力，能够保障被担保人 10 年的生活。其次，每年父母或子女团聚有的名额有限。2016 年 1 月，联邦政府仅提供了 5000 个名额，而申请的人数据说有几万。

如果想通过结婚移民，则风险大得多。很多人都把结婚当作移民的捷径，取得身份后再离婚。加拿大政府吃一堑长一智，逐渐学会了防范。首先，工作人员会使用各种方式，判定申请者是真结婚还是假结婚；其次，被担保人入境后，必须在 90 天内与担保人结婚，否则就会被遣回；最后，被担保人抵达加拿大两年后，不能立即获得永居身份，而是需要住满两年。不过，2017 年 4 月 28 日，加拿大移民部修改了移民条款，允许加拿大配偶和同居伴侣登陆时即可获得永居身份。

近年来，加拿大的移民政策变化不定，常常令人感觉无所适从。不过，有一点可以确定，即加拿大将会越来越看重申请者的英语能力、工作经验、雇佣合同或社会适应能力。如果个人既没有投资实力，又不符合以上条件，恐怕只能望洋兴叹。

当然，现在的中国已经不同于 100 多年前。对很多人来说，留在国内与移居国外，孰好孰坏还是一个未知数。

第十三章　华人在加拿大的百年风雨路

19 世纪以前，中国南方走投无路的农民，多向东南亚迁徙谋生。进入 19 世纪后，伴随着中国至北美航道开通，中国南方农民调转船头，陆续奔赴美国和加拿大寻求出路。最初来到美、加的华人，不仅要忍受离愁别恨和缺吃少穿，还要遭受白人的歧视与排斥。很多人孑然一身飘零大半个世纪，既没有融入当地社会也没能落叶归根。进入 21 世纪后，华人移民大多拥有一定经济基础，不必再遭受经济上的凄苦，但是就业和生活仍然是巨大挑战。如何融入主流社会，在民主政治中争得一席之地，是加拿大华人未来的一项艰巨任务。

第一节　菲沙金矿与华工赴加潮[①]

在我们的印象中，中国传统社会是一个稳定的农耕社会，百姓聚族而居、安土重迁，不喜迁徙。但实际上，没有一个民族可以原地不动，长久在一个地方安居乐业。战争、天灾或人口的急剧增加，都会迫使人们不断地流转迁徙，寻找新的出路。翻开中国历史，看看历史学家的研究便会知道，几千年来，中华民族实际上始终在不断地流动，不断地开

---

① 本章第 1～3 节在撰写过程中参考了黎全恩、丁果、贾葆蘅：《加拿大华侨移民史》，北京：人民出版社 2013 年版；李东海：《加拿大华侨史》，台北：中华大典编印会 1967 年版。

拓新的疆域。将我们称为流动的民族，一点也不为过。[①]

当然，19 世纪以前，中华民族主要在东亚境内迁徙流转。此后，越来越多的人走向南洋、欧洲，甚至远赴美洲大陆谋生。根据史家研究，在 1788～1789 年，大约 120 名中国铁匠和木工，受英人米克斯船长雇用，经由澳门去了温哥华岛，建造帆船。这些人姓甚名谁，在温哥华岛过得如何，工资待遇怎么样，有没有返回中国，我们一概不知。不过，没有多久，这些华工工作的地方被英国卖给了西班牙，雇用华工的米克斯船长也返回了英国。这些华工的命运应该好不到哪里去。

华工在温哥华奴加港所造帆船

图片来源：维基

进入 19 世纪以后，随着人口迅速增长，老百姓的生活压力也越来越大。以广东为例，顺治年间，人均耕地尚达 7 亩多；嘉庆二十五年（1820 年），已经降到不足 2 亩；道光二十五年（1845 年），更是缩小到 1.3 亩。以当时的生产率，人均 1 亩多地恐怕是难以养家糊口的。更为重要的是，两次鸦片战争以及太平天国起义，完全将珠江甚至长江三角

① 参见安介生：《地图上的中国历史：民族大迁徙》，香港：中华书局 2014 年版。

洲经济打乱了。很多人不用说谋生，连性命都保不住。在这种情况下，部分人开始另谋出路。下南洋、赴北美，哪里能赚钱糊口就到哪里去。

当时，北美一带地广人稀，资源丰富，就缺人手。所以，美、加政府很欢迎华人去当苦力。1848 年，美国加利福尼亚州发现金矿，吸引了不少广东劳工去“淘金”。为了保证劳工供应充足，1860 年美国与清政府签订《北京条约》时，还特别作出规定，禁止清政府限制华工出国。事实上，中国人口众多，生存压力非常大，政府也没心思阻止老百姓出洋谋生。于是，消息灵通的东南沿海，首先出现了出洋打工热潮。有的人去了南洋，有的人则去了美国旧金山淘金。

咸丰年间的护照

图片来源：加州大学伯克利分校图书馆网站

1855～1857 年，北美菲沙河（Fraser River）下游发现了金矿。位于菲沙河畔的英属殖民地，遂成为华人谋生的又一个目的地。最初到达菲沙河畔的，主要是已经在美淘过金矿的华人。不久，珠江三角洲的很多华人，闻讯后也纷纷迁往菲沙河畔。从广东到温哥华，漂洋过海，需要花费几个月的时间。幸运者经过长途颠簸，侥幸能踏上北美大陆；不幸者则半路夭折，葬身鱼腹。据记载，有一艘运送华人的船只，离开香港时，登记为 280 人，到达温哥华时只剩下 68 人，其他人都在半路上“失踪”了。即使如此，广东华人还是前赴后继，纷纷出洋寻找机会。在那样的时代，个人迫于生活压力，没有太多的选择，只能在绝望中寻找希望。

这些华人登陆温哥华时，不列颠哥伦比亚殖民地刚刚成立，温哥华殖民地仅是一个海边小镇，都还没有加入加拿大联邦。1866 年，温哥华殖民地与不列颠哥伦比亚殖民地合并，又过了 5 年，才共同加入加拿大联邦，称作“卑诗省”。就此而言，这些来淘金的华人，也差不多算是卑诗省的创建者了。但是，早到几十年的白人并不这么认为。在他们眼中，华人身材瘦弱，饮食怪异，穿戴奇特，脑后还留着一条大辫子，根本就是没有开化的野蛮人。① 他们从内心里看不起东亚来的“流民”。当然，在那个时代，并非只有加拿大存在种族歧视，整个欧美都存在种族歧视现象。

1860 年以前，赴菲沙河畔淘金的，多为来自美国加州的华人劳工。他们凭着熟练的技术，每天能够赚五六加元。1861 年以后，来淘金的人越来越多，利润或工资急剧下降。有的华人也曾尝试单干，但是他们租不到好矿场，又受白人同行欺压，常常很快就关门歇业。因此，多数华人不得不到白人厂矿里去打工，每个月有三四十加元的收入。

当时的三四十加元值多少“钱”呢？据记载，当时矿区内的面粉每

---

① 《西岸东岸，彼海此海：华裔足迹在多伦多》，2012 年 6 月 1 日《加拿大都市报》，http：//www. dushi. ca /tor /news /bencandy. php /fid12 /aid69908.

包约60元，大米每包35元，茶叶每磅1.5元，白糖每磅0.5元。照此算来，一个月三四十元的收入，生活应该很紧张。只不过，多数华人都是一个人，没有家眷，开销较少，所以还能有点剩余。

华人不通英语，没办法与西人打交道，也不喜欢吃西餐。一些华人从中看到商机，便转而从事洗衣、做饭、裁缝、理发等服务性工作。1879年，卑诗省有4154名登记在册的华人，其中淘金工人（含渔夫）占47.5%，厨师和佣人占10.5%，零售商和雇员占9.2%，煤矿工人、洗衣工人、理发师、裁缝、屠夫和农场劳动者占15.7%。这意味着，一半左右的华人从事淘金、挖矿，一半左右的华人为他们提供服务，基本上是一个封闭的自我循环。淘金、挖矿工挣到的工资本来就不高，依靠他们消费为生的华人同胞，收入自然更为有限。

华人聚集的巴克维尔（Barkerville），摄于1870年

图片来源：加拿大卑诗省档案馆

在这种情况下，只有极少数华人实现了梦想。1860年，当地一份报纸报道说，一位叫李文（Ly Wing）的华人，拥有价值5000加元的金砂。还有一位叫周南胜的华人，1858年赴加淘金，后来转而种菜，没过几年又开办了自己的农场。相对来说，两家华人商号生意做得更大，其中一家叫“广利”，另一家叫“泰巽”。广利号总部设在美国旧金山，它

看到华人涌入卑诗省，便紧随其后来到加拿大开设了分号，专营国货贸易和船务代理。它还拥有 100 多匹骡马，从事矿区的运输生意。泰巽号是在卑诗当地发展起来的华人商号，拥有多艘桅船和轮船，专做香港与温哥华之间的运输生意。

19 世纪 70 年代末，华人开始向加拿大东部迁徙。1878 年，一位名为孙清（Sam Ching）的华人，迁居到多伦多市，在市中心创建了自己的洗衣店。1881 年，登记在册的多伦多华人增加到 10 人，开了 4 家洗衣店。此后十余年间，中国人经营的洗衣店遍及多伦多，成为当时北美华人商业的一个缩影。

华人选择开办洗衣店，也是没办法的办法。本来，华人男子在中国时，大都不负责洗衣服。可是，到了加拿大，他们不懂英语，没有资金，没有技术，找工作很困难。而开办洗衣店，只需要买些搓板、肥皂、熨斗和熨衣架，两三个人就能应付得来。因此，最初从加拿大西部转移到东部地区的华人，大多从洗衣业寻找突破口。可以说，这个行业给予了众多早期华人在加拿大生存下去的希望。但是，从长远来看，它也使得华人容易形成依赖心理，不愿意挑战更具竞争力的工作。

总之，对于早期登陆加拿大的华人来说，日子是非常艰苦的。这种苦既包括工作上的苦，也包括生活上的苦。工作上，他们受白人排斥，只能跟在白人劳工身后，淘一点“漏网之金”；生活上，没有家人陪伴，没有游戏娱乐，单调而寂寞。更为重要的是，当时的清政府，内受太平天国起义之累，外受英法联军冲击之苦，自身摇摇欲坠，没有能力和心思保护海外的这些子民。华人只能靠着汗水和运气，在人生地不熟的北美大陆，寻求立足之本。

第二节 加拿大太平洋铁路上的“道钉”

19 世纪 70 年代末，加拿大的淘金热接近尾声，华人赴加拿大的热情本应冷却了。可是，1880 年，加拿大太平洋铁路的破土动工，又刺激了一场更大规模的华工赴加潮。

卑诗省濒临太平洋，远离加拿大东部的联邦政治中心。1871 年，它加入联邦时提出一个要求，希望联邦修建一条贯通东西的大铁路，将卑诗省与东部诸省连接起来，以便能够刺激自己的经济成长。修建一条横跨东西的大铁路，需要花费巨额的钱财，所以联邦政府一拖再拖，几乎令其成为了泡影。卑诗省政府以退出联邦相要挟，才逼着联邦国会通过了修建铁路的议案。1880 年 4 月，太平洋铁路准备动工兴建。这条铁路东起蒙特利尔，西至温哥华，全程 3800 公里，对于地多人少的加拿大来说，可谓工程浩大。

加拿大首部火车

图片来源：RCI

当时加拿大人口有限，老少加起来，只有几百万，而且白人劳工又多不愿意干脏活、累活。于是，联邦总理麦克唐纳便接受了工程师的提议，决定雇用华人劳工。这位工程师参加过修建美国中央太平洋铁路，知道华人吃苦耐劳、工资便宜，更重要的是，华人劳工数量众多，招募起来很容易。尽管此举会减少白人工作机会，遭到劳工协会抨击，但是加拿大联邦没有太多选择，最终采纳了这个建议。从 1881 年开始，加拿大出现了新一轮的华人登陆潮。

一部分华人劳工，是直接从美国转来的。更多的华人，则是通过联昌公司介绍和组织来的。联昌公司的股东之一叫李天沛，广东台山人，早年赴美国淘金，靠着头脑灵活，积累了部分资金和人脉。当听说加拿大联邦准备修建铁路，便与在温哥华经商的几个同乡，组织成立了劳工中介公司，专门招募同乡赴加修路。还有一名叫叶春田的华商，也通过招工广告，将 7000 名广东五邑同乡送到了加拿大。后来，叶春田成了温哥华华人首富。

“黑珍珠号”轮船甲板上的中国移民（1889 年）

图片来源：加拿大图书与档案馆网站（LAC）

这次华人赴加潮，不仅时间集中，而且数量庞大。根据黄安年先生搜集的资料，仅 1881 年 1～6 月，就有 15701 名华人远赴加拿大，其中 1 万名直接来自中国，其他由美国转来。到了 1887 年，共计 2.5 万余名华人进入加拿大，占当时卑诗省总人口的 1/5。这显然不是一个小数目。据此，可以说，如果没有华人劳工，加拿大联邦想贯通太平洋铁路，还真是有点困难。

这些华工出门时，多数穷得要命，没钱买船票，也没钱买随身用品。他们的盘缠和安家费，都是从中间商那里预先支付的。我们不知道，他们出国时心中是何种滋味？是梦想着有朝一日能够衣锦还乡？还是担心会一去不复返，孤独客死他乡？当然，无论他们当时怎么想，都会很快发现，在加拿大修建铁路，实在是一个极其艰苦的工作。

华人劳工修建太平洋铁路（1884 年）

图片来源：加拿大图书与档案馆网站（LAC）

加拿大铁路公司按照不同的工种，制订了不同的工资待遇。木工需要一定技术，工资最高，每日 3.5 加元；爆石工经常面临生命危险，每日工资 3～4 加元；泥水工比较累，每日工资 2.5～3.5 加元。没有任何技术含量的普通工，工资最低，每日 1.75～2 加元。技术性的工作，多由白人劳工把持；华人得到的，多为普通工或爆石工，而且工资比白人少一半，多为每日 1 加元左右，平均起来也就是每月四五十加元。

华人每月四五十元的收入，能够剩余多少钱呢？根据当时的一份调查，华人劳工每年的副食和衣着费约 130 元，住宿费约 24 元，生活用具和旅费大约 10 元，洪门帮会会费 5 元，油、灯、水烟费 5 元，政府路税 5 元。从这份日常生活开支单来看，如果华人劳工省吃俭用，没有额外开支，那么每年 300 多元的收入，扣除以上种种开支，每人每年理论上应该有 100 多元的剩余。但是，一个人不可能天天上班，也不可能没有额外开支。从调查来看，华人劳工每人每年剩余三四十元钱。

如果华人劳工事事顺利，平平安安，能够把剩余的钱寄回老家。也是一笔可观的财富。1890 年之前，加元和银元大约是等值的。一名普通劳工的月薪，约为 1 两白银。华人劳工每年省下的这几十加元，约等于二三十两银子，相当于国内普通工人一年毛收入的 2 倍多。因此，这点钱寄回家乡还是挺“值钱”的。在广东台山，人们从前都把美洲华侨称为“金山客”，把他们携带的大铁箱称作“金山箱”，或许就是由此而来。

蒸汽机火车通过卑诗省铁路桥

图片来源：RCI

事实上，不少华人劳工根本没有机会寄钱回家。那些从事爆破的华人劳工，稍有不慎，就会葬身山谷。当时，炸药制作、爆破技术以及保护措施都比较简陋，炸死人的事常有。据记载，有一次爆破事故就吞噬了五六百人的性命。由于华人承担的，都是危险地段的修建工作，即使不从事爆破，也经常面临生命危险。根据加拿大华人媒体预测，华人在修建加拿大太平洋铁路过程中的死亡人数至少在 3000 人以上。可以说，加拿大太平洋铁路的大部分道钉上，都沾染着华人劳工的汗水和鲜血。

据李东海先生研究，1881～1884 年到加拿大的华人劳工，并没有全部获得修建铁路的机会。实际上，真正受雇于铁路公司的，只有 6500 人，其他华人多随着铁路修建的进程辗转各地，从事搭房、洗衣、餐馆、小贩等工作，说白了，就是为同胞提供后勤服务。他们靠着筑路工人吃饭，收入自然高不到哪里去，少的每月十几元，多的每月 30 多元，基本上难有余钱。不过，对于他们来说，这种服务经历也有好处。毕竟，修建铁路是有期限的，不可能一直持续下去。等到铁路修完，必须考虑新的出路，到那个时候，这些从事服务的华人，就稍微有些优势了。

1884 年，经过华工艰苦劳作，太平洋铁路马上要提前完工。铁路公司开始陆续解雇工人，至次年冬天，已经差不多解雇殆尽。这些失业华人，部分转到北部去淘金，400 多人应招去了墨西哥修建铁路，更多的人则流落卑诗街头，无以为生。中华会馆不忍，筹集资金送了两三千人回国。留下来的，必须寻找新的谋生机会。

根据 1885 年的调查统计，多数留下来的华人，都转行做了体力工人。在维多利亚，他们从事的工作包括厨师、佣人、商店雇员、鞋匠、蔬菜园丁、洗衣工人等；在新西敏，主要集中于农场劳工、渔夫、木厂工人、挖沟工人和燃料切割工人等；在纳奈莫和惠灵顿，则主要是矿工、厨师、佣人等职业。总起来看，都是一些不需要太多技术而且工资较低的体力活。

渔夫每月的工资稍高，在四五十至七八十加元之间，但是每年只有四五个月的工作时间，不稳定；挖煤工人每月工资 30～45 加元；农场劳工、木厂工人、木匠、鞋匠、小贩、店员等每月工资 20～30 加元；个人洗衣店每月收入四五十加元至 100 加元不等。根据陈林瑞推测，平均下来，华人平均每人的年收入在 225 加元左右。这个收入水平，似乎不及此前筑路工人的工资。如果扣除每年衣食费用 130 元，房租 24 元，其他费用 28 元，精打细算，理论上能余下 43 元。根据此前筑路工人的收支来看，200 多加元的收入，事实上恐怕难有剩余。当然，具体到个人，收入差距还是比较大的。到了 20 世纪初，有的华人已经能够供应子女上大学。

华人一家在其商铺前合影（1895 年）

图片来源：温哥华档案馆网站

与此前相比，19 世纪末在加华人的处境略有改善。首先，维多利亚华人成立了中华会馆（The Chinese Consolidated Benevolent Association），致力于帮助新移民，维护华人同胞权益。华人总算有了属于自己的民间团体。其次，清朝政府经过英法联军“教训”，接受了西方外交观念，开始向各国派遣大使，并尽力保护海外华人权益。1882 年开始担任旧金山总领事的黄遵宪，就曾经多次与中华会馆商讨，如何帮助流落街头的华人劳工返回祖国。对于在加华人来说，他们的服务和帮助只能算杯水车薪，但是无论如何，算是给了华人一点希望，象征着一个新的开始。

卑诗省维多利亚街上的华人（1897 年）

图片来源：加拿大图书与档案馆网站（LAC）

从长远来看，这批付出了沉重代价的华人铁路劳工，所做出的贡献是无法估量的。他们不仅打通了加拿大东、西两端，使得卑诗省融入加拿大联邦，强化了加拿大抵御美国的资本，而且也促成了北美第二大华人社区的出现，为今日华人赴加甚至增强中加两国交往，奠定了初步基础。

第三节　从限制入境到禁止入境

近代以来，在中国人的心目中，民主是个“好东西”。在某种意义上，这一说法确实有道理，但是也不能绝对化。实际上，民主的“好”不是对所有人而言的，它是有限度的。只有作为公民的“圈内人”，才能享受到民主的红利。那些民主政体的“局外人”，不仅得不到民主政体的“好”，有时反而会成为它的牺牲品。

20 世纪初温哥华的“白人加拿大”选举公告

图片来源：温哥华公共图书馆电子资源

19 世纪末 20 世纪初，加拿大的民主制度，成形不过一二百年，排斥外来者的色彩就很明显。

修完太平洋铁路后，加拿大联邦为了顺应白人选民意愿，“卸磨杀驴”，开始限制华人登陆。为此颁布了人头税法令，要求登陆加拿大的华人，必须缴纳 50 加元人头税，几年后涨到 100 加元，继而又涨到了 500 加元。联邦政府试图以此限制华人入境的数量。

20 世纪初，对于华人来说，500 加元可不是一个小数目。它相当于华人劳工 2 年的工资。据说，有一家华人移民，做了 17 年小生意，才把借来缴人头税的钱还清。

然而，即使如此，漂洋过海的广东华人，依然络绎不绝。没办法，老家成了革命党人的集聚地，枪声隆隆，兵荒马乱，让他们看不到希望。即使武昌起义爆发、南京临时政府建立，也无法让他们安心。

一种解脱的办法，就是跟着家人、老乡或朋友，到海外碰碰运气。

1901～1904 年，共有 11287 名华人进入加拿大；1905～1923 年，共有 42447 华人进入加拿大。其中，辛亥革命爆发后，进入加拿大的华人，更是连续三年保持在每年 6000 人以上。

此前，华人来到加拿大，可以挖金矿、煤矿，可以修建铁路；20 世纪初来到加拿大，金矿已经衰落，铁路已经修完，只能想别的出路。

在维多利亚岛，1/3 的华人进入罐头厂工作，1/3 的华人经营餐馆。多伦多的华人则喜欢开洗衣店。1905 年，多伦多华人开了 228 家洗衣店。1921 年，增加到了 358 家。加拿大中部的华人，更热衷开餐馆。他们最初卖中餐，继而尝试卖西餐，进而又中西结合。还有的华人，致力于开杂货铺，卖些从中国运来的生活用品。

餐馆、洗衣店和杂货铺，成了华人“三大支柱”产业。经营餐馆和洗衣店又苦又累，且没有休息日，白人劳工不愿意做。

华人开的杂货铺，市场小、利润低，不过做好了，也有成功的。一位名叫陈才的广东华人，从杂货铺做起，慢慢积累，成立了“森记”（Sam Kee）杂货公司。当然，在当时的政治环境下，他也免不了碰钉子。

1912 年，陈才在温哥华唐人街买下一块地，准备建造一座大厦。可是，当他向政府提交兴建计划时，却只被批准了约 2 米宽的空间。政府的理由是将来需要拓宽街道。陈才交涉无效，无奈之下，只好修建了一座约 2 米宽的大厦。华人的不受尊重甚至被故意刁难，由此可见一斑。

现在，“森记”公司已经成为温哥华唐人街的一处历史遗址。

1912 年多伦多华人洗衣店

图片来源：多伦多档案馆网站

一战期间，加拿大丧失了大量青壮年劳动力，各行各业都缺少人手。华人见缝插针，开拓了很多新的行业。排在前列的，分别是服务、农业、伐木、捕鱼、捕猎、矿业、采石、制造、建筑、运输、贸易、金融等。其中，以洗衣和餐馆为代表的服务业，仍然是华人就业主流，但就整体来说，就业范围与之前相比显然扩大了很多。

1917 年安大略省的四位华人劳工

图片来源：加拿大图书与档案馆网站（LAC）

对于华人来说，扩大就业范围是好事。但是，这恰恰是白人劳工所不愿看到的。革命年代，我们经常说“全世界无产阶级是一家”，其实有点一厢情愿。实际上，现代欧美国家的产业工人，最不喜欢外来务工者，尤其是不喜欢不怕苦、不怕累的务工者。因为这样的人来了，就会减少他们的工作机会。

华人劳工恰恰以任劳任怨、不怕苦累著称。他们进入到各行各业后，自然会激起白人劳工的嫉妒。

其实，华人与白人劳工的待遇差别很大。干同样的活，华人拿到的工资往往比白人少一半。在罐头厂工作的白人劳工，每月可以挣 80.91 加元，华人只能拿到 40～50 加元；在煤矿工作的白人劳工，每月可以挣 90～120 加元，华人则只有 37.5 加元。这个工资水准，还不如几十年前华人挖金矿、修铁路挣得多。

可是，华人的工资越低，越招白人劳工嫉恨。因为，既然雇用华人可以节省成本，雇主自然不愿雇用白人。白人劳工没办法要求雇主，就把这个账记在了华人劳工身上。

若在传统社会，一拨人无论怎么愤恨他人，除了排斥、孤立，最多打打骂骂，没什么别的发泄方式。可是，在现代民主社会中，情况就完全不一样了。白人劳工有工会，有投票权，他们可以借助工会，推动国会立法，可以通过投票，要求政治家满足自己的要求。

1923 年，加拿大联邦国会在工会强烈要求下，通过了禁止华人入境法令。根据此法令，华人缴再多的人头税，也不能进入加拿大。即使家人在加拿大，他们也没有权利申请入境。在加拿大的华人想见家人，只能回中国去，而且还不能离境超过两年，超过两年就不能再返回加拿大。

安大略省多伦多的一家华人印刷店（1923 年）

图片来源：加拿大图书与档案馆网站（LAC）

这个法令对华人真是雪上加霜。在此之前，女人在家侍奉公婆，一直是中国的传统，同时，由于人头税太高，多数华人一般不把女眷接到加拿大。可是，现在，即使有了财力，也没办法接过来了。他们只要不回国，就只能一个人孤独地挺着。

每个地方的唐人街，都成了“单身”男人社会。

直到 1947 年，加拿大联邦才废除禁止华人入境法令，允许华人家眷申请入加团聚。其时，很多早年来到加拿大的华人劳工，已经垂垂老矣，独自度过了半生。

总之，20 世纪上半叶呈现的可以说是赴加华人的一部辛酸史和血泪史。他们先是被要求缴纳高额的人头税，后又被禁止申请家人团聚，受尽了歧视与磨难。华人在这样的环境中，只能暂时谋求基本的温饱，很难谈得上开创事业。

第四节　排华法案其实没那么简单

很多中国人都知道，在近代历史上，美国曾经有过排华风潮，颁布过排华法案，但是恐怕不清楚，一向温和的加拿大，也发生过这样的事情。

1872 年，卑诗省议会通过法案，剥夺了华人及印第安人的选举权。十几年后，卑诗省议会又先后通过法案，禁止华人购买皇家土地，限制华人入境。

1885 年，联邦国会通过选举法案，剥夺了华人的选举权。十几年后，又要求入境华人缴纳 50 加元人头税。至 1903 年，人头税增至每人 500 加元。这项人头税是专门针对华人的。

1923 年，联邦国会通过新的华人移民法案，禁止华人入境，即使拥有英国国籍的华人，也不例外。

以上不过是加拿大排华法案中的几个小片段。根据卑诗省新民党统计，从 19 世纪中期到 20 世纪中期，仅卑诗省通过的排华法案，就有 100 多项。为什么注重人权的加拿大，会出现如此规模的排华浪潮？为什么又会以国家法律的形式体现出来？

众所周知，加拿大排华法案多与两个因素有关：一是主流社会对华人的种族歧视，他们认为华人不讲卫生，一心挣钱，难以归化；二是华人劳工的到来，削减了白人工作机会，影响了他们的收入，因而遭到他们激烈抵制。这两个要素交织在一起，共同促成了多项排华法案的通过。

但是，如果我们把目光放得远一点，就会发现，排华法案不是加拿大一国所独有的，它是近代世界史上的一个普遍现象。而且，如果我们把目光放得更宽一点，就会知道欧洲白人不仅排斥华人，也排斥过美洲原住民、穆斯林以及其他东亚移民等等。

从这个角度来看，问题恐怕就不那么简单了。我们需要进一步思考，近代欧洲白人为何对弱势族裔抱有那么大的偏见？以保护人权与公民权为天职的司法体系，为什么不能挺身而出，为弱者伸张正义？

波兰社会学家齐格蒙特·鲍曼曾经写过一本书，名字叫作《现代性与大屠杀》。这本书以法西斯屠杀犹太人为例，反思了现代性与野蛮屠杀之间的内在关联。在他看来，启蒙运动激发了人类理性，使人理性地规划一切，理性地设计未来。当他们意识到，在未来的人类花园中，有的人不能作为花园中的一景，而注定成为破坏花园的杂草甚至毒草时，便产生了以非常手段“清洁”花园的理性规划。就这样，绝对理性变成了绝对野蛮，法西斯以绝对理性的方式，实施了对犹太人的屠杀。

波兰社会学家齐格蒙特·鲍曼及其著作

鲍曼的这种解释，有助于我们从更深层次上反思种族歧视背后的现代性因素。

近代的欧美民众，可能没有什么宏大的理性规划，但是他们都接受了

“国家观念”的洗礼，成为了一种“特定的人”。“你”是美国人，“他”是加拿大人，“我”是澳洲人，大家都是不同国家身份的人。而且，每块土地被视为特定人的特定资产。外面的人来了，如果他们欢迎，就允许留下；如果他们不欢迎，就想方设法令其离开。所谓“白人的加拿大”“白人的美国”“白人的澳洲”，都是这种“国家观念”的一种侧面反映。

这种现代的“国家观念”，再加上白人对于华人文化的偏见，自然会生出强烈的排斥感。

更为重要的是，这种“国家观念”不仅重塑了人们的精神世界，还为他们提供了有力的自卫工具。在古代社会，帝国对臣民的保护，多出自统治者的良心；近代以来，政府保护公民权益，则是必须履行的义务。近代欧美国家宪法都承认，政府必须保护公民的合法权益，包括他们在海外的合法权益。在民选政体下，如果执政者保护不力，还会面临去职的压力。

民选政体下的政治家，为了上位或者谋求连任，必须竭力满足选民的利益诉求。如果不满足，选民轻则予以舆论讨伐，重则走上街头示威罢工，同时还会利用选举投票向政府施压。

1919 年加拿大温尼伯工人罢工

其实，无论加拿大还是美国，在排华风潮甚嚣尘上时，都会有“孤独的清醒者”，并不是所有白人都积极排斥和限制华人。但是，在民主政治之下，在大众意见占据主导的时代，清醒者不敢轻易发声；即使发声，也会被淹没于众声喧哗之中，改变不了大局。

因此，民主政体之下的国家立法，归根结底，取决于多数选民的素养。当多数选民理智温和时，其主导的立法，就会多一些公平的成分；当多数人偏执疯狂时，他们主导的立法，就会多一些疯狂的成分。

不用说别的，仅看看历史上美国的黑人种族隔离，德国的法西斯屠杀，就会明白，那个时代的欧美国家，虽然比亚非大陆“现代”得多，但也只是具备了现代意义上的制度框架而已，并没有演化出现代意义上的民众心灵。相反，由于提前受到了现代国家主义观念的洗礼，他们对弱势族裔的鄙视和排斥，似乎更为强烈。

奠基于这样心灵之上的民主政治，自然而然地就会催生排华法案之类的歧视性法令。

当然，从源头上来说，近代欧美文化所标举的“自由”“平等”，并不是针对特定人的，它追求的是人人自由、平等。法国的《人权与公民权宣言》、英国的“不成文宪法”以及美国宪法，都明确表示既保护公民的权利，又保护“（所有）人”的权利。换句话说，在法律意义上，政府应该认可境内所有人的基本权利，无论他是公民还是未被归化的外国人。

可是，到了现实政治中，“人权”与“公民权”往往就成为一对矛盾。当公民要求限制外人、禁止外人入境时，议会应该接受还是应该拒绝？如果接受，就会违背法治精神，使宪法规定的人权保护流于形式；如果拒绝，就有可能失去选民支持，沦为他们抨击的对象。

通常，议会会满足公民的要求。作为公民选出的政治代表，这样做可以理解。但是，最高法院作为宪法精神的阐释者，按理说，则应该将人权保护放在首要的位置。毕竟，人权是公民权的基础。美国最高法院也确实曾撤销过加州的排华法案。但是当它面对联邦层面排华法案时，往往就会慎之又慎，能不审理就不审理。

这个事也确实令美国最高法院为难。如果尊重华人权利，他们就必须以少数人的意志，否定多数公民的意志；如果肯定排华法案，则意味着自己没有尽到忠实阐释宪法的责任。总之，左也不是，右也不是，只能以不介入政治为由，拒绝审理。即使迫不得已进行审理，也往往判定宪法赋予了国会全权处理外人入境和出境事务的权力，从而使自己超脱于外。

美国法院在这个问题上的微妙立场，折射了近代国家体制在公民保护与人权保护问题上的“纠结”：保护外来人的权利，就会“损害”本地公民的权益；如果满足本地公民的要求，又必然伤及外来人的权利。当时，欧美民主政治尚没有能力化解这个困境，只能先履行保护公民的义务。

早期美国最高法院外景

当前，成熟的欧美国家，已经形成了多元利益协调机制，能够比较好地尽到保护人权的责任。但是，人员流动与责任政府之间的矛盾并没有消失。如何对待外来人口，如何化解少数族裔与主流族裔的冲突，仍是各国需要谨慎面对的棘手难题。

第五节　二战后加国华人职业的艰难转型

20 世纪上半叶，华人从中国来到加拿大，不仅仅是换了一个地方，也是换了一个时代。他们是从农业社会一脚踏进了工业社会。要想在这个完全不同的社会中获得体面的工作，既需要克服语言障碍，还要弥补时代差距，对于他们来说，难如登天。

在加拿大成长起来的华裔子弟，从小接受本地教育，机会相对多一些。事实上，首位出生在加拿大的华人温金有，表现确实优于父辈。他精通英语，熟悉法律，先后担任过中华会馆英文秘书和温哥华法院传译员。在当时，对于在加华人来说，这已经是非常体面的工作了。

但是，由于经济结构单一，技术工作职位有限，联邦政府禁止非公民从事律师、会计、工程师等上层职业。即使他们完成大学教育，也没有执业机会。在这种情况下，没有公民权的华裔子弟，只能像他们的父辈那样，在底层社会中苦苦谋求生计。

第二次世界大战改变了一切。

战争像一把无情刻刀，将欧洲刮削得千疮百孔。但是，作为战争后方基地的北美却因祸得福，成为了工业化的前沿阵地。美国自不必说，即使地广人稀的加拿大，也在雪片般的订单之中完成了由农业国向工业国的蜕变。那个原本以出售木材、水产和小麦为生的经济小国，短短两三年之间，就建立起飞机制造、钢铁、造船、能源等重工业体系，成为了工业强国。

这些重工业创造了更高层次的就业职位，为白人提供了更富有挑战性的工作领域，使得他们不必再像以前那样，固守医生、律师、药剂师、教师等行业，而是拥有了更多选择。尤其熟练的技术工人，选择机会更多。他们不仅可以在国内自由选择，还可以选择到美国去。二战以后的美国，经济发展势头更猛，提供的工作岗位也更优越。

二战结束以后，联邦政府及各省赋予华人公民权，意味着向华人敞开了专业技术领域的大门。只要华裔公民具备相关能力，就能申请医生、律师、药剂师以及其他技术职位。理论上讲，这扇大门已经对华人开放，剩下的，就看他们的心态和努力了。

恰在此时，中国政治出现了意想不到的大转型：共产党战胜国民党，成为新的执政者。

在此之前，多数在加华人“身在曹营心在汉”，总想着有朝一日，能够荣返故里。太平洋对岸那块故土，才是他们魂牵梦绕的家，才是最终的精神归宿。因此，多数华人并未想着如何在加拿大创家立业，而是把省吃俭用攒下来的钱，都寄回老家。

在此之后，随着中国政治环境改变，不必说定期接受海外汇款，即使拥有海外关系，都一度成为一种政治过错。海外关系不再是一种资本和荣耀，反而变成了烫手的山芋。

对当时很多在加华人来说，太平洋对岸的那个家似乎回不去了，寄钱回家也变成了一件危险的事。根据相关统计，从 1952 年开始，海外华人寄回老家的钱不断减少，由 18 万多美元降到了 13～14 万美元。多数华人不得不接受一个现实，即他们必须要在当地终老一生了。

在加拿大成长起来的华裔子弟，更没有任何要“回家”的感觉。他们从小学英语、说英语，接受西式教育，拥有西人朋友，认同当地价值观，故土的观念本来就很淡薄。现在连父母都回不去了，他们与中国的情感距离自然变得越来越疏远。或许，在他们心中，加拿大才是自己的家园。

卑诗省温哥华华裔子弟观看电影（1945 年）

图片来源：加拿大图书与档案馆网站（LAC）

对个人来说，这种精神上的认同至关重要，它会决定一个人的归属感和努力方向。事实上，此后很多华人子弟的表现，也确实印证了这一点。他们中的优秀之士，都把精力放在了开拓专业技术职业上。

1947 年，毕业于多伦多大学的周爱权，成为首位华裔验光师；1954 年，毕业于不列颠哥伦比亚大学的郑天华，先是取得律师执业资格，继而又史无前例地当选首位华裔联邦议员；1958 年，毕业于不列颠哥伦比亚大学的范尔瑞，历经艰辛，成为得以挂牌执业的华裔律师之一；1962 年，毕业于麦吉尔大学的梁甦华，负责创建了不列颠哥伦比亚大学牙医学院。

不仅土生土长的华裔子弟，将就业目光投向了专业技术领域，即使移民加拿大的华人，也把进入专业技术领域纳入了职业规划。根据相关统计，1954～1967 年的 9664 名华人移民中，约 40%希望从事专业技术行业，准备从事服务类工作的，已经下降为 27.7%。1966 年，在 4094 名华人移民中，147 人希望当护士，97 人希望当速记员，87 人希望当中小学老师，81 人希望当市政府公务员，72 人希望当科技技术员，其他人则想当工程师、绘画员、厨师、记账员、机械修理工、医生等。

与此同时，很多华裔子弟也逐渐意识到，在民主政治之下，权益都是靠自己争取来的，只有投入民主选举中去，获得参与立法的机会，才能从根本上改善华人就业机会。因此，从 20 世纪 50 年代开始，华裔子弟便开始参与选举，陆续进入市、省甚至国会议员行列。其中，曾经当选联邦国会议员的郑天华，是当时华人从政的典型代表。

总起来说，与几十年前相比，二战以后在加华人的处境大为改善，他们不再是加拿大的“看客”，而是变成了参与其中的一员。但是，排华法案的废除并不意味着华人前途立刻变得光明。事实上，制度排斥消失了，个人层面的歧视与抵制，并不可能在一夜之间烟消云散。

一位华人议员曾经回忆，当年自己一家人刚刚入住高等社区时，周围几乎都是白人邻居，根本没有华人同胞的身影。他们参加上层宴会时，白人朋友也会说自己有中国朋友，可是细问之下，才知道白人所谓的中国朋友，其实是家里的厨师或佣人。

值得庆幸的是，此后几十年中，加拿大社会不断地走向宽容，逐渐形成了高度多元的文化共存机制。时至今日，有形的歧视或排斥，基本上都失去了容身之地。至少在制度和法律层面，不仅华人，其他所有少数族裔，都获得了平等公民权利。

第六节　香港华人移民为何“别样红”

早期加拿大华人主要来自广东地区。从 1950 年代开始，自香港赴加的华人数量开始上升，1967～1977 年，几乎每年都维持在 1 万人以上。1986～1998 年，受政治局势影响，香港居民再度掀起移民加拿大的热潮，最高时移民人数每年达到 4 万多。

经过几十年积累，香港华人一度占据了加拿大华人的半壁江山。随着中国内地移民人数骤然增加，在加香港华人的比例才有所下降。根据 2011 年的一份统计，香港华人在加拿大华人中占 14%，仅次于中国内地移民，远远高于来自其他地区的华人。

其实，在加拿大华人群体中，香港移民的引人注目之处还不在于人数多，而是在于他们获得的成就大，融入主流社会的程度高。在加拿大各行业精英中，几乎都可以看到香港华人的影子。仅以下这些代表的名字，就足以令他们在加拿大华人圈中“傲视群雄”。

伍冰枝，曾任加拿大广播公司主持人，1999 年被委任为第一位非白人女性加拿大总督；

利德蕙，著名服装设计师、时装企业家，1998 年被提名为联邦第一位华裔参议员；

林思齐，温哥华房地产企业家，1988 年被提名为卑诗省总督，开创了华人担任省督的先河；

李绍麟，水质专家，2009 年被委任为马尼托巴省省督；

陈小萍，现任国会议员，曾任联邦政府长者事务部国务部长。

其他如国会议员邹至蕙、关慧贞、梁中心等，新时代集团创始人冯永发，加卫集团总裁覃润琼，多伦多地产商雷普信，国际著名免疫学专家麦德华，JNE 工程公司创始人吴祖，多伦多总警司源植勉，多伦多佛光会会长陈伟才等，皆为来自香港的华人移民。

总体而言，香港华人经济实力雄厚，社会影响力深远，在加拿大社会舞台上构成了一道靓丽的风景线。

香港移民进入加拿大，也不过是半个多世纪的事情，为什么他们在短短几十年，就能融入到主流社会中，屡屡刷新华人经商、从政或行医的最高纪录呢？是因为他们起点高、家境好吗？

翻翻他们的履历，可知其中很多人，的确不是出于寻常百姓之家。伍冰枝的父亲曾任加拿大商务局驻华代表，利德蕙出身于香港著名的利氏家族，林思齐和冯永发的父亲皆为香港银行家，李绍麟的父亲是香港进出口贸易商，覃润琼也毕业于香港名校，移民之前是恒生银行分行经理。

乍看之下，家境似乎赋予了他们成功的资本。

然而，如果细究，其实不尽然。伍冰枝幼年跟着父母颠沛流离，是以“难民”身份进入加拿大的。而且，她进入加拿大时，排华法案还没有被废除，华人尚无出头之日。利德蕙虽然出身名门，但是她完全靠着自己赴加留学，慢慢闯荡出了一片天地。冯永发转战温哥华时，父亲已经去世，家业由弟弟继承。林思齐更是在 44 岁之时，毅然放弃家族事业，移民加拿大，白手起家，从零开始。至于陈卓愉、陈小萍、邹至蕙、关慧贞、吴祖、雷普信等人，青少年时代家境贫寒，皆尝尽世间辛酸。

当然，如果说家庭对他们没有任何帮助，也不对。以上移民精英，无论家境优越还是贫寒，都拥有一个共同点，即父母都为他们提供了优质教育机会。伍冰枝先后就读于多伦多大学和巴黎大学，利德蕙先后就读于麦吉尔大学和多伦多大学，林思齐先后就读于岭南大学和美国天普大学，陈卓愉曾就读于不列颠哥伦比亚大学，李绍麟曾就读于马尼托巴大学，其他人也大都在加拿大完成高等教育。这种当地教育背景使得他们英语流利、人脉资源丰富、适应能力强，为以后开拓事业奠定了良好根基。

从这个角度来说，如果没有当地教育背景，融入加拿大主流社会，可能会困难很多。

拥有良好的教育背景，只是以上移民精英的起点，真正促使他们成功的，还是他们身上所蕴藏的那种进取心、事业心和百折不挠的精神。林思齐、冯永发放弃家族的金融事业，坚决走自己的路，从开设小店铺起步，稳扎稳打，最终构筑了超级地产王国；伍冰枝、利德蕙在艺术道路上不懈追求，功成名就后又投身慈善，最终获得联邦政府委任；麦德华、源植勉专注于自己的职业，心无旁骛，精益求精，最终赢得业界认可；陈小萍、邹至蕙等人则把服务社区当作一项事业来做，十年如一日，最终进入了联邦国会。他们的家境不同、经历不同、事业也不同，但是都凭着永不言败、勇往直前的精神，积累了雄厚的经济实力和社会影响力。

与来自内地的华人相比，这些香港华人有一个突出特点，即他们对加拿大拥有强烈的归属感。一般来说，华人移民加拿大后，都会多少有点“身在曹营心在汉”的纠结。即使“心不在汉”，也不愿过多参与公共事务，而只把它当作一个落脚之地。来自香港的这代移民精英，却呈现出完全不同的精神风貌。他们把加拿大当作自己的家园，投入毕生精力，经营人生，反哺社会。据说，林思齐就经常劝导新移民“烧了条桥，落地生根”。这是一句潮州方言，意为既然来到加拿大，就要断掉回去的路，沉下心来，扎根加拿大。

以前经常会疑惑，同为华人，为什么香港华人差别就这么大呢？看了利德蕙女士一段话，豁然开朗。利德蕙说，他们那一代香港华人，由于鸦片战争的缘故，夹身于中国和英国之间，“感觉既不是英国人也不是中国人”，找不到精神上的认同，只有到了加拿大以后，才感觉有了依靠。“加拿大带给我一种强烈的归属感，我为所有加拿大人自豪。”这恐怕代表了她们那一代香港移民的共同心声。

近年来，中国内地出去的华人，在国内的“根”太深，对新的国度始终抱有距离感，更愿意当看客，而不是参与者。几十年前从香港出去的华人，原来夹在中西之间，难以找到精神归属，到加拿大以后，反倒更容易落地生根，并投入百分之百的精力去经营生活，开辟新的社会空间。

第十四章　“似近实远”的中加关系

中国与加拿大之间，从来没有发生过实质性冲突。相反，白求恩对中国的冒死支援，加拿大对中国三年严重困难时期的粮食援助，为两国人民留下了美好的历史记忆。2015年小特鲁多总理上台时，华人社区就充满憧憬，认为他借助父亲留下的“红色资源”，应该会让中加关系更上一层楼。但是现在来看，这种判断南辕北辙，偏离了现实发展。事实证明，在两国关系风平浪静、相安无事背后，是深层次的心理隔膜和精神错位。

第一节　中加之间的“红色记忆”

加拿大是一个资源丰富但市场狭小的国家，这种国情决定了它必定要走贸易经济的路线，卖出自然资源，购进生活用品。19世纪中期以前，它的贸易对象主要是西欧，尤其是作为母国的大英帝国。但是，1846年，英国为推动自由贸易而废除了谷物法令，不再特殊照顾殖民地的贸易。加拿大没有办法，转而谋求自立，重点发展与美国的经贸往来。双方曾经签订了一份10年互惠条约，同步降低彼此的关税。只是，当时双方旗鼓相当、互不相让，这种区域经济合作没有能够坚持下去。加拿大对外贸易仍然兼顾西欧、美国两条线。

第一次世界大战结束后，加拿大的对外贸易格局发生了巨变。在此之前，它的主要贸易对象是西欧；在此之后，由于欧洲经济受损严重，加拿大只能向西欧出口商品，转而从美国进口生活所需。久而久之，加拿大被绑在了美国的经济战车上。它曾经多次提高关税，抵制美货，可惜选择余地不大，最后仍然不得不承受美国的经济限制。1931 年英联邦成立后，加拿大自治领可以自主决定外交政策，与美国的合作更为密切。从 1939 年到 1948 年，加拿大从美国进口的商品总额，由近 5 亿美元增加到 19 亿美元。进口的商品，主要有石油、钢铁、机械设备、纺织品、食品等。与此同时，由于美国降低关税，加拿大对美国出口也出现了迅速增长。

至于中加之间的经贸往来，据说 18 世纪末就开始了。商人将中国的丝绸和瓷器运往加拿大，再将加拿大的木材和皮毛运到中国。此后，加拿大与中国的贸易虽然有所增长，但是幅度非常有限。中国常年战乱，购买能力低下；加拿大有进口的需求，却在中国找不到合适的产品。当时的中加两国经济，远远没有呈现出今天的互补性。直到 1936 年，双方的贸易额仅为 828 万加元，不及中美贸易总额的 1/10。

不过，在 1949 年以前，中国、加拿大和美国三者之间的外交关系还比较顺畅，不存在制度和意识形态障碍。国民政府为了争取美国支援，积极参加美国领导的国际政治和经济组织，而加拿大亦属美国的追随者。三国都属于一个“国际圈子”，关系相对融洽。

但是，1949 年中国政治局势的急剧变化，骤然打破了三国间的经贸关系格局。美国不希望看到中国共产党革命成功，开始实行对华贸易禁运，禁运范围包括军用产品、半军用产品、工业潜力设备、重要工业产品等。两年后，它又借口中国支援朝鲜战争，要求联合国通过决议，对华进行集体制裁。加拿大与中国本来无冤无仇，没有必要参与其中，但是冷战局势决定了它只能倒向一边。中国与加拿大、美国的关系，双双陷入僵局。

加拿大与中国的对立关系，主要是由冷战格局造成的，双方并不存在你死我活的斗争。几年之后，随着西欧联合和日本经济恢复，加拿大粮食出口受到严重限制，不得不寻找新的合作对象。粮食严重不足的中国，进入了加拿大领导人的眼帘。

1957 年上台的保守党领袖迪芬贝克，承诺保护粮农利益，帮助他们找到小麦买家。次年 7 月份，加拿大《环球邮报》总编访问中国，与中国外交部长陈毅进行了深入交谈。想必，这并非一次纯粹的文化交流，而是受到了加拿大政府的暗中授意。1960 年，《环球邮报》在北京设立办事处，成为两国居间联络的一个重要据点。

1960 年前后，中国已经陷入经济困难，出现了严重饥荒。但是，由于庐山会议错误发起“反右倾翻案风”运动，中国政府一直追求自力更生，拒绝向外国寻求援助。1961 年初，随着灾情不断加剧，中共中央终于暂停“大跃进”，将主要精力放在了恢复经济上。进口粮食缓解饥荒，成为了重要工作之一。这个时候，加拿大的重要性一下子突显了出来。

1961 年 1 月，中国粮油食品进出口公司派出两名代表，秘密前往加拿大蒙特利尔，签订了一份 6000 万美元的粮食订单。加拿大政府还答应向中国提供信贷。

20 世纪 60 年代初，冷战还处于高潮阶段，中美之间还属于冤家对头。加拿大向中国出售小麦，无疑违会违背美国规定的“政治纪律”。加拿大政府也知道纸里包不住火，经过内部商讨后，干脆向美国通报了中、加两国准备进行小麦交易的情况。

美国政府表面上没有阻拦，但是暗中设置了很多阻碍。他们先是要求参与控制和检查驶往中国的小麦船，继而又拒绝加拿大使用美国真空泵。没有美国的真空泵，加拿大运货船难以成行。美国政府拒绝的借口，则是中国会以小麦资助“北越侵略南越”。但是，加拿大保守党政府并没有被美国“吓倒”，他们坚持主权不可侵犯，顶住压力开启了与中国的小麦贸易。

加拿大小麦缓解了中国灾荒，当然是一件好事。但是，问题也随之伴生：中国需要加拿大的小麦和木材，加拿大却买不到合适的中国产品，结果中国对加贸易逆差越来越大。

加拿大为了维持双方贸易平衡发展，提议以多边或“三边贸易”的形式，帮助中国扩大出口，改善小麦贸易逆差。具体地说，就是加拿大与拉美、东亚等关系较好的国家进行贸易，再由这些国家与中国进行贸易，以便各取所需、形成良性循环。中国与拉美、东亚的经贸往来，就是那时候打下的基础。

借助“太平洋三角贸易”，中国与加拿大保持了多年的粮食贸易。在那个两极对立、中国遭受封锁的年代，加拿大政府突破意识形态和美国束缚，帮助中国化解燃眉之急，在中加关系史上留下了一段佳话。

20 世纪 80 年代以后，随着中国改革开放，并加入世贸组织，中国逐渐成为美国、欧盟的最大贸易伙伴。中国与加拿大之间的经贸往来，仍然在持续不断地发展，但是其规模已经与中美、中欧无法相提并论。2017 年，中美双边货物进出口总额为 6359.7 亿美元，而中加双边货物进出口总额为 729.4 亿美元，仅为前者的 11%。

第二节 小特鲁多能否改善中加关系[①]

2015 年 10 月，加拿大政坛“翻了天”，自由党“暖男”小特鲁多，击败执政 10 年保守党领袖哈珀，成为新一任加拿大总理。当时，很少关心加拿大政治的中国移民异常兴奋，纷纷预测说小特鲁多上台，必将开启一个新的中加关系时代。

---

① 此文写于 2015 年贾斯汀·特鲁多上任总统后不久，现在已经失去时效性。不过，在此收录，可以与现实进行对照。为保持当时的思想原貌，内容未作调整，仅修订了个别语句。

其实，外行看热闹，内行看门道。对于一个民选国家来说，外交战略不是由哪个领导人一拍脑袋就能确定的。加拿大领导人只能在由传统、民意、利益等要素所构成的政治光谱中，进行有限度的闪展腾挪，很难短期内扭转大局。何况小特鲁多也不是那种雷厉风行的人。

小特鲁多何许人也？估计多数人不甚了解。他出身于加拿大政治世家，父亲为前总理、自由党领袖皮埃尔·特鲁多。他们一家是法国后裔。老特鲁多在任时，不顾美国阻挠，1970 年与中国建立了外交关系，签订了贸易协定。就此而言，老特鲁多颇有些法国人的倔强劲，不愿亦步亦趋地跟着美国走。小特鲁多有这样一位老爸，按说多少会受点熏陶。媒体甚至传闻，小特鲁多自己说，他很欣赏中国。我们不知道他的欣赏从何而来，但是有理由相信，他应该不会拒绝与中国进行经济合作的机会。

可是，就像笔者前面所说的，胳膊扭不过大腿，一国领导人也拧不过“人民意志”。很多因素决定了小特鲁多难以改变中加关系的冷淡局面。

第一，加拿大奉行多边主义外交原则。2015 年底，加拿大最大的内政就是经济下滑，失业率攀升。自由党击败保守党，就是因为它提出扩大投资、刺激经济的主张，满足了民众“求新”“求变”的心理。新政府要想实现承诺，必须两手都要抓：一手修补加拿大与美国的双边关系，尽量把石油卖出去。毕竟，美国财大气粗，离得又近，能就近解决外贸危机最好。2015 年 11 月 19 日，小特鲁多已经与奥巴马进行会晤，显示出修补双边关系的迹象。另一手是开拓新兴的亚太市场，尤其是中国市场，尽量减少对美国经济的依赖性。这种内政决定了加拿大必将继续奉行多边主义原则，同时发展对美和对华关系。加拿大不可能为了中国孤注一掷。

第二，自由党缺乏雷厉风行气质。目前，在加拿大政坛上，保守党代表上层选民利益，作风稳健，价值观传统，原则性强；新民主党代表中下层选民利益，关注平等，强调福利，主张激进改革；自由党则介于两者之间，旨在迎合多数群体的愿望。它既提出了大麻合法化这种较为激进的主张，也提出了穆斯林女性公民宣誓可佩戴面纱的温和主张。自由党的这种政治调和精神，在对外政策方面，亦有所体现。小特鲁多与奥巴马会晤时表示，他将兑现诺言，撤回在叙利亚和伊拉克执行任务的战斗机，同时表示会继续保持在反恐方面的打击力度。在致力于修复加美关系的同时，小特鲁多又不忘会晤中国领导人，希望看到一个新的中加关系时代。据说，他还打算恢复一度中断的加伊关系，以更为务实的姿态参与中东地区事务。这显然是两条腿甚至几条腿走路的姿态，我们不能只看其一，不看其二。

第三，中加之间的意识形态分歧难以消除。在欧美阵营中，加拿大并没有太多话语权，但是其政治精英对民主、人权、自由、环保等理念的坚持，却是最坚定的。他们认为，人权太重要了，中国也应该像他们一样，把保护人权放在政治首位。小特鲁多的自由党相对宽容，不像保守党那样“坚持己见”，但是他们是加拿大人中的一分子，同样坚持人权标准。即使他们不坚持，作为联邦执政党，也必须传达民意。因此，在小特鲁多政府与中国的交往过程中，意识形态分歧必将成为一道难以逾越的阻碍，影响到中加自贸协定谈判的开展。

当然，在现代世界里，政治与经济并非绝对一致。中日之间曾剑拔弩张，但民间贸易照样红火。过去十几年中，中加关系也有这个特点。哈珀总理从人权角度出发，经常抨击中国政治，但是两国贸易仍然不断增长。中加签订的投资贸易保护协定，已经为两国经贸发展提供了基本框架。小特鲁多只需按部就班，沿着哈珀设定的经贸框架走，也能开拓出一片新天地。

第三节　恼人的对华贸易逆差[①]

2016 年 8 月，贾斯汀·特鲁多上台后，首次访问中国。

自从小特鲁多上台伊始，加拿大华人就热衷讨论新总理的“红色背景”，期望他能破除中加两国之间的坚冰，将两国多年的“忽冷忽热”，变为常来常往、深度合作。

可是，从一年多来的情况看，这种期望竟然变得有点像奢望。中加两国不但没走向亲近，反而猜忌不断，疏离有加，只让人感觉“冷”，而看不到“热”。

2016 年春夏间，中国宣布重启加拿大油菜籽进口质检新规，要求将油菜籽船货中的杂质含量，由 2.5%降低为 1%以下，加拿大生产商闻讯忧心忡忡，怨声载道；加拿大记者质疑中国人权，中国外长王毅强硬回击，引起加拿大朝野一波非议；卑诗省向外国买家征收房屋交易税，令中国买家措手不及、进退失据，网上一片抗议；高晓松发文称遭遇加拿大有关部门“威胁”，致使《晓松奇谈》无法按期播出，很多粉丝义愤填膺，指责加拿大政府实行双重人权标准。

这样一连串的争议事件，恐怕是致力于打造中加友好关系的人所没有想到的。

在这些事件中，中国似乎硬气得多。王毅外长回击加拿大记者时，完全不客气；对于油菜籽争议，中国驻加大使馆表示，我们有很多选择，可以从这个国家买，也可以从那个国家买，不一定非得靠加拿大这棵树！至于高晓松事件，虽然扑朔迷离，但是高晓松及其团队的“宁为玉碎，

---

① 此文写于 2016 年小特鲁多总理访华前夕，内容未作修改，仅调整了字句。

不为瓦全”言论，给人的感觉，底气十足。

在这种情况下，加拿大总理特鲁多不远万里来华，到底带了什么使命？参加 G20 峰会之余，特鲁多会关注和解决哪些问题？

揣测心态不如分析数据。特鲁多总理团队在来华之前，为了明确自己的具体任务，肯定要查阅中加关系现状。其中，贸易数据是必不可少的。接下来，为深入理解特鲁多的访华之旅，大体明了其访华的主要目的，我们就从中加贸易数据入手，分析一下加中贸易的前景。

改革开放以后，中国与加拿大之间的贸易额一直缓慢增长。1994～2009 年，加拿大的对华贸易出口额，长期维持在 100 亿加元以下，此后逐渐接近 200 亿加元，2015 年达到 202.13 亿加元。相比之下，加拿大从中国进口的商品额增长速度明显，2004 年突破 200 亿加元，2008 年突破 400 亿加元，2014 年接近 600 亿加元，2015 年达到了 656.06 亿加元。

从加拿大对外贸易总额来看，中加贸易的发展情况尚属乐观。自 2003 年开始，中国跃升为加拿大第二大商品进口国；自 2012 年开始，中国超越英国，成为加拿大第二出口目的地。现在，中国已经稳稳地成为仅次于美国的加拿大第二贸易伙伴。

加拿大自中国进口的纺织品及原料，光学、钟表、医疗设备，贱金属及制品，在同类进口产品中占据首位；机电产品，家具、玩具、杂项制品，化工产品，塑料、橡胶，在同类进口产品中占据第 2 位；陶瓷、玻璃产品在同类进口产品中占据第 5 位；鞋靴、伞等轻工产品在同类进口产品中占据第 6 位。2017 年上半年，光学、钟表、医疗设备、贱金属等产品依旧，只有来自中国的纺织品及原料进口出现了大幅度下滑。

根据这些数据，加拿大人如果离开中国产品，日常生活会大受影响。

不过，从加拿大角度来看，对华贸易存在致命问题，即贸易逆差太大。从 2005 年开始，加拿大对华贸易逆差超过 200 亿加元，2014 年接近 400 亿加元，2015 年达到 453.93 亿加元。别忘了，2015 年加拿大对华出口总额才刚刚突破 200 亿加元。

这就是加拿大对华贸易的残酷现实！一方面，中国已成为加拿大第二大贸易伙伴；另一方面，对华贸易越做越亏，越亏越大。中国已经连续多年，成为加拿大最大逆差来源国，逆差额较第 2 名墨西哥多 2/3 左右。

遥想当年，大英帝国也面临着这样的对华贸易困境。它花费大量白银购买了中国茶叶、丝绸、瓷器，却无法向中国出售自己的工业产品。为扭转逆差，英国商人淘遍全世界的奇珍异宝，后来又发现了销路广、利润高的鸦片，最终导致了鸦片战争爆发。

那时候，世界还处于丛林状态，大英帝国可以靠拳头说话。现在，世界历经风云变幻，确立了基本的国际交往规则，任何国家都不可能再靠着歪门邪道扭亏为盈。

对加拿大来说，扭转对华贸易的办法不外乎三条路：恢复传统的出口优势行业，保持渐趋增长的出口行业，拓展潜在的国外市场。

第一，传统对华出口优势行业。

植物产品、矿产品、纤维素浆及纸张，是加拿大对华出口三大优势行业。可惜，最近几年，其对华出口量都遭遇瓶颈。

2014 年，加拿大对华出口植物产品金额 31.2 亿美元，占加拿大对华出口总额的 17.9%；对华出口矿产品金额 29.3 亿美元，占加拿大对华出口总额的 16.8%；再次是纤维素浆、纸张，出口额 26.2 亿美元，占加拿大对华出口总额的 15.0%。这三大类产品共占加拿大对华出口总额的半数。其中，矿产品对华出口额较上年减少 37.5%，纤维素浆、纸张对华出口额较上年下降 2.9%。

2015 年，加拿大对华出口植物产品金额 30.5 亿美元，较上年下降 2.3%；纤维素浆、纸张对华出口额略有上升，为 26.6 亿美元；矿产品对华出口最惨，再度下滑 44.3%，仅达到 17.0 亿美元。2016 年上半年，加拿大对华矿产品出口额依旧呈现下降趋势。再这样下去，矿产品可能会跌出加拿大对华出口产品金额的三甲。

在以上三大类产品中，矿产品对华出口量一降再降，应该是中国需求不足所致，短期内恢复的可能性很小。植物产品、纤维素浆及纸张对华出口下降，与非市场性因素如质检、关税、运输、政治等，关系更为密切，通过谈判加以消除的可能性较大。特鲁多此次访华的重任之一，应该就是请求中国推迟油菜籽质检新规。

第二，对华出口渐趋增长行业。

加拿大对华出口势头趋涨的，主要有肥料、谷物、肉及食用杂碎、铜镍及其制品、车辆及其零附件（铁道车辆除外）等。除铜镍及其制品外，其他都是日常生活必需品，市场需求量既大又稳定。只要加拿大保持对华友好关系，提高产品竞争力，有望增加对华出口的份额。

第三，有待拓展的加拿大优势行业。

其实，目前加拿大向中国出口的主要产品，大都不是其“拿手好戏”。2015 年，加拿大对外出口最多的，是矿物燃料、矿物油及其产品、沥青，车辆及其零附件，核反应堆、锅炉、机械器具及零件，珠宝、贵金属及制品、仿首饰、硬币，电机、电气、音像设备及其零附件等产品。这是 2015 年加拿大对外出口额最高的几种大类产品，也是加拿大的优势产品。可是，除矿产品外，这些加拿大优势出口产品，却不见于中国大宗商品进口名单。加拿大对华贸易之所以存在如此巨大的逆差，秘密恐怕就在于此。加拿大要想提高对华出口额，减少贸易逆差，必须围绕这些领域“做文章”。

第四节 加拿大为何对中国投资兴趣降低

精英主义理论认为，民主制度不过是指人民有机会选择管理国家的人，精英主导、支配社会，是一种不可避免的规律，包括实行民主选举在内的社会，都改变不了这个“铁律”。这种观点听起来刺耳，但是放眼全世界，确实有一定道理。2016 年美国大选，参选者五花八门，白人、黑人，男人、女人，年轻的、年长的，长期从政的、没有从政经验的，让人眼花缭乱、目不暇接。但是，能够走到最后的，仍然脱不出精英圈子。真正的草根，参与一下还可以，要想走到政坛顶峰，难于上青天。

不过，随着现代交通、网络技术的发展，大众意志对国家政治的影响，无疑愈来愈突出。英国脱离欧盟，特朗普成为美国总统，都是大众意志左右政治的典型案例。很多观察家忧虑，大众意志正在改变全球政治面貌，搞不好，会使很多国家陷入民粹主义的窠臼。

大众意志如何改变世界，是否会走向民粹主义，不是本节探讨的主题。本节想说明的是，在现代政治世界里，无论外交往来还是经贸合作，都不能再仅仅考虑对方精英的意志，还必须关注对方民众的想法。因为，在全球化的浪潮中，精英和民众的想法经常是错位的。精英支持的，不一定是民众赞成的；民众喜欢的，不一定是精英想要的。

很不巧，加拿大精英与民众，在对待中国投资的态度上，就存在着这样的错位。

一般来说，加拿大精英阶层对中国投资、加中贸易还是抱有期待的。其专家言论、协会分析、智库报告，大多认为来自中国的投资，能够推动加拿大经济回升；扩大加中贸易，有助于扩大加拿大贸易多元化，增强加拿大抵御风险的能力。这种倾向在石油和木材产业中，体现得最为明显。但是，加拿大普通民众的想法，似乎与此有些距离。

从 2004 年开始，加拿大亚太基金会（Asia Pacific Foundation of Canada，APFC）定期发布加拿大民众对东亚各国态度调查报告。

2004 年调查报告显示，加拿大人对亚洲期望甚高，看法偏向积极。68％的受访者认为，亚洲是全球经济发展最快、最有活力的区域，51％

的受访者认为亚洲经济对加拿大至关重要；45％的受访者认为中国崛起给加拿大经济带来的机会，远远大于威胁；49％的受访者认为中国人权状况较十年前大为改善；66％的受访者支持政府推进加拿大与亚洲各国的贸易。更为重要的是，当时的受访者大都认为，中国对于加拿大经济前景的重要性，超过欧盟和日本，仅次于美国，居于第2位。

此后10年间，加拿大民众对中国的态度出现了高度分化。一方面，半数以上的受访者认为，未来十年中国在全球的影响力会超过美国；半数受访者认为，中国崛起对于加拿大带来的机会大于威胁；44％～46％的受访者认为中国对加拿大经济前景非常重要，而认同日本对加拿大经济前景非常重要者为25％～33％，远远低于前者。另一方面，60％左右的受访者认为，中国日益增长的军事力量对亚太地区是一种威胁；赞同中国人权状况优于十年前的受访者比例，从2004年的49％骤降至2008年的36％，2010年一度恢复到47％，此后又逐步回落到2013年的40％。显然，与十年前相比，受访的加拿大民众对中国的疑虑、不信任感明显增加了。

根据APFC民意调查，2014年加拿大受访民众对中国的疑虑，达到了史无前例的高度。35％的受访者，赞成中国对加拿大经济前景至关重要，较2013年下降10个百分点；认同中国人权状况优于十年以前者继续减少，降至39％；只有36％的受访者，支持签署中加自由贸易协定；只有10％的受访者，对中国抱有“热情”（warm feelings）。同时，却有超过半数受访者，认为中国崛起影响到了加拿大人的生活方式。到2015年，调查数据更不容乐观，仅有42％受访者欢迎中国投资，而欢迎日本、美国、韩国、印度资本投资的受访者比例，则分别高达78％、77％、67％和59％。

短短10年间，加拿大对中国投资的态度，为何出现了如此巨大的转变？是加拿大人自身的观念出现了问题，还是中国投资出现了问题？在笔者看来，至少以下四个方面值得注意：

首先，加拿大民众对中国和亚洲投资的抱怨，应该与经济形势不景气密切相关。2014 年以来，国际油价的大幅度下跌、全球经济增速的持续下滑，让加拿大普通民众深受其害。相关行业失业率升高，工作收入减少，大城市房价却像打了鸡血一样高居不下，普通民众的生活压力明显增加。生活压力加大，自然免不了抱怨，寻找出气口。找来找去，很多人发现来自亚洲的外来人口，要么手里有钱，要么吃苦耐劳，无论从哪方面看，似乎都损害了自己的工作机会。这些外来人口以及他们的母国，自然容易成为不受欢迎的对象。当然，一般来说，加拿大民众教养良好、态度温和，又受制于禁止歧视法令，不会轻易将这种情绪表达出来。

其次，普通民众不像精英，事事考虑得那么长远。他们的想法简单直接，喜欢凭感觉判断事物的好坏。凡是能给他们带来直接实惠的，往往就会被视为友善者；凡是损害他们的当前利益，或者没给他们带来直接实惠的，往往就会被视为对立面。在这个问题上，中国投资恰恰最易陷于不利境地。10 多年来，中国在加拿大两大领域的投资最引人注目，一个是石油生产，一个是房地产。这两个领域的中国投资，从长远来看，当然对加拿大经济有推动作用，但是在加拿大民众心目中，这两项投资就不一定是好事：它们既不能够创造足够的就业职位，又拉高了房价、污染了环境、削弱了国家对自然资源的控制，对自己有多少真正的好处呢？

再次，加拿大民众不了解中国，往往带着“有色眼镜”看中国。最近 10 多年来，随着中国经济崛起，加拿大民众对中国的关注度大幅度增加，中国问题专家和相关智库明显增多。但是，相对于美国甚至澳大利亚，加拿大政坛对中国的兴致仍然有限。每次联邦大选，加中关系甚至不是各方辩论的核心问题。前总理哈珀和新总理特鲁多，也没有像澳大利亚领导人那样，经常就中国问题提出讨论议题，深化加拿大人对中国的了解。而移民加拿大的华人，多数因为专业不对口，或英语能力不过关，无法向主流社会介绍中国的真实状况。结果，多数西方人只能以固有的价值观念质疑中国的人权状况和海洋战略等。他们不清楚中国的历史，不了解中国的现实，甚至不清楚中国投资在加拿大外来投资总额中仅占3%的比例，根本不足以动摇加拿大经济根基，更谈不上“损害”加拿大经济的前景。

最后，中国投资者不熟悉加拿大社会规则，容易招致不满。如果论经济总量或工业发展水平，加拿大与中国已经不具可比性。但是，加拿大历经多年工业化淬炼，形成了具体、明确的行事规则和特殊的社会观念。比如，针对中国投资，加拿大民众关心最多的，首先是资源控制权丧失、劳工标准下降、环境污染，其次是腐败、安全危险，再次才是贸易扩大、经济增长、工作机会增加等问题。然而，中国社会仍处于从传统向现代转型的阶段，很多人还没有摆脱对财富的崇拜心理，将金钱置于首要考虑地位。他们抱着这种“单纯”心理投资加拿大，很容易将金钱和市场看得最重要，无意中忽略了当地民众最关心的工作环境和生活质量。

有人的地方，就有分歧、有冲突。现在，信息、资本和人员高速流动，不同国家的民众之间存在观念冲突，更是不可避免。就此而言，加拿大民众对中国和中国投资有抱怨、有误解，实属正常。而且，随着世事变幻，加拿大民众对中国的看法也会出现变化，没必要过分担心。30多年前，美国民众曾经恐惧、厌恶日本企业，现在不是又欢迎他们投资了嘛。

第五节　小特鲁多耗尽了“红色”资源[①]

2017 年 12 月 3 日，加拿大总理特鲁多访问中国。这是他继 2016 年 9 月首次访华后，进行的第二次国事访问。短短一年半多时间，特鲁多总理急急忙忙两度访华，可见其意欲强化中加关系、深化中加贸易的迫切心态。

特鲁多在访华声明中表示，与中国建立更为紧密的关系，对于创造更多工作职位、强化中产阶级和促进加拿大经济发展极其重要。因此，中外媒体都一致认为，启动自由贸易谈判是特鲁多此行的核心议题。

根据媒体报道，中加两国围绕自由贸易谈判，已经断断续续进行了一年多的前期沟通。加拿大政府似乎一直顾虑重重，拿不定最后主意，为什么现在突然转变姿态，在特朗普刚刚访华不久，就急着前往中国谈判？

最主要的因素，恐怕有两个：一个是北美自由贸易重谈已经完成五轮（指的是 2017 年 12 月以前），但是加、美、墨三国在核心问题上，仍然没有达成一致意见。加拿大人普遍担心北美自贸区万一不复存在，经济难以为继，所以必须迅速开拓新的外部市场。另一个是特朗普率团访华收获颇丰，拿下高达 2535 亿美元的超级订单，让加拿大人再次见识了中国市场的巨大能量。用《环球邮报》的话来说，加拿大值得为了中国市场放手一搏。

可是，放手一搏是需要资本的。加拿大到底能不能与中国启动自贸谈判？如果启动，又能在谈判桌上占据什么地位？这还要看两国的贸易

---

① 此文写于 2017 年 12 月特鲁多总理第二次访华前夕。

现实。

自20世纪90年代以来，加拿大在与中国的经贸往来中，一直处于巨大失衡状态。中国对加贸易出口急速攀升，而加拿大对华出口则原地踏步，增长幅度有限。2012～2016年，加拿大对华出口更是陷入停滞状态，步履维艰。根据加方统计数据，2005年加拿大对华贸易逆差超过200亿美元，2015年超过400亿美元（根据中方统计，则为350多亿美元）。

根据中方统计，2015～2016年，加拿大对华贸易略有好转。2015年加拿大对华贸易逆差同比下降0.4%，2016年同比下降7.8%。可惜好景不长，2017年1～9月，加拿大对华贸易逆差重新被打回“常态”，同比增长8.8%。由于全球能源价格短期内难有起色，而且中国已大踏步向美国能源行业进军，以能源产业见长的加拿大经济，恐怕很难扭转颓势。换言之，加拿大对华贸易逆差恐怕还要进一步拉大。

2017年，加拿大除了农业、食品业和林业产品尚对中国有一定吸引力，能够保持一定出口顺差，其他行业全部落败。印象中很多加拿大的优势产品，如金属、矿石、能源、机械设备、交通设备，竟然都陷入逆差，而且机械设备还成了最大的逆差来源。至于服装、纺织品以及其他制造品，更是处于“意料之中”的逆差。这意味着加拿大对中国产品具有高度依赖性，而中国对加拿大产品的需求则十分有限。此前长期流行的“中加经济互补论”，现在看来已经发生了巨大改变。

再来具体看看加拿大各省的情况。根据相关统计，加拿大各省对华贸易出口极不平衡。在10省3特区中，只有一半多省份拥有对华贸易，其他省份微乎其微。其中，对华贸易额最大的是卑诗省，其次是萨斯喀彻温，再次是安大略、阿尔伯塔、魁北克，东部大西洋沿岸省份合计只占5.4%，3个特区则根本没有。这意味着一小半的省份，根本不会关心中加贸易。拥有较强对华贸易兴趣的，只有卑诗、萨斯喀彻温、安大略、魁北克和阿尔伯塔。阿尔伯塔油气产业短期内打开中国市场无望，所以真正力挺特鲁多总统启动中加贸易谈判的，可能也就是 4 个省。

根据以上分析，可知特鲁多总理确实应该关注中加贸易，否则对华贸易逆差越来越大，最终会影响国内经济发展。但是，由于加拿大产品可替代性太强，中国对加拿大经济的依赖性，基本微乎其微，在谈判桌上特鲁多总理实在是没有太多的谈判资本。这就是为什么他一年多时间内两度访华，积极向中国伸出橄榄枝的关键所在。

此外，加拿大的被动还不止于此。众所周知，加拿大是一个资源型国家，其最大的优势就是油气、林业、农产品。它要扭转对华贸易中的逆差，只能靠这些产品。可是，随着美国页岩气革命成功，全球能源供应骤然变得充足，油气价格长期处于低谷，加拿大油气在亚洲市场根本没有竞争力。中国企业决定向美国西弗吉尼亚、阿拉斯加两州投资 1300 亿美元天然气项目，已经预示了加拿大油气产业在中国市场的灰暗命运。至于加拿大农产品，由于受美国企业掣肘极大，也很难自如地与中国进行交易。恐怕只有遭受美国生产商排斥的软木产品，能够顺利进军中国。

第十五章　加拿大与它的北美邻居

在很多中国人眼中，加拿大只是英美外交的追随者，根本没有自己的独立性。其实，如果了解加拿大，就知道此言差矣。加拿大确实对英国敬重有加并且对美国高度依赖，但是这并不意味着它没有自己的外交立场，更不意味着加拿大与美国“一团和气”。事实上，加拿大与美国之间存在“剪不断理还乱”的复杂关系。加拿大一方面高度依赖美国市场，认同美国价值观；另一方面又试图打造多元外交格局，摆脱来自美国的深度掣肘。积极与中国加强联络，始终与古巴和墨西哥保持交往，不断与美国发生贸易冲突，都是加拿大与美国复杂关系的集中体现。

第一节　加拿大与古巴的“秘密情缘”

世人皆知，过去苏联与卡斯特罗政权之间存在着千丝万缕的关系，却不知加拿大与卡斯特罗政权之间，也有着一段非同寻常的“情缘”。

20 世纪 60 年代初，古巴与美国交恶之后，美国《新闻与世界报道》曾围绕加拿大与古巴贸易发表过一系列批评性的文章，总标题就叫《加拿大是怎样帮助卡斯特罗政权运转的》。在当时美国人看来，卡斯特罗政权背后，不仅有苏联人的支持，还有加拿大人的帮助。

说实话，指责加拿大帮助了卡斯特罗政权运转，有点言过其实。那时候，古巴完全靠着苏联吃饭，谈不上对加拿大有依赖。不过，美国人的指责，也并非空穴来风，当时的加拿大政府与卡斯特罗政权确实有点“暧昧”。美国抨击古巴时，加拿大没有追随；美国要求各国与古巴断交时，加拿大没有贯彻；美国要求各国对古巴进行经济封锁时，加拿大也没有执行。从卡斯特罗政权诞生开始，加拿大就没有像美国那样，从各个方面对古巴进行碾压，而是给予了更多的容忍与合作。

更为重要的是，加拿大对古巴的容忍与合作，不是一时心血来潮，而是坚持至今，持续了半个多世纪。接下来，我们就看看几十年来加拿大是如何对待卡斯特罗政权的。

第一，在政治上对古巴政权高度容忍。

加拿大和美国是分别由不同精神气质的欧洲后裔创建的。美国缔造者们豪气冲天、活力四射，加拿大缔造者们尊重权威、性情温和。不同的缔造者，塑造了两个社会不同的精神遗产。美国社会充满着创新与活力，加拿大社会弥漫着从容与大度。表现在外交上，美国政府眼里揉不下沙子，喜欢让全世界唯美国马首是瞻；加拿大政府也希望别人走同样的路，但心里多了一份容忍，能够允许别人有不同选择。

20 世纪 60 年代初，美国领导人看到卡斯特罗左转，心中立时升起不可抑制的怒火，必欲除之而后快。在他们看来，共产主义是邪恶的，他们不能容忍身旁出现一个共产主义阵营的桥头堡。加拿大政府则温和得多，认为卡斯特罗本质上是一个民族主义者，以共产主义者对待他，只能推动其投入苏联的怀抱，将事情搞得更糟。因此，当美国要求加拿大与古巴断绝外交时，加拿大驻美大使委婉地拒绝了。

事实上，加拿大政府的容忍度，还不仅止于此。当时，加拿大总理迪芬贝克表示，他们愿意与所有国家，包括那些不同政治制度的国家，保持外交关系。其言外之意，加拿大与共产主义国家，也可以友好相处。在加拿大领导人眼中，一个共产主义政权，只要不与莫斯科结盟，只要不威胁加拿大的政治存在，就不是大问题。

后来的加拿大政府，基本上沿袭了这种看法。半个多世纪来，无论美国如何制裁古巴，加拿大都睁一只眼闭一只眼，从不断绝外交关系。皮埃尔·特鲁多担任总理时，还不惜冒着与美国决裂的危险到古巴会见卡斯特罗，开启了北约组织领导人访问古巴的先河。1984～1993 年，马尔罗尼总理执政时，迎合美国多而支持古巴少，但 1994 年克雷蒂安总理执政后，立即回归中立，不仅派人访问哈瓦那，恢复对古巴的援助，提高对古巴的投资，还直接向美国建言，希望他们重新审视对古巴的政策。

相对来说，加拿大自由党执政时，外交政策更为独立，更为重视与古巴的合作；保守党执政时，更为“顺从”美国，不愿与古巴走得太近。但无论自由党执政，还是保守党执政，加拿大都不曾放弃中立底线，对古巴落井下石。相反，加拿大几度居中调解，试图推动美国与古巴关系回到正常轨道上来。2015 年，哈珀总理执政时，终于实现了这个夙愿。

可以说，在很长一段时间里，加拿大都是古巴呼吸美国空气的一个通道，是接触美国的一个媒介。如果没有加拿大，古巴的天空会灰暗很多，卡斯特罗的内心，也会孤寂很多。

对于加拿大的善意，卡斯特罗心领神会。他对加拿大尤其对曾经为其“站台”的皮埃尔·特鲁多总理，有着非同一般的情感。2000 年，皮埃尔·特鲁多总理去世时，年过七旬的卡斯特罗不仅亲自出席葬礼，还担任护柩人，就是最有说服力的证明。

第二，在经济上与古巴坚持贸易合作。

卡斯特罗建政以前，古巴 74％的外贸产品出口美国，65％的进口产品来自美国，完全就是美国大树遮挡下的一棵小草。与美国翻脸以后，古巴失去了市场依靠，不得不寻找新的经济来源。好在有苏联出手相救，几乎承包了古巴的蔗糖贸易，且每年向古巴提供数十亿美元的援助，但是远水解不了近渴。卡斯特罗很明白，不能把希望完全寄托在苏联身上。

他派遣了一个贸易代表团，北上加拿大请求扩大贸易往来。

对于古巴的“登门求救”，加拿大内部有两种意见：一种意见认为，加拿大还得依靠美国，不能因为古巴得罪了美国；另一种意见认为，美国退出古巴，恰恰是加拿大扩大商贸的良机。卡斯特罗很幸运，碰到了一个“挺古派”政府。加拿大商贸部对来访的古巴代表团，给予了热情洋溢的接待，并且表示非常愿意扩大加古贸易：“无论在哪里，你们也找不到比加拿大更好的生意人。”

没有了美国竞争，加拿大与古巴贸易额逐渐上升。1974 年，古巴成为加拿大拉美贸易伙伴的四强之一。1976 年，皮埃尔·特鲁多总理到访哈瓦那，向到场民众振臂高呼“古巴万岁”“卡斯特罗万岁”“加古友谊万岁”，进一步加深了加古关系，将双边贸易推向了顶峰。加拿大对古巴的出口额，从 1970 年的 5880 万美元，增加到了 1980 年的 4.15 亿美元。

说实话，就数量而言，加古贸易与苏、古贸易根本没法比。1960 年，苏联与古巴之间的贸易总额约合 2.7667 亿美元，1970 年约合 17.4167 亿美元，1980 年约合 71.1 亿美元，1981 年约合 80.17 亿美元。如果再加上古巴与其他社会主义国家的贸易，加古贸易额就更显得微不足道了。离了加拿大，古巴日子照样运转。

但是，加古贸易的与众不同之处在于，加拿大作为西方工业七国之一，可以为古巴提供更多样化的商品选择，可以让古巴人民多少感受到一点资本主义国家生活的气息。他们不仅可以买到加拿大商品，还可以通过加拿大买到美国生产的商品，部分地抵消美国封锁。美国政府很生气，但是也没办法制止。

时间转眼进入了 90 年代。苏联的骤然崩溃让古巴掉进了冰窖里。每年几十亿的援助没有了，低价的石油、机械设备和交通工具没有了，优惠的谷物和面粉也没有了。1990 年，古巴对外贸易额由 117 亿美元，雪崩般地降到 1993 年的 27 亿美元，国民生产总值下降了 36%。卡斯特罗迫于无奈，四处化缘。可是，能够找到的朋友都不宽裕，杯水车薪。

经过这次挫折，卡斯特罗彻底明白了一个道理，求人不如求己。他开始领导古巴进行改革、自力更生（古巴政府不叫“改革”，而是称为“更新”）。更新的内容包括优先发展农牧业、重点开发矿产业、积极打造旅游业等。他们希望通过扩大生产和对外贸易，走出经济的沼泽地。

扩大生产没问题，问题是生产工具从哪里来，生产的产品卖给谁。比较富足且愿意与古巴做生意的国家，屈指可数。这个时候，加拿大的重要性又凸显出来了。因为，这两个条件加拿大都符合。

从 1991 年开始，古巴的镍矿石、铜、雪茄、朗姆酒、鳗鱼、龙虾，越来越多地进入加拿大；加拿大的小麦、硫黄、豆科蔬菜、通信设备、机械设备、钾肥和铜丝等，则源源不断地进入古巴。两国之间的贸易额，保持了十几年的波浪式上升。

2007 年，古巴与加拿大之间的贸易额上升至 14.12 亿美元，仅次于对委内瑞拉和中国的贸易额。到目前为止，加拿大是古巴的第二大出口市场。更为重要的是，自 1990 年以来，在大部分时间里，古巴对加拿大的出口额都略高于进口额，处于顺差地位。对于一个长期遭经济封锁的国家来说，这样的贸易顺差是多么珍贵!

第三，加拿大人热衷到古巴旅游度假。

失去苏联援助之后，卡斯特罗政府努力挖掘古巴优势，以便赚点外汇渡过难关。他们很快意识到，自己所生活的这片土地，本身就是一种优势资源，发展旅游业比商品贸易更实惠。

古巴地处热带，属于温和亚热带草原海岛气候，年平均气温 6℃～26℃。它拥有 7000 多千米的海岸线，4000 多个岛屿，300 多处海港。从每年的 11 月到次年的 4 月，明媚的阳光，清澈的海水，白色的沙滩，还有诱人的大龙虾，每一点都让人流连忘返。

20 世纪 90 年代初，古巴政府引进外来投资，在沿海建造了高档的宾馆、酒店、花园和娱乐设施，购置了崭新的旅游巴士，设计了花样繁多的旅游项目。虽然到处可见简陋的民房、脏乱的街道，但是游客在精心规划的景点内，还是可以享受美不胜收的自然风光。

闻听古巴对外开放，很多国家的游客都兴致勃勃，愿意去感受一下那个神秘的国度。但是，有些国家与古巴没有外交关系，其公民不是想去就能去；还有些国家，离古巴太远，去一趟太麻烦。加拿大人则没有这些苦恼，可以去而且容易去。

古巴街头游客

图片来源：The Cuban Economy

加拿大与古巴拥有外交关系，并且只有几个小时的航空距离。从蒙特利尔飞到古巴，比到温哥华还要近。从加拿大飞到古巴放松一下，绝不是什么难事。同时，加拿大多数地区拥有漫长而又寒冷的冬天，要想享受阳光和沙滩，只能向南走。美国去多了，古巴正好是个调节。因此，在加拿大人眼中，古巴是最理想的旅游胜地之一。每年 11 月到次年 4 月，大量加拿大人飞到古巴去度假。去过七八次甚至十多次的，大有人在。

1990 年，古巴接纳游客 40 万左右，来自加拿大的占 1/4 左右。此后，古巴接待游客人数稳定攀升，2007 年突破 100 万，2004 年突破 200 万，2015 年又突破了 300 万大关。2006 年之前，来自加拿大的游客，基本上占游客总数的 20%～25%；2005 年以后，这个比例逐步上升，目前已经超过了 1/3。

根据相关统计，2014 年古巴接待游客 222 万，其中加拿大人 89.7 万，占游客总数的 40.31%；2015 年古巴接待游客 352.4 万人，其中加拿大人 130 万，占游客总数的 36.89%；2016 年，加拿大游客占古巴游客总数的 34%。加拿大游客每年为古巴贡献的 7 亿～10 亿美元外汇，已成为其不可或缺的经济来源。

根据上述可知，半个多世纪以来，加拿大对卡斯特罗政权的重要性，虽然不能与苏联相提并论，也不能与委内瑞拉并驾齐驱，但是它的政治容忍，它的贸易合作，它的旅游支持，为古巴经济提供了不可多得的润滑剂，也为卡斯特罗政权抗拒美国提供了隐性资本。

第二节　加美两国的政治体系差异

自鸦片战争以来，由于多数欧美强国都或多或少地侵略过中国，我们便经常将其打包称作“西方列强”。时间长了，不管英、法、美，还是德、意、日，统统都是“西方列强”，仿佛它们都是一个样儿。其实，“西方列强”之间的差异非常大，尤其在政治体系上。不仅英、法、德各有特色，即使作为近邻的加拿大与美国，也是迥然不同。如果说美国是个大熔炉，那么加拿大就是块马赛克。大熔炉意味着万法归宗，马赛克则意味着万法并行。

众所周知，加拿大与美国最初都是大英帝国的殖民地。但是，美国境内的英国移民逆反心理严重，铁了心要与母国断绝关系。为了实现这个目的，他们不惜兵戎相见，甚至还找了英国世仇法国来帮忙。这种立国精神决定了美国人的自由不羁和张扬开放。加拿大境内的英国人则比较保守，其先祖大多是大英帝国的顺民。这种立国精神决定了加拿大政治的温和甚至顺从。直到现在，加拿大仍然尊奉英国女王为元首，且从来未像澳大利亚那样想过公投决定是否废弃君主立宪制。可以说，在所有的英联邦国家中，加拿大是最“忠诚”于女王的一个。当然，对于加拿大来说，女王主要是一个象征，除了偶尔“巡视”一下，很少对加拿大国政指手画脚。

加拿大还有一个美国没有的政治职位，即总督。加拿大自治领创建以前，总督代表英国君主行使最高权力。1867 年，自治领创立以后，总督作为英国君主的私人代表，仍然得以保留，不过基本上失去了实权。1927 年，总督改由总理提名、英国君主批准，本土化色彩更加明显。1952 年后，这个职位已经基本上由加拿大本土精英担任。而且总理任命的对象也越来越多元化，不仅出现少数族裔，而且屡屡出现女性总督。现任总督朱莉·佩耶特（Julie Payette），2017 年 10 月上任，曾是一位女宇航员。加拿大总督任期 5 年，不属于任何党派。他有权召集和解散议会，代表英王签署法律、批准条约，任命参议院议员。不过到了现实中，总督很少使用这些权力。在某种程度上，它更像介于总理与国会之间的缓冲剂。

在政体设计上，加拿大与美国都可称为“代议民主制”，但是具体的架构差异甚大。美国实行三权制衡，加拿大则遵奉议会至上。

19 世纪中期，那些缔造加拿大自治领的政治精英，不喜欢美国的三权制衡体制。三权制衡的政治设计，没有中心，没有权威，很容易让人感觉心里空落落的。中国古人说，天下不可一日无主，同样长期尊奉君主的英国人，似乎也有这种心理。因此，加拿大自治领的英裔精英们，最终选择了大英帝国的议会民主制度。

在美国共和制度下，公民分别选举国会和总统，一个掌握立法，一个负责行政，两者平行独立，相互制约。在加拿大议会民主制度下，公民则只需要投票选择众议院议员。公民投票结束后，在众议院占最多席位的政党，便是执政党，其政党领袖，便是新的国家总理。总理任命各部部长组成内阁，任命参议员组成参议院。在美国，众议院和参议院都是立法机关，加拿大参议院则更像是一个荣誉机构，没有实质性权力，被称作“橡皮图章”。立法权都掌握在众议院手中，没有美国那种牵掣。

相对于美国总统，加拿大总理的权力更为集中。美国总统与国会是两条平行线，总统不能指挥国会，只能以议案的形式，向国会提出政治主张。而且，他的提案仅是国会提案的一部分。在加拿大，众议院审议的议案基本上都是由各内阁部长提出的。这意味着，加拿大总理主持的内阁会议，乃是提出议案的主体。再进一步，如果总理所在的政党，在众议院中占据多数席位，那么就意味着整个议案的提出与审议，都将在执政党的意志主导下进行。

与美国政治相比，加拿大政治体制更强调权力集中，也更有利于执政党有效贯彻政治纲领。目前，加拿大众议院有 338 个席位，2015 年上台的自由党获得了 184 个席位，占据绝对多数。这意味着议会很难对总理提案横加阻止。当然，有时候，执政党也有可能会在议会中占据少数，从而会受到其他反对党的强力抵制。

从理论上来说，加拿大偏向权力集中的政治体系，应该会塑造一个强有力的联邦政府。20 世纪前后，与美国相比，加拿大确实体现出了这种特点，各省对联邦的依赖性较强。但是，二战结束后，加拿大与美国却各自反向行之，美国联邦体制越来越坚固，加拿大联邦体制越来越松散。20 世纪 70～80 年代，加拿大甚至还面临着分裂的危险。其中缘由令人深思。

简单地说，加拿大联邦不稳可能与以下三个因素有关：第一，加拿大东部水产品丰富，中部盛产粮食，中西部则出产石油，各省经济特色鲜明，难以存异求同。更为重要的是，加拿大各省的经济独立性较强，不像美国各州那样高度依赖联邦财政补贴。第二，美国移民多元而分散，没有形成某一族裔占据绝对主导地位的省份，而加拿大魁北克省大多为法裔居民，文化和精神自成一体，与英裔社会始终保持离心力。第三，美国各州都可以通过国会议员提案，在联邦体制中表达自己的利益诉求，而加拿大主要由执政党提出议案，难以满足各个省的特殊利益，导致加拿大各省地方政党运动活跃。

第三节　纠缠不清的美加软木贸易

马未都先生在《百家讲坛》上曾说到中国传统家具的材质，可以分为软木和硬木两大类。软木有楠木、榉木、柏木、核桃木等，大多为中国自产；硬木有紫檀、花梨、红木、铁力木、乌木等，更多从南洋进口。这里的“软”和“硬”皆是民间说法，文化的味道更浓一些。

凑巧的是，北美同样有“软木”（softwood）与“硬木”（hardwood）的分类，区分的标准主要是再生产方式（Method of Reproduction）。软木树种多为裸子植物，由没有外壳的种子发育而来；硬木树种多为被子植物，由外壳包裹的种子发育而来。这个区分标准，与中国民间的说法显然不同。

一般来说，软木均匀细腻、易于成型、便于施工，硬木则相反。因此，在北美地区，软木的用途非常广泛，举凡建造房屋、制作门窗和造纸，到处可见软木的影子。有人认为，就此而言，“softwood”更恰如其分的译法，应该是“建筑用材”。硬木则一般用来制作地板、家具等。

加拿大地处北方寒冷地带，拥有漫山遍野的阔叶林，盛产花旗松(Douglas Fir)、云杉—冷杉—松（Spruce-Pine-Fir，SPF)、铁杉（Hemlock)、西部红柏（Western Red Cedar)、西部黄柏（Western Yellow Cedar）等软木树种。其认证森林面积占全球认证森林面积的42%，可谓富有认证森林的半壁江山。2015年，加拿大林业产品出口总额达171亿加元，按照出口金额算，乃是世界上最大的软木出口国之一。

加拿大树多人少，生产的软木根本用不了；美国则相反，树相对少而人相对多，国内需求满足不了。按理说，一个愿意卖，一个愿意买，互通有无，是一桩互利双赢的买卖。上百年来，美国也确实从加拿大进口了不可计数的软木，解决了消费者的日常所需。但是，从20世纪80年代初开始，美加软木贸易骤然起了冲突。

冲突的始作俑者，是美国软木生产企业。对美国消费者来说，加拿大软木物美价廉，进口多了，自然是好事；对于美国软木生产企业来说，加拿大软木价格太低，进口多了，搞不好会断掉自己的“活路”。美国软木生产企业不愿坐以待毙，遂打起了贸易保护主义的牌。

根据国际贸易法，美国政府有权对接受政府特殊补贴的进口商品，征收反补贴税（Countervailing Duties)。美国软木生产企业提出，加拿大卑诗、阿尔伯塔、安大略和魁北克四省的立木采伐制度（Stumpage Programs)，为其软木生产提供了变相补贴，所以进口至美国的软木，应该被课以反补贴税。美国商务部经过调查后，认为加拿大各省的立木采伐制度，并不限于软木生产，而是面向整个木材行业，不适用于反补贴法令。

美国软木生产企业的抗议没有奏效，却触动了美、加软木贸易的敏感神经，揭开了美、加软木生产背后各自“不为人知的故事”。

1867年英属北美法令规定，加拿大各省拥有森林、矿山等天然资源的管辖权。到目前为止，加拿大各省拥有76.6%的森林土地，3个特区拥有12.9%的森林土地，联邦拥有1.6%的森林土地，原住民拥有2.0%的森林土地，只有6.2%的森林土地属于私人所有。美国则恰恰相反，近60%的森林土地属于私有，近90%的木材来自私人森林。这种所有制结构的不同，决定了加拿大和美国不同的木材生产模式。

加拿大各省拥有80%的木材生产林地。木材生产企业不必参与市场竞争，只需与省政府签订使用协议，缴纳一定的开采费用，即可获得某一地块的林地管理权或采伐权。木材生产企业向各省政府缴纳的使用费，被称作“立木费”(Stumpage Fee)。

在征收立木费时，各省林业管理部门根据市场、林场、木材情况，将树木采伐的各个环节，如修路、采伐、造林成本以及木材种类、等级等，都进行统一计算，对林业公司一次性征收采伐费用。相对于美国公开市场竞拍，加拿大木材公司砍伐树木所需要付出的成本低得多。据业内人士黄烨先生讲，以卑诗省林业部为例，政府对木材征收的费用都比较便宜，遭受过虫害的，每立方米只有0.25加元，几乎可以忽略不计。

卑诗省林地采伐并不是瓦全采用计划式管理。省政府划出一部分林地，交给林木销售局（BC Timber Sales，BCTS)，按照市场模式经营。换言之，卑诗省木材砍伐，有一部分还是按照市场来走的。而且，政府在确定立木费基准时，也会参考销售局的各项数据。因此，李青林先生强调说，加拿大立木费并不是政府一拍脑袋想出来的，而是参照全球木材市场价格确定的。

尽管如此，加拿大林地的国有性质及其计划管理方式，仍然使得其木材砍伐成本大大低于美国。即使运送到美国，加拿大软木价格都比美国同类产品具有明显优势。如此一来，美国软木企业采伐成本偏高，没法与加拿大同样竞争，心里自然不平衡。

美国软木企业紧紧“咬住”加拿大“立木费”不放，奥秘就在这里。

他们认为，加拿大各省立木收费标准定得太低，无异于为软木行业提供财政补贴，违反了公平贸易原则。

1985 年，美国软木企业为抵制加拿大软木进口，成立美国木材联合会（The U. S. Lumber Coalition），推动商务部发起第二次反补贴调查。这次，美国商务部改变了标准，认定加拿大软木生产确实存在不公平补贴，宣布对其征收 15%的关税。不久，加拿大政府迫于无奈，与美国签订 5 年协议，以自行对出口美国的软木征收 15%费用，换取美国放弃了贸易报复。

但是，加拿大联邦政府的妥协，却遭到各省激烈反对。它们认为这份协议侵犯了各省自主权，对木材产业不公平。1991 年，加拿大联邦被迫撤销了 5 年协议，不再向出口美国的软木征收额外费用。这样一来，美国软木企业自然又有意见。接下来几年，加拿大与美国你来我往，围绕软木贸易展开了旷日持久的司法诉讼。1996 年，两国达成软木协议（Softwood Lumber Agreement），限定加拿大卑诗、阿尔伯塔、安大略和魁北克四省，每年只能向美国出口 147 亿板尺的免税软木。

2001 年，这份美加软木协议到期。美国软木企业感觉仍然受到损害，再次要求商务部出面，调查加拿大进口软木的政府补贴和产品倾销问题。2002 年，美国商务部满足国内企业要求，宣布对加拿大软木征收 18.79%的反补贴税和 8.43%的反倾销税。这两项关税加起来高达 27.22%，几乎将加拿大软木拒之门外。

加拿大政府不甘示弱，分别向世贸组织（WTO）和北美自由贸易协定组织（NAFTA）提起法律诉讼，要求派出独立小组，检查加拿大软木出口是否存在不公平补贴，是否威胁到了美国市场，以及加拿大软木企业在美国市场是否存在倾销行为。世贸组织和北美自由贸易协定组织的判决，基本上对美、加两国各打五十大板，根本解决不了问题。

2006 年，经过长时间拉锯战之后，美加两国终于又回到谈判桌前，签订了一份新的软木协定。根据这份协议，美国同意取消反补贴税和反倾销税，退还已经征收的45亿多美元关税，并承诺在协议期内，不再针对加拿大软木进行任何形式的调查。作为交换条件，加拿大承诺出口至美国的软木，不能低于每千板尺355美元，所占美国市场份额不能超过34%。这份软木协定的有效期一直保持到2016年10月。

2016年，美加软木贸易十年协定到期，两国政府一直在接触，试图对原来的协定进行修订。但是，美国软木行业并不满意小尺度修订，而是想要更大的权益。在一年多时间里，他们不停地游说特朗普政府，要求对进口的加拿大软木进行关税制裁。2017年12月，美国商务部在软木行业推动下，宣布对加拿大软木征收“双反”关税。

到2018年11月为止，两国似乎仍未找到达成新的协议。美加两国软木贸易如何发展，仍然是一个未知数。不过，从长远来看，有几点是可以确定的。

第一，美加软木贸易冲突注定长期存在。加拿大人少地多，森林资源极其丰富。以卑诗省为例，全省有6500万公顷林地，可采伐作业面积2500万公顷，每年采伐还不到1%。按照这个速度发展，100年才能采伐完一遍。这种状况决定了加拿大育林和采伐成本都比较低，市场竞争压力也小得多。美国软木在加拿大同类产品面前，根本没有价格竞争优势，只要两国市场相互开放，必定遭受重大冲击。

第二，美加软木贸易是不可能中断的。如果从20世纪80年代算起，美加软木贸易摩擦已经持续了近40年，而且将来还会持续存在下去。但是，两国资源结构决定了双方又不可能中断软木贸易。美国相对人多地少，建筑、包装等行业又需要大量木材，每年必须从加拿大进口30%以上，才能弥补缺口。美国消费者对加拿大软木是极其欢迎的。这种需求决定了美国市场离不开加拿大软木行业。从长远来看，摩擦是插曲，贸易合作还是主流。

第三，实力对比决定了加拿大只能妥协。加拿大软木的成本优势，既有体制保护因素，又是资源丰富使然，几十年来屡遭美国同行制裁，确实有点冤枉。但是，在以国家为本位的现代世界中，弱势国家难有讨价还价的余地，如果想保住贸易大局，只能部分地做出妥协。加拿大经济实力只是美国的十分之一，而且核心行业都由美国资本掌控，很难对美国政府的关税制裁进行绝地反击。他们唯一能做的，就是尽量将损失降到最低，继续签署软木贸易协定。

第四节　北美自贸重谈意味着什么①

北美自贸区是由美国推动，联合加拿大、墨西哥成立的。那个时候，美国财大气粗、制造业强盛，觉得对外开放利大于弊。但是，最近十几年来，随着制造业巨头先后迁往加拿大、墨西哥，美国人意识到自己在三方经济互动中，不是赚便宜，而是吃大亏了。总统特朗普在竞选期间，更是反复强调《北美自贸协定》对美国经济的损害，声称如果上台，要么迫使加拿大、墨西哥重新修订，要么直接撕毁。

上台后的特朗普，确实没有食言。2017 年 8 月，他真的将加、墨代表聚集到一起，开启了北美自贸协定重新谈判工作。对于加拿大来说，这无疑是一个巨大挑战。加拿大经济高度依赖美国，并且在过去的北美自由贸易中，确实享受了较多的红利，如果特朗普政府“不顾大局”，迫使加、墨两国接受完全对美国有利的协定，加、墨经济将承受巨大压力。

以笔者之见，北美自贸重谈是否会影响加拿大经济发展，主要取决于两个问题：一是加拿大拥有多少谈判筹码，另一个是美国的“野心”

① 此文撰写于北美自贸协定重谈开启后不久，主体内容没有变动。

到底有多大。如果加拿大缺乏筹码，而美方“唯利是图”，修订之后的NAFTA就很有可能更多偏向美国，对加拿大经济带来不确定性；如果加拿大拥有较多的筹码，而美方能够适可而止，兼顾加、墨，NAFTA就能维持大局，加、墨两国经济就不会出现较大波动；如果加方没有谈判筹码，但美方“无心进取”，谈判同样不会对加拿大经济造成致命影响。

第一，加拿大到底拥有多少谈判筹码。

平心而论，加拿大在美国面前，谈判筹码十分有限。首先，加拿大对外出口严重依赖美国，76%左右的产品流向美国，只要美国拒绝购买，加拿大对外贸易立即下滑，而美国对加拿大的贸易出口额，仅占其外贸总额的18.3%，两者极其不对等；其次，自NAFTA实施以来，加拿大在对美贸易中大都保持顺差，赚的相对较多，在谈判中难有底气；最后，页岩气革命使得美国能源趋向自足，全球油价又疯狂下跌，卖方市场变成了买方市场，加拿大油气产业在美国市场面前已经失去了往昔的重要性。

2016年冬天，特朗普刚上台，特鲁多总理就主动表示，欢迎重启自由贸易谈判，也侧面证实了加拿大政府在这个问题上的“心虚”。

第二，美国重启贸易谈判的“野心”到底有多大。

特朗普为什么对NAFTA恨之入骨？为什么逼着加拿大和墨西哥重新修订NAFTA？很多人可能会觉得，事实很明显，美国在对加贸易中处于逆差，亏钱太多。

但是在笔者看来，这恐怕是特朗普的一个幌子，并不代表真实状况。NAFTA生效后，美国对加贸易确实处于逆差地位，但是逆差额自2008年以来就不断缩小，现在已经缩减到20世纪90年代初的水平。2016年，美国对加贸易逆差为121亿美元，仅相当于对中国贸易逆差的0.35%。特朗普有必要为这点贸易逆差大动干戈吗？

既然如此，究竟什么因素令特朗普对 NAFTA 口诛笔伐?

特朗普自己是一个成功商人。商人最喜欢的，就是可以在自由贸易协定保护之下，到处寻觅投资机会，获取最大利润。因而，特朗普自身是不应该讨厌 NAFTA 的。他对于 NAFTA 的抨击，主要是为了迎合民意。换言之，他发誓要改变甚至撕毁 NAFTA，主要是做给支持他的中西部选民看的。这些选民认为 NAFTA 赶走了企业，抢走了工作，因而对其极度不满。

从这个意义上来说，美国政府要重启的 NAFTA 谈判，主要目的是为了兑现特朗普的竞选诺言，即把制造业巨头拉回美国本土，为选民创造工作机会，提高他们的工资水平。这是特朗普的核心目标，也是这次贸易谈判最为胶着的地方。

理论上来说，特朗普政府拥有很多手段，将制造业巨头拉回本土，为民众创造工作机会。谈判清单中所列的劳工和环境条款，应该就是直接针对这个问题而来的。美国政府之意，必定是要求加拿大、墨西哥提高劳工工作标准，从而增加当地生产成本，以达到阻遏美国企业投资设厂的目的。

但问题是，特朗普政府真的能够为了普通选民，竭力阻遏资本外投，而全然不顾企业家和金融家的利益吗? 熟悉美国政治的人都知道，这是不可能的。对于特朗普来说，民意当然不能违，违背了就会失去选民支持；但是，企业家和金融家的利益同样不能损害，损害了就会失去财政来源。因而，特朗普政府在谈判过程中，必须“两手都要抓，两手都要硬”。

目前，特朗普执政团队大多来自企业界和金融界，美国贸易谈判代表团亦不乏 20 年前参与谈判的“旧人”，都说明特朗普不但不会甩开企业家和金融家，反而要依靠他们维持运转。

在这种情况下，再回过头解读一下美国对加贸易谈判的清单。

该清单主要包含 10 个要点，其中取消现有贸易争端解决机制，要求加拿大放宽对电信和金融服务领域管制，美国保留反贸易补贴的法律权力，要求加拿大改革其能源政策，显然是为美国企业界和金融界服务的；缩减贸易逆差，要求加拿大强化乳制品和禽类制品供应体系监管程度，提高加拿大公民访美消费免税上限，扩大美国商品的市场准入范围，免除软件、音乐、电子书进口关税，客观上有助于美国工人就业，但首要受益者，仍然是企业界和金融界。

在 10 个谈判要点中，真正为美国工人谋“福利”的，恐怕是第 5 点“将劳工和环境章节提升到协定核心位置”。特朗普政府知道该要点对于美国工人的意义，因而特别凸显其地位。

总而言之，无论就美国政治而言，还是就目标清单来看，本应为美国工人争取就业机会的贸易谈判，在实施过程中很可能会被美国企业界和金融界冲淡“主题”。美国工人希望提高加拿大吸引外资的难度，以确保美国资本留在国内创造就业机会，而企业界和金融界则希望改善加拿大投资环境，以便更高更快地赚取投资利润。这两者在根本上是冲突的。它决定了美国政府在贸易谈判期间很难“痛下杀手”，完全翻转《北美自贸协定》。

既然美国政府难以“痛下杀手”，手中筹码不多的加拿大政府，就不会在谈判期间陷入绝对被动。只要找准了美国的“软肋”，说不定还能在某些要点上化解危局。事实证明，2018 年 10 月美、加签署的新版自贸协定，只是逼迫加拿大开放了小比例奶制品市场，并没有突破加拿大的谈判底线。加拿大坚持的第 19 章争端解决机制，仍然保留在了新版协定之中。

第五节　“原产地”规则为何如此重要

在特朗普政府胁迫下，加拿大、墨西哥两国不得不同意，重新修订《北美自由贸易协定》。据媒体报道，在前三轮谈判中，三国代表刀光剑影，争论相当激烈。特朗普甚至在推特上表示，墨西哥和加拿大“太难搞了”，实在不行就终止谈判。

1992 年，美国、加拿大、墨西哥三国签署《北美自由贸易协定》，致力于打造北美经济共同体。以美国独一无二的地位，当时推动并签署这一协定，肯定是觉得实现区域内资本、劳工和商品自由流通，有利于带动美国就业，提升美国经济实力。但是，天算不如人算。二十几年过去，财大气粗的美国竟然发现自己成了“受害者”。特朗普甚至说《北美自由贸易协定》是美国有史以来签订的一项最糟糕的协定。

特朗普三番五次威胁要取消《北美自由贸易协定》，主要是为了在谈判桌上争取主动权，并非是其本意。但是，美国通过修改协定，缩小对墨、加贸易逆差，遏制大型制造企业外迁，增加国内就业岗位，意图确实非常明显。估计他们不达到目的或部分地达到目的，不会善罢甘休。而要达到目的，就必须修改《北美自由贸易协定》，让以汽车、纺织、电子为代表的制造业，尽量留在北美大陆，最好是直接留在美国国内。

怎么才能促使核心制造产业最大限度地留在北美和美国呢？特朗普政府深知仅仅依靠恫吓不是长久之计，还得从贸易规则上着手，其中之一就是规定《北美自由贸易协定》中的“原产地”比例，确保大部分原料和生产环节在北美自由贸易区内完成。

当初，签署《北美自由贸易协定》时，美、加、墨三国为了避免其他国家生产企业以转运或者代加工的方式搭北美自由贸易的便车，在多个章节都做出了详细规定，只有符合协定标准的原产地产品，才有资格享受北美自由贸易的优惠待遇。说白了，其主要目的就是肥水不流外人田，防止其他国家产品享受北美自由贸易的优惠。

原产地规则散见于《北美自由贸易协定》的第三、四、五章，其中第四章列出四类原产地产品，详细说明了判断原产地产品的不同标准：

第一类，完全在北美自由贸易区域取得或生产的产品；第二类，完全使用北美自由贸易区原产地原料，并在区域内生产的产品；第三类，如果使用了非原产地原料，则只有从原料到成品的生成过程，经历特定之关税号列转变（号列见《商品名称及编码协调制度》，*The Harmonized Commodity Description and Coding System*），或者符合区域内价值含量标准（Regional Value Content，RVC）要求时，才可以被认定为原产地产品；第四类，未组装产品及其零件属于同一关税分类大项，或属于同一关税分类子目时，必须符合RVC标准，才能被认定为原产地产品。

根据《北美自由贸易协定》，区域内价值含量可以按照净价值法和交易价值法两种方法计算。按净价值计算，即“净成本”减去“非原产地原料价值”，再除以净成本，区域内产值含量达到50%时，可以被认定为原产地产品；按交易价值计算，即“交易价值”减去“非原产地原料价值”，再除以交易价值，区域内产值含量达到60%时，可以被认定为原产地产品。

由于纺织品、汽车、电子产品对北美经济影响巨大，《北美自由贸易协定》对其原产地标准做了特别解释。

纺织品和成衣一般采用“纱线起始”（Yarn-forward）规则，即从纱线、织布、剪裁到加工、成衣等环节皆在北美自由贸易区内完成的产品，才可以被认定为原产地产品。

汽车及其零部件一般采用关税号列转变规则，部分产品兼采区域内价值含量标准规则，其中轻型机动车辆、引擎、传动系统及其零部件，按照净成本法计算，必须达到区域内价值含量 50%，这一比例标准此后不断提高，目前为 62.5%；重型机动车辆、引擎、传动系统及其零部件，目前规定的区域内价值含量比例则为 60%。

1992 年签署《北美自由贸易协定》时，美国制造业如日中天，很少担心制造业外流。因此，它主要考虑如何开发和保护北美市场，提升北美制造业的整体竞争力，以便水涨船高，助力美国经济更上一层楼。

然而，美国政府“机关算尽太聪明，反误了卿卿性命”。他们以为只要设置了原产地规则，就能抵消其他国家的低成本优势，避免核心制造业外流，而事实上，以中国为代表的亚洲市场，仍然凭借低廉劳动力，吸引了大部分美国纺织品和电子产品企业。汽车生产中心倒是在原产地规则保护下，一直保留于北美自由贸易区内，但是受惠的却不是美国。关税取消后，美国汽车制造商纷纷搬离“铁锈”地带，将产业链转到了墨西哥境内。《北美自由贸易协定》完全成为了墨西哥的“嫁衣”。

就这样，美国不仅没有享受到“原产地”规则的红利，反而落了个鸡飞蛋打、制造业撤离、工人失业。其贸易代表莱特希泽在谈判首日称，NAFTA 从根本上伤害了很多美国人，导致美国丧失 70 万就业岗位。丧失 70 万就业岗位，或许有所夸大，但是美国本土制造业损失惨重，确是不争的事实。

按照美国代表的意思，新的《北美自由贸易协定》，必须制定更加严格的原产地规则，将区域内生产价值含量比例提高到 70%以上；其次，还必须对汽车及其零部件产业设置美国产值含量比例要求，以避免汽车制造商将产业链都转移到墨西哥去。

提高北美自由贸易区的产值含量比例要求，维护的是北美市场利益，加拿大和墨西哥恐怕还不会有多大意见。但是，如果增设美国产值含量比例要求，加拿大和墨西哥就得好好掂量掂量。

在《北美自由贸易协定》生效以前，加拿大和美国早有《汽车自由贸易协定》。那时候，加拿大生产成本比美国低，因而美国汽车制造商纷纷北上，跨过边境到加拿大生产和组装，最终成就了安大略汽车制造中心。《北美自由贸易协定》生效后，墨西哥生产成本比加拿大低，汽车制造商又“喜新厌旧”，纷纷向墨西哥跑。目前汽车巨头在加拿大的投资，已经远远不能与在墨西哥的投资相比。因此，加拿大汽车产业实际上也是自由贸易协定的受损者。如果再增加美国产值含量条款，那么北美汽车制造业就会被美国和墨西哥瓜分，根本没加拿大的事了。因此，加拿大希望的是墨西哥提高工资、安全和环境标准，别把生产升本压得那么低。

相对于加拿大，墨西哥对美国产值含量条款更为敏感。十几年来，墨西哥利用原产地规则以及自身的生产成本优势，将大部分汽车巨头吸引到国内，构建起了庞大的汽车产业链。2016 年，墨西哥向美国出口 213 万辆汽车，已经超过加拿大，成为美国最大的汽车来源国。汽车产业成为了墨西哥的支柱性产业。在这种情况下，增加美国产值含量条款，无异于割墨西哥经济的“肉”。因此，墨西哥经济部长称，美国的“国别计划”（Country-by-country Scheme）是不可能实现的。

除加拿大和墨西哥两国政府外，美国各大汽车巨头也反对提高原产地要求标准。提高原产地要求标准，等于为他们设置更高的生产流动成本，削减他们的生产利润，他们当然不希望看到这样的结果。因此，美国汽车巨头以及日、韩在美汽车巨头，应该都会暗助加拿大、墨西哥，尽力阻止美国提高原产地标准以及增设美国产值含量条款。

后　记

又到了撰写后记的时刻，心里不由自主地感叹，人生之结果，大半属于阴差阳错。我主要做中国近现代史研究，上一本书写的却是美国政权建设，离题十万八千里；这一本追踪加拿大行业经济，更是大大偏离了主题。当年立志以学术为业时，怎么也没想到，我会关注北美这块大陆，还会写出两本书。

《美国黑人是怎样“站”起来的》一书完稿后，我本计划集中精力整理博士论文，将对近代中国“自由”概念源流的研究，做一个彻底了断。这项研究从 2007 年开启，即使到 2015 年，也已有八年，实在不能再耗费时日。但是，很多时候，人算不如天算，一个偶然机会，生活和工作发生重大转折，我们一家从山东小城飞到了太平洋西海岸。

抵达温哥华后，大概是 2015 年 11 月的一天，从网上看到 FX168 财经公司招聘金融翻译。我没有接触过金融，也从来没做过翻译，但是自忖从事学术研究多年，语言功底尚可，便斗胆一试。结果，FX168 梅菊桃女士面谈完后，没有安排我做翻译，而是建议撰写泛财经类专栏，向国内读者介绍加拿大与美国行业经济。

说实话，最初听到要撰写经济专栏，内心里还是有点发懵。毕竟，这十多年里，自己读的书、写的文章，大都集中在历史学领域，从来没有真正思考过经济问题。而且，自从大学阶段起，就对经济不怎么感兴趣，头脑里也没个理财概念。不过，转念一想，既然自己秉承朱子“格物致知”之说，“格一格”北美经济似乎亦不为过；世间万物都有一个

“理”，只要掌握了经济这个“理”，想必写起来也不是难事。

于是乎，我抱着“格物致知”的理念，开始关注北美尤其是加拿大的宏观经济。开始阶段，出于专业习惯，喜欢先对研究对象作纵深分析，所以写了 10 多篇专栏，分析加拿大历史上的的殖民战争、国家形成，以及华人在加拿大的百年风雨路；积累了一定知识背景后，开始重点考察加拿大优势产业，比如采矿、石油、天然气、汽车制造、医疗、养老等等；一年以后，又转而尝试解读加拿大及中加经贸热点问题。

屈指算来，撰写加拿大财经专栏已经有两年多。这两年多来，让我对加拿大经济以及中加关系、美加关系，有了一个较为清晰的认知。如果不是偶然来到加拿大，如果不是偶然踏上专栏写作，这几乎是不可能的。有人说，上帝为你关上一扇门的同时，会为你打开一扇窗。此时觉得颇有道理。

去年回国，一次赴宴，某友人说“感觉加拿大就是美国的一个傀儡”。确实，不必说一般人，即使我这种历史学和政治学出身的人，如果不是机缘巧合，也会觉得加拿大乃撮尔小国，没什么独立性。网上很多人笑言，加拿大就是美国第 51 个州。可是，等到生活一段时间，有了深入了解以后，我逐渐意识到，问题并没有那么简单。无论精神气质，还是政治体制，加拿大与美国差异甚大，而且屡屡在关键节点上拒绝唯美国马首是瞻。

美国缔造者是一批开风气之先的革命派，他们豪气冲天，活力四射，立志脱离大英帝国，创建一个自由的“新世界”。他们确实做到了，不仅与母国兵戎相见，而且创造性地参照古罗马构建起一套三权分立的共和政制。加拿大缔造者则是一批性情温和、注重传统的保守派，他们不愿意与大英帝国一刀两断，而是倾向于继承祖上血脉，依旧做大英帝国的子民。这种相对保守的精神气质，至今清晰可见。

2017 年夏天，遇到一位送孩子来温哥华留学的母亲，我问她为什么送孩子来加拿大，而没有去美国。她说，美国社会太强调个性，给人的感觉有点乱，不如加拿大民风淳朴、社会安稳，将孩子放在这里，心里更踏实。确实，与美国比较起来，加拿大社会节奏缓慢得多，百姓生活平静得多。在这里，连个大新闻都难得一见。电视里，经常播放一些“阿猫阿狗”的故事。

这种保守的精神气质，不仅体现在社会生活中，也弥漫于高层政治。当今世界，如果说哪个国家奉行自由、人权最力，加拿大肯定是其中之一。美国口号喊得很响亮，实际操作却很现实，该放手时就放手，很少为了经济利益而“固守己见”。加拿大政府则不同，很多情况下，宁可牺牲经济利益，也不轻易放弃价值观念。

精神气质会决定一个国家的政治。加拿大人偏向保守，政治上模仿英国，实行议会民主制度，国会拥有最高立法权，国会中的多数党领袖负责组阁，拥有最高行政权。与美国总统相比，加拿大总理的权力受掣肘较少，自由度偏大。目前，贾斯汀·特鲁多总理所代表的自由党，在国会中占多数席位，他们要想力推一个法案，一般都能通过。因此，加拿大很少像美国那样，动辄出现国会否决预算法案、政府短期停摆的现象。

政治如此，经济也不例外。现在的加拿大经济支柱，主要是油气、采矿、林业、旅游、教育服务等，基本上“靠天吃饭”。汽车、航空航天等制造业似乎实力不错，但是真正论起来，主要局限于组装和加工，自主研发和创新能力相对有限。看看全球汽车品牌就知道，里面没有一个属于加拿大。十多年前，黑莓手机曾一度风靡全球，可惜现在已不见踪影。所以，有创造力、敢于冒险的加拿大年轻人，都喜欢向美国跑。近年红极一时的埃隆·马斯克，就是从加拿大转到美国去的。

当然，保守有保守的好处。几十年前，加拿大人就借鉴欧洲经验，搭建社会保障体系。从儿童牛奶金到免费医疗，从贫困补助到养老保险，现在的加拿大已经颇为接近民主社会主义。有人说，小孩、老人、残疾人士、女性等，最适合生活在加拿大，在这里，他们不是弱势群体，反而是政府重点照顾的对象。政府每年都要拨出巨款，补贴他们的生活。

对于新移民来说，加拿大完善的福利制度尤其令人欣慰。曾看到华人移民在网上说，自己带着孩子刚到加拿大，还没有做任何贡献，就领取儿童牛奶金，心里感觉很惭愧。确实，一个习惯了自助、自救的家庭，突然能享受政府补贴、免费教育、免费医疗以及其他形式的低收入补助，会倍感贴心和温暖。任何制度有好就有坏。加拿大福利体系照顾了弱者、补贴了贫者，却让国家财政经常捉襟见肘，增加了中高收入者的纳税负担。财政赤字是常年压在政府头上的一座山。

这就是加拿大，有点无聊，又有点可爱；有点不食人间烟火，又有点充满人间情怀。

本书是近两年来专栏文章的结集，当初写作时没有添加注释，而且个别文章已经失去了时效性。但是，这些文章记录了我的思想轨迹，也反映了过去几年加拿大行业经济的变动，在某种意义上仍有参考价值。在此特别感谢 FX168 财经集团梅菊桃副总裁，没有她的鼓励，我不会走上专栏写作之路，更不会将自己的知识视野拓展到北美经济。文中个别章节还受惠于加拿大乐活传媒、加拿大灰熊研究院和界面新闻。

2003 年硕士毕业后，我曾长期在聊城大学历史文化与旅游学院工作。专栏写作过程中，陈德正院长、刘法力书记、李增洪院长不断给予支持和鼓励，张金保书记、杨延江院长、李树房书记、王作成老师、丛振老师、官士刚老师、赵少峰老师、李姮老师等，都曾以各种方式支持我的选择。陈德正院长、李增洪院长和赵少峰老师为本书出版事宜助力尤多。没有他们鼎力相助，不可能有这本书的顺利完成。

人生在世，兄弟情义最为难得。在聊城期间，刘卫东老师、邢晓峰老师和孙元国老师，多年来对我胜似兄弟，每次小酌都酣畅淋漓，意犹未尽。2015 年初次来加拿大时，四人痛饮佳酿的情景，已成心中最温暖的记忆。与张礼恒院长、杨朝亮老师、贾中福老师、韩德铎老师等好友的不时小聚，也让我享受到了兄长般的关怀。

在聊城工作十多年，很幸运能够得到各位领导、兄长的厚爱。李泉老师、李慎令老师、张桂华老师、崔继学老师、吴欣老师、薛广义老师等，自始至终不断指导我、鼓励我、鞭策我。记得好几次，酒过三巡之后，慎令书记都提醒我，千万不要荒废学术。尽管现在暂时离开学术研究岗位，但是我不会停止对学术的投入，更不会放弃对学术的追求。

感谢本书编辑刘森文的辛勤付出。曾经的一段学缘，让我觉得把书稿交给他心里很踏实。

世界有时大得让人想象不到它的样子，有时又会小得让人感觉不到它的距离。幼年时，父母最大的愿望，就是希望我能走出村庄，在城市里找到一个落脚之地。可是，他们恐怕怎么也想不到，我和爱人会带着两个孩子，来到了太平洋的对岸。人生有时候就是这样不可思议。

在这个全球权力重组的时代，未来的路没有人看得清，只能努力把当下的事情做好。

胡其柱

2018 年 8 月 15 日于温哥华

图书在版编目(CIP)数据

走进加拿大的经济世界 / 胡其柱著. —济南:山东大学出版社,2019.1

ISBN 978-7-5607-6289-0

Ⅰ.①走… Ⅱ.①胡… Ⅲ.①经济概况—加拿大 Ⅳ.①F171.1

中国版本图书馆 CIP 数据核字(2019)第 011102 号

责任编辑:刘森文

封面设计:张 荔

出版发行:山东大学出版社

社 址 山东省济南市山大南路 20 号

邮 编 250100

电 话 市场部(0531)88363008

经 销:新华书店

印 刷:济南华林彩印有限公司

规 格:720 毫米×1000 毫米 1/16

18 印张 230千字

版 次:2019 年 1 月第 1 版

印 次:2019 年 1 月第 1 次印刷

定 价:69.00 元
